U0923954

新解新悟大国学

论语

孔　子◎原著
满若空◎编著

畅游国学阆苑

感悟国学思想

弘扬传统文化，引领新鲜思潮，
国学魅力永不衰减，国学智慧亘古常青。

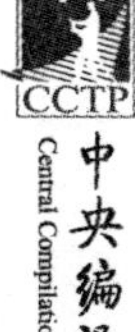

中央编译出版社
Central Compilation & Translation Press

图书在版编目（CIP）数据

论语/（春秋）孔子原著；满若空编著.
—北京：中央编译出版社，2010.12
（新解新悟大国学）
ISBN 978-7-5117-0705-5

Ⅰ.①论…
Ⅱ.①孔… ②满…
Ⅲ.①儒家 ②论语—注释 ③论语—译文
Ⅳ.①B222.2

中国版本图书馆 CIP 数据核字（2010）第 253330 号

论语

出 版 人 和 龑
策划编辑 冯 章 李媛媛
责任编辑 李媛媛 冯 章
版式制作 赵 兵
出版发行 中央编译出版社
地　　址 北京市西单西斜街 36 号（100032）
电　　话 （010）66509360（总编室） （010）66509366（编辑室）
（010）66161011（团购部） （010）66130345（网络销售）
（010）66509364（发行部） （010）66509618（读者服务部）
网　　址 www.cctpbook.com
经　　销 全国新华书店
印　　刷 三河航远印刷有限公司
开　　本 710 毫米×1000 毫米 1/16
字　　数 230 千字
印　　张 20
版　　次 2011 年 3 月第 1 版第 1 次印刷
定　　价 39.00 元

本社常年法律顾问：北京大成律师事务所首席顾问律师 鲁哈达
凡有印装质量问题，本社负责调换。电话：（010）66509618

再度复兴的文明

——《新解新悟大国学》推荐序

泱泱华夏，几千年来一直以我国传统的思想文化为精神主导，直到列强踏入、西学东渐，传统文化领域受到了冲击。新中国成立以后，中国传统文化一度被西方文化边缘化。当然，文化是不分国界的。不可否认，西学对我国的文化建设和经济建设有很大的促进作用，但根植于黄土地的华夏儿女离不开本土文化的滋养，炎黄子孙始终需要的是适合于我们民族的思想文化。只有以本土文化为根基、为主流，中华民族文化才符合中国的人文环境，符合中国的社会现实，符合中国人的精神需要。在这种根本需求下，我们的民族文化再一次回归，再一次复兴，古圣先贤的思想再一次引起了人们的重视。这些传统的、民族的、有本土特色的文化经典、文化精髓，我们亲切地称之为“国学”。国学文化经历了辉煌、暗淡、再度复兴的曲折过程。这说明，中华国学的根基是牢固的，影响是深远的，价值是永恒的。

那么，如何来定义国学？一提到国学，很多人第一反应就是“孔孟老庄”这些古代大思想家、大教育家们的学术思想。的确，诸子百家的文化理论经典都在我们的国学范畴之内，但国学的内涵远不止这些。国学从根本上来讲应该是指中华各民族共同创造的传统学术经典，包括经济的、政治的、文化的、思想的、生活的、军事的、技艺的等等物质和精神层面的文化共同体，应该是“大国学”的范围。“大国学”之意，只是希望人们能放宽视野，从更广的角度认识国学。另外，我们必须认识到，国学不是一成不变的概念，而应是一个发展着的概念，随着历史的发展，国学的内涵会不断丰富，不断变化。

今天，国学的热潮再一次席卷中华大地，作为中华儿女，我们深深地为国学文化的博大精深而感动、而骄傲。但需要强调的是，我们今天提倡学国学、用国学，并不是让人们去墨守祖先留下的一套固有观念和思想，也不是狭隘地排斥西方文化，而是在批判继承的基础上，能够贯通古今、融汇中外，发挥其积极的作用，以此来引领我们的思想，指导我们的事业，影响我们的生活。

在这样一个资讯发达的新时代，国学文化的推广变得更加多元，也更加快速。现代人不仅越来越接受和认同我们的传统文化，更多的人开始以弘扬传播中华文化为己任，这一点是非常值得庆幸的。国学的普及和覆盖面之广令人惊叹，无论是在学术界、教育界，还是在工商界、娱乐界，包括我们的政治领域，国学的影响无处不在。更重要的是，它的影响不仅仅在国内，而是影响到全世界。越来越多的西方人士对中华国学产生兴趣，并且很多学术思想也开始渗透到西方人的观念中。

如今，中华文明正在影响着世界，中国智慧正在涌入世界的大潮中。很高兴在这样一个时刻看到这样一套诠释国学精义的丛书，编者们怀着一颗敬畏之心，重拾一度被冷落的文明，结合当下的需求，给传统国学赋予新的生命，使优秀的中华文化得以充分展现。作为文化的研究者和传播者，发现一套优秀的作品自然兴奋异常，特此作序推荐。若此套丛书能为中华国学文化的传承和弘扬产生些许的推动作用，我便不胜欣慰了。

弓克
于唱书斋

弓克，博士、教授、博士生导师。当代国学《明学》创始人、承担3项国家社科基金项目，获全国“五个一工程”理论文章奖；东北师范大学博士生导师、吉林大学教授、美国普莱斯顿大学博士、中国人民大学名誉教授；吉林省人大常委，吉林省委宣传部原副部长，北京市东城区委原副书记；中国文化书院三智道商国学院导师、中国孔子文化研究院副院长、国际易经应用联合会名誉会长、国际易经导师。

序言

我国春秋末期伟大的思想家、教育家孔子，可谓名扬四海，无人不知，无人不晓。

孔子，名丘，字仲尼，鲁国人，儒学学派的创始人。他的祖先是宋国的大臣，后来迁居到了鲁国。到了孔子出生时家境已经败落，但他在早年还是接受了良好的贵族教育，对传统的礼、乐、射、御、书、数六艺都十分精通。

孔子早年曾在鲁国执政季氏手下担任管理仓储、牛羊的小官，到了30岁的时候，成为博学知名的学者，于是他设立私学，广招学生、门徒，传授《诗》、《书》、《礼》、《乐》、《易》等古代文化典籍，门下弟子达三千之众。

孔子50岁时，鲁国国君委以他司寇的官职，主管鲁国的司法工作。孔子主张加强国君的权威，削弱卿大夫的权利，触动了当时的当政派季氏的利益，最后不得不弃官离开鲁国。

孔子为了推行自己的政治理想，奔走各国，先后到过卫、曹、宋、郑、陈、蔡、楚等诸侯国，但是他只在卫国、陈国停留了较长的时间。孔子的主张并没有受到诸国的重视，甚至受到了冷遇和迫害。公元前484年，经过大约14年的奔波与流浪，孔子终于重返鲁国，并致力于文化与教育事业。他一边继续讲学，一边整理文化典籍，对《诗》、《书》、《礼》、《乐》、《易》、《春秋》六部古籍进行编纂、修订，编成最后的教材定本。

公元前479年，孔子病逝于家中。鲁哀公专门为他写了悼词，弟子们为孔子举行了隆重的葬礼，并守孝三年到六年。

孔子的思想对后世影响巨大，他的弟子及后学者将其一生言行整理成书，它就是中国古代典籍中影响最深、流传最广、争议最多的《论语》。《论语》大约最后编定于战国初期，是儒家的一部重要的经典著作。

《论语》流传到今天的版本共二十篇，比较集中地反映了孔子及儒家学派的基本思想。《论语》的政治思想核心是“仁”、“礼”、“义”，同时涉及了学习教育、为人处世、君子品格、为政治国、心态等各方面的内容。

（一）关于学习教育的主张

孔子可以说是中国乃至世界最早的教育家，《论语》中认为学生追求学问的关键是要对学习产生兴趣，从学习中得到乐趣，不能“苦学”、“困学”。孔子曰：“知之者不如好之者，好之者不如乐之者。”即真正爱好它的人，为它而快乐的人才能真正学好它。孔子提倡和赞扬“敏而好学，不耻下问”的学习精神，“见贤思齐焉，见不贤而内自省也”的学习态度。

孔子主张“有教无类”，即对于受教育者机会应该是均等的，不应分贵贱、贤愚。这一思想打破了古代社会教育的等级界限，教育要面向广大的人民，这就是我们现在实行普及义务教育的理论借鉴。另外，孔子主张“因材施教”：“中人以上，可以语上也；中人以下，不可以语上也。”孔子还特别强调了启发诱导式教育的重要性，“不愤不启，不悱不发，举一隅不以三隅反，则不复也。”

（二）关于为人处世的主张

《论语》中有许多篇章谈到为人处世的问题，这对现在的人十分具有借鉴意义。

在孔子看来，“人之生也直，罔之生也幸而免。”一个人要正直，只有正直才能光明磊落。然而我们的生活中不正直的人也能生存，但那只是靠侥幸而避免了灾祸。“未若贫而乐，富而好礼者也。”“不义而富且贵，于我如浮云。”对于富贵、贫穷孔子认为这些都是身外之物，不应该过分追求，要做到“君子爱才，取之有道”。

仁德是《论语》的基本思想，孔子认为仁德是做人的根本，是处于第一位的。“人而不仁，如礼何？人而不仁，如乐何？”这说明做学问、学礼乐只有在仁德的基础上来实行才有意义。

（三）关于君子人格的主张

《论语》许多篇幅谈及君子，提出了作为君子的言行标准及道德修养要求，重在强调如何塑造一个人的人格魅力。

孔子认为作为君子要重视自我修养。“君子心胸宽广，小人经常忧愁。”“君子成人之美，不成人之恶。小人反是。”孔子还认为“君子和而不同，小人同而不和。”

《论语》中还讲到君子要处处严格要求自己。孔子认为，君子除了自我修养，还要重视用“戒、畏、思”几项标准严格要求自己。“君子有三戒：少之时，血气未定，戒之在色；及其壮也，血气方刚，戒之在斗；及其老也，血气既衰，戒之在得。”“君子有三畏：畏天命，畏大人，畏圣人之言。”“君子有九思：视思明，听思聪，色思温，貌思恭，言思忠，事思敬，疑思问，忿思难，见得思义。”

（四）关于治国为政的主张

孔子作为中国古代伟大的思想家，为政治国的思想在《论语》中也有重要体现。

齐景公问孔子怎样治国，孔子说：“君君，臣臣，父父，子子。”就是说要想治理好国家，君主必须像个君主，臣子必须像个臣子，父亲要像个父亲，儿子要像个儿子。只有各在其位，各司其职，才能够把国家治理的井井有条。否则国将不国，政将不政，社会将混乱不堪。

孔子认为国君要重视百姓的利益，以民为主，实行无为而治的治国思想。在他看来要治理好国家，君主一定要讲究信用，爱护民众，这是治国的基本原则。只有这样才能处理好君主与人民的关系，才能够治理好整个国家。

另外，在《论语》中孔子还阐述了为官为政的道德标准，以及处理政事的行为规范。孔子认为，为官是治理国家的基础，“其身正，不令而行；其身不正，虽令不从。”作为官员要以身作则，给下属及百姓起到表率作用，想自己的命令得到执行，就自己必须先做到，否则就会“其身不正，虽令不从”。

《论语》有多重要

《论语》作为一部中华民族重要的经典著作，在古今中外的历史上都产生过巨大影响。

20 世纪以来，《论语》被认为是仅次于《圣经》的世界第二大畅销出版物。20 世纪 80 年代末，75 位诺贝尔奖获得者相约法国巴黎，联袂宣言："如果人类要在 21 世纪生存下去，必须回头到 2500 年前汲取孔子的智慧。"

北宋理学家程颐说过："读《论语》，有读了后全然无事者；有读了后其中得一两句喜者；有读了后知好之者；有读了后不知手之舞之足之蹈之者。颐自十七八读《论语》，当时已晓文义。读之愈久，但觉意味深长。"

著名的国学大师南怀瑾说："孔子学说与《论语》本书的价值，无论在什么时代、任何地区，对它的原文本意，只要不故加曲解，始终具有不可毁的不朽价值，后起之秀，如笃学之、慎思之、明辨之，融会有得而见之于行事之间，必可得到自证。"

不仅如此，《论语》的影响还远及日本、欧洲等地，在世界文化史上也占有重要地位。1593 年，著名传教士利玛窦将《四书》带回了意大利，从此《论语》在西方开始传播流行。西方传教士在翻译经书同时，也写了不少有关孔子生平、思想的介绍性著作，如《中国之哲人孔子》、《中国人孔子之道德》等等。法国启蒙思想家伏尔泰认为，孔子在《论语》中提出的"己所不欲，勿施于人"的思想，是超过基督教义的最纯粹的道德。被马克思称为"现代政治经济学始祖"的重农学派领袖魁奈，对孔子的思想、人格都十分崇拜，自命为孔子的继承人，后人也称他为"欧洲孔子"。

综上所述，《论语》一书作为中华民族重要的精神遗产，在古今中外的历史上都产生过巨大影响。同时，《论语》中所反映孔子的伦理道德、社会政治思想，已经渗透到中华民族的民族性格当中，成为中华民族的美德，具有极大的继承价值。这就是我们向读者介绍、推荐《论语》这部书的目的所在。

目录

学而篇第一

本篇中心问题有两个：一是治学；二是做人。关于治学，孔子所讲的内容极其丰富，他把学习与人生紧紧联系在一起，把学习作为人生的有机部分。关于做人，孔子主要谈及了孝悌忠信等行为规范和做人原则。在学习与做人的关系问题上，孔子强调做人是第一性的，这在今天依然是可取的态度。

为政篇第二

本篇主要在于阐释治国御民的政治准则和施政方针。同时还涉及人生修养、治学方法及有关文化现象。关于治国御民，孔子强调应该以德为本，以礼为法，重在人格教育和思想感化。在本篇中孔子还强调了，应该把学习和思考有机地结合起来，才能少受蒙蔽，免除迷惑。

八佾篇第三

本篇集中阐明了礼的内涵和价值，突出表现了孔子对殷商礼乐制度的欣赏和追求。关于孔子对古礼的认识、赞美和维护，历来评价不一。孔子向往和维护的古礼，虽然有其怀念的所在，但随着历史的发展和社会的进步，礼崩乐坏恐怕是无法避免的，要知道，发展才是进步的唯一根本。

里仁篇第四

本篇以论述道德修养为主。其中最主要的是谈论“仁”的概念，“仁”是孔子思想体系中的核心概念，孔子将它作为人生道德中的最高境界。另外，孔子还谈到了对“道”的关系、事亲的原则等等。

公冶长篇第五

本篇集中体现了孔子的人才观。篇中所评既有孔子门徒，也有其他历史人物。从这些文字当中，我们可以发现孔子关于人生观和价值观的诸多见解。另外，篇中一些内容还反映了孔子对待学习的态度，即主张勤奋不懈。“好学”也是孔子评价人物的一条重要标准。

雍也篇第六

本篇内容较为复杂，论及政治、伦理、哲学、人性、人才等等。主要是阐发君子修身养性的途径和方法。孔子认为，一个仁人君子，必须在德行和学问两方面下工夫，在陶冶情操、修炼性情的同时，还要学习知识、培养才干，二者相辅相成，不可偏废。

述而篇第七

本篇主要以论为学、修养、教育等问题为主。其中较多地反映了孔子作为教育家的生活侧面和有关教育理论。特别是有一些章节描述了孔子的生活习惯、容貌、行事等，是我们今天了解孔子个人性格特点的重要资料。

泰伯篇第八

本篇通过对尧、舜、禹、泰伯等古之圣贤的赞美，高度评价了贤人的政治，并由此提出了对今人如何成为君子的要求，从中可以看出孔子的政治理想。另外，本篇有不少段落记述了孔子学生曾参的言语行事，值得体悟。

子罕篇第九

本篇以论学的内容为多，亦涉及道德修养。本篇中我们可以看到孔子对学习方法、学习态度的论述，以及孔子渴望参政的思想倾向。也有一些段落涉及对孔子的评价，反映出孔子在当时社会上已享有较高声望。

乡党篇第十

本篇内容是记述孔子的日常言行举止、饮食起居、仪表礼节等事迹。以具体的生活现象来刻画孔子的精神风貌，展示其君子风度和圣贤人格。

先进篇第十一

本篇主要是记叙孔子学生的德行和学业上的成就。论及颜回、子路的地方居多。通过本篇，我们可以了解孔子一些重要门徒的性格特点和言行志向，从中也可体现出孔子的教育思想和教育方法。他不仅教学问，还教学生立身处世的伦理道德。

颜渊篇第十二

本篇主要阐述了孔子思想的核心——“仁”的主张和学说，同时也有一些论政、论修养等方面的内容。论政的内容也是有关“仁政”的论述，论修养的内容主要是对“君子”行为准则的探讨。在这里，孔子认为，“仁”的本质就是把人放在第一位，要尊重人，爱人，在此前提下，用礼来规范自己的行为，使一切都符合礼的准则。

子路篇第十三

本篇主要反映了孔子的政治思想和政治观点。虽然其一生未得重用，但他却从未停止过对政治的关注。他提出了崇礼治、尚德政、重贤才、勿贪小利等一整套有内在联系的政治思想，在后来的历史上产生了重大影响。

宪问篇第十四

本篇内容比较庞杂，论政治、论学问兼而有之。其中评论人物的段落较多，包括孔子对春秋时一些著名历史人物如齐桓公、晋文公、管仲、子产等的评价，反映出他本人的政治、伦理观点。另外，本篇又一次表现了孔子对“仁”的极端重视。

卫灵公篇第十五

本篇进一步阐述了孔子的政治思想，他主张施仁政行德治。同时，本篇中还阐述了做人的道德修养。孔子认为，忠信应该是做人立身处世的基本原则，其次是恕道，要有推己及人，人己统一的德行。另外，本篇中还进一步阐述了孔子的教育思想，在这里明确提出了孔子教育思想的基本方针——“有教无类”。

季氏篇第十六

本篇一是阐述了孔子的政治思想，主要是孔子的治国方略。在这里，孔子明确表明，正确的治国之策应该是使国家“均无贫，和无寡，安无倾。夫如是，故远人不服，则修文德以来之；既来之，则安之。”这是孔子主张的治国内外之道。另外，本篇还进一步阐述了孔子对理想人格的追求。

阳货篇第十七

本篇阐述了孔子的伦理思想，他提出了成为仁人的首要条件，是树立“恭、宽、信、敏、惠”五项德行，树立了这五项德行，人与人的关系就会美满。同时，本篇表明了孔子的天命观，他认为“天”具有自然属性，并对天的自然属性进行了肯定。另外，本篇还表现了孔子认识论上的独到见解。

微子篇第十八

本篇内容以记述孔子的行事“出处”为主，特别提到了同时代一些著名隐士与孔子的思想分歧和不同处世态度，反映出孔子居逆境而不妥协、顽强进取的精神和作为仁人志士以身殉志的人格力量。

子张篇第十九

本篇主要记述的是孔子弟子的言论，包括子张、子夏、子游、曾参、子贡。内容兼及学习、道德、政事、人物，可以看出众弟子对孔子学说的不同发挥。最后几章记述了子贡对孔子的评价，反映出孔子在弟子们心目中的崇高地位。

尧曰篇第二十

本篇内容杂乱，疑为后人补缀而成。第一章为尧禅帝位时命舜之辞、商汤伐桀告天之辞、周武王封诸侯之辞，文字前后不相连贯、多有脱落。第二章为孔子答子张问从政之言，内容基本完整。第三章为孔子泛论，与以前诸章内容有重复。

学而篇第一

【原文】

子曰①："学②而时习之，不亦说③乎？有朋自远方来，不亦乐乎？人不知，而不愠④，不亦君子⑤乎？"

【注释】

①子：古代泛指对男子的尊称。《论语》中"子曰"则指孔子而言。②学：主要是指学习西周的礼、乐、诗、书等传统文化典籍。③说：音yuè，同悦，愉快、高兴的意思。④愠：音yùn，恼怒，怨恨。⑤君子：《论语》中的君子，有时指有德者，有时指有位者。此处指孔子理想中具有高尚人格的人。

【译文】

孔子说："学了能按时温习，不是很愉快吗？有志同道合的人从远方来，不也是很令人高兴的吗？人家不了解自己而不抱怨，不也是有修养的君子吗？"

【原文】

有子①曰："其为人也孝弟②，而好犯③上者，鲜④矣；不好犯上，而好作乱者，未之有也。君子务本，本立而道生。孝弟也者，其为人之本与？"

【注释】

①有子：孔子的学生，姓有，名若。②弟：弟，同"悌"（音tì），即弟

弟对待兄长的正确态度。③犯：冒犯、干犯。④鲜：音 xiǎn，少的意思。《论语》书中的“鲜”字，都是如此用法。

【译文】

有子说：“能够孝顺父母，顺从兄长，而喜好触犯上层统治的人，是很少见的。不好触犯上层统治者，而喜好造反作乱的人是没有的。君子专心致力于根本的事务，根本建立了，治国做人的原则也就有了。孝顺父母、顺从兄长，这就是仁的根本啊！”

【原文】

子曰：“巧言令①色，鲜②仁矣。”

【注释】

①令：装出来的意思。②鲜：少的意思。

【译文】

孔子说：“花言巧语，装出和颜悦色的样子，这种人的仁心就很少了。”

【原文】

曾子①曰：“吾日三省②吾身。为人谋而不忠③乎？与朋友交而不信④乎？传不习乎？”

【注释】

①曾子：名参（音 shēn），字子舆，是孔子的得意门生，以孝子出名。②省：音 xǐng，自我检查。③忠：指尽心竭力。④信：信心，诚心。

【译文】

曾子说：“我每天对自己多次反省，检查自己替别人办事是不是尽心竭力了呢？同朋友交往是不是做到诚心相待了呢？老师传授的知识是不是温习了呢？”

【原文】

子曰：“道①千乘之国②，敬事而言，节用而爱人③，使民以时。”

【注释】

①道：一本作“导”，作动词用。这里是治理的意思。②千乘之国：乘，

音 shèng，意为辆。“千乘之国”指代诸侯国。③爱人，广义指一切人群；狭义指士大夫以上各个阶层。

【译文】

孔子说：“治理拥有一千辆兵车的国家，要谨慎处事而恪守信用，诚实无欺，节约开支而又爱护下属，役使百姓要不误农时。”

【原文】

子曰：“弟子①入则孝，出则弟②，谨③而信，汎④爱众，而亲仁，行有余力，则以学文⑤。”

【注释】

①弟子：指年纪幼小的少年人。②弟：同“悌”，敬爱兄长。③谨：寡言少语称之为谨。④汎：音 fàn，同泛，广泛的意思。⑤文：古代文献。主要有诗、书、礼、乐等文化知识。

【译文】

孔子说：“弟子们在父母跟前，就孝顺父母；出门在外，要顺从师长，做事要谨慎，诚实可信，要广泛地去爱众人，亲近那些有仁德的人。这样躬行实践之后，还有余力的话，就再去学习文化知识。”

【原文】

子夏①曰：“贤贤②易③色；事父母，能竭其力；事君，能致④其身；与朋友交，言而有信。虽曰未学，吾必谓之学矣。”

【注释】

①子夏：姓卜，名商，字子夏，孔子的学生。②贤贤：第一个“贤”字作动词用，尊重的意思。即尊重贤者。③易：轻视，简慢。指看重贤德而轻视女色。④致：献出、尽力。

【译文】

子夏说：“尊重贤人，看轻女色；侍奉父母，能够竭尽全力；服侍君主，能够献出自己的生命；同朋友交往，讲究诚信。这样的人，尽管他自己说没有学习过《诗》，《书》，《礼》，《乐》等，我一定说他是等于已经学习过了的。”

【原文】

子曰：“君子不重则不威，学则不固。主①忠信。无②友不如己者。过则勿惮③改。”

【注释】

①主：亲近。②无：通毋，“不要”的意思。③惮：音dàn，害怕、畏惧。

【译文】

孔子说：“君子不庄重就没有威严，所学就不坚固。应该亲近忠信。不要和与自己不同道的人交朋友。有了过错不要害怕改正。”

【原文】

曾子曰：“慎终①追远②，民德归厚矣。”

【注释】

①终：死，指父母逝世。②追远：远指祖先。旧注曰：追远者祭尽其敬。

【译文】

曾子说：“谨慎地对待父母的去世，追念久远的祖先，自然会导致老百姓日趋忠厚老实了。”

【原文】

子禽①问于子贡②曰：“夫子③至于是邦也，必闻其政，求之与，抑④与之与？”子贡曰：“夫子温、良、恭、俭、让以得之。夫子之求之也，其诸异乎人之求之与？”

【注释】

①子禽：姓陈，名亢，字子禽。②子贡：姓端木，名赐，字子贡，卫国人，是孔子的学生。③夫子：古代的一种敬称，凡是做过大夫的人都可以取

得这一称谓。这里指孔子。④抑：表示选择的文言连词，有“还是”的意思。

【译文】

子禽问子贡说：“老师到了一个国家，一定预闻这个国家的政事。（这种资格）是他自己求得呢，还是人家国君主动给他的呢？”子贡说：“老师温和，善良，恭敬，俭朴，谦让的态度，才使得人家主动地把政事告诉他，夫子这种求得的方法，或许与别人的求法不同吧？”

【原文】

子曰：“父在，观其[①]志；父没[②]，观其行[③]；三年无改于父之道，可谓孝矣。”

【注释】

①其：他的，指儿子，古时父亲在世，儿子不得自专，所以只能观其志。②没：死。③行：音xìng，指行为举止等。

【译文】

孔子说：“当他父亲在世的时候，看他的志向；父亲死后，看他的行为；若是他对他父亲的正确原则长期不加改变，这样的人可以说是尽到孝了。”

【原文】

有子[①]曰：“礼之用，和为贵。先王之道，斯[②]为美。小大由之，有所不行。知和而和，不以礼节之，亦不可行也。”

【注释】

①有子：姓有，名若，孔子的学生。②斯：这、此等意。这里指礼，也指和。

【译文】

有子说：“礼的应用，以和顺为贵。古代君主的治国方法，其宝贵的地方就在这里。不论大事小事都按这一条办法去做，但有的时候也行不通。

（这是因为）为和谐而和谐，不以礼来节制和谐，也是不可行的。”

【原文】

有子曰：“信[①]近于义[②]，言可复[③]也；恭近于礼，远[④]耻辱也；因不失其亲，亦可宗也。”

【注释】

①信：信约，约言。②义：是指思想和行为符合一定的标准。这个标准就是“礼”。③复：实践的意思。④远：音 yuàn，动词，使动用法，使之远离的意思，此外亦可以译为避免。

【译文】

有子说：“信约要符合于义，（符合于义的）话才能实行；恭敬要符合于礼，这样才能远离耻辱；所依靠的都是可靠的人，也就值得尊敬了。”

【原文】

子曰：“君子食无求饱，居无求安，敏于事而慎于言，就[①]有道[②]而正焉，可谓好学也已[③]。”

【注释】

①就：靠近、看齐。②有道：指有道德的人。③已：同“矣”。

【译文】

孔子说：“君子，饮食不求饱足，居住不要求舒适，办事敏捷，说话小心谨慎，向有道德的人学习而改正自己的缺点，这样可以说是好学的人了。”

【原文】

子贡曰：“贫而无谄[①]，富而无骄，何如？”子曰：“可也。未若贫而乐[②]，富而好礼者也。”子贡曰：“《诗》云，‘如切如磋！如琢如磨[③]’，其斯之谓与？”子曰：“赐[④]也！始可与言《诗》已矣，告诸往而知来者。”

【注释】

①谄：音chǎn，意为巴结、奉承。②贫而乐：一本作"贫而乐道"。③如切如磋，如琢如磨：此二句见《诗经·卫风·淇澳》。有两种解释：一说切磋琢磨分别指对骨、象牙、玉、石四种不同材料的加工，否则不能成器；一说加工象牙和骨，切了还要磋，加工玉石，琢了还要磨，有精益求精之意。④赐：子贡名，孔子对学生都称其名。

【译文】

子贡说："贫穷而能不谄媚，富有而能不骄傲自大，这种人怎么样?"孔子说："可以。但是还不如虽贫穷却乐于道，虽富裕而又好礼之人。"子贡说："《诗经》上说，'要像对待骨、角、象牙、玉石一样，切磋它，琢磨它'，就是讲的这个意思吧?"孔子说："赐呀，你能从我已经讲过的话中领会到我还没有说到的意思，举一反三，我可以同你谈论《诗经》了。"

【原文】

子曰："不患①人之不己知②，患不知人也。"

【注释】

①患：忧虑、怕。②不己知："不知己"的倒装。

【译文】

孔子说："不要忧虑别人不了解自己，应该忧虑自己不了解别人。"

【故事】

学以致用才是真学问

读书是简单的事，但通变化最难。能够将所学知识灵活运用于实践，这才是真学问。儒家所讲的"学"，从来不是死读书，它是一项学习、思考、求真、实践的系统工作，也就是所谓的"博学之，审问之，明辨之，慎思之，笃行之"。这个"笃行之"，就是勤于实践，学以致用。如果只是学习的话，差得还太远。读书不是为了死背书上的知识，而是要将知识转化为自己的思想，要学会灵活运用知识才是学到了真正的知识。

春秋时候，有一个叫王寿的人，他爱书成癖，藏书丰富，远近闻名。古时的书，多是人工抄写在竹片上，再以皮革联结装束起来。他为了有抄书的材料，就在自家房前房后种满了竹子。形成了一片竹林，并在门前的池塘里种了许多芦苇。他每天所有的时间除了吃饭睡觉都用来借书抄书看书。家里一院小房，除了他住的地方外，已经全部堆满了书。他每年不但要花许多时间把它们都搬出去晾晒一遍，免得被虫蛀蚀，还要翻检看有没有脱落的文字，及时补上。四十多年，王寿孤身一人过着这种自以为充实的生活，以苦为乐。

由于母亲去世了，王寿要到东周奔丧。他随身带了五本书，准备途中抽空看看。

王寿已不年轻，五本竹简也够重，结果只走了一会儿就累得喘不过气来。他只好坐在路口休息，并随手抽出一册书来读。

这时有个叫徐冯的东周隐士路过，见他背这么多书，就问他："敢问是王寿先生吗?"王寿很奇怪就问："你是谁？你怎么认识我呢?"徐冯于是报上自己的大名。王寿也曾听说过他。

王寿说了自己此行的目的，并说自己不惜负重，全为了在旅途中读书充实自己。徐冯听了叹口气说："无用。"

王寿听得一愣，呆呆地望着徐冯，不知他说的是什么意思。

徐冯拱了一揖，笑笑说："书是记载言论和思想的。言论和思想又由于人的勤奋思考而产生，所以聪明的人评价标准并不是以藏书的多少衡量的。我原以为你是个聪明人，为什么不去思考问题，形成思想，却要背着这累人的东西到处走呢?"

王寿听了，如梦方醒，立刻三拜徐冯，当场烧了自己所带的书，手舞足蹈，轻身入了东周。

生活中还有许多像王寿这样的人，他们仅仅是为了读书而读书，却不知道读书的真正目的是什么。读过这个故事，有王寿之嫌的人应该懂得，读书真正的目的应该是学习如何思想，掌握活的智慧。现在有些人热衷于藏书而不是读书，追求藏书的丰富和精美，实际却没有认真读过几本书，这些人就更是舍本逐末了。

光有书本知识还不够，只有经过实践的磨炼才能成为活的智慧。古人说过，“纸上得来终觉浅，须知此事要躬行。”历史上有很多人满腹经纶，夸夸其谈，最终却在实践中栽了跟头。比如三国时期大意失街亭的马谡，还有战国时期只知纸上谈兵却军破身亡的赵括。

赵括，是赵国名将赵奢的儿子，年少的时候就开始学习兵法，每当谈论如何领兵打仗，他总是口若悬河，认为没人可以抵得上。他曾经与他的父亲赵奢谈论过兵法，赵奢也难不倒他，于是赵括更加骄傲了，他目空一切，把打仗看成是一件十分简单的事情。人们听说赵括这样精通兵法，都纷纷来讨教，有的也向他挑战，但是却没有人能赢得了他。于是赵括名声大振。可是赵奢却不认为赵括能领兵打仗。赵括的母亲问赵奢这是什么原因，赵奢说：“领兵打仗，是事关生死的大事，而赵括却把它看得轻松平常。要是赵国不任用赵括做将军还好，如果一旦让他做了将军，那么导致赵国的军队吃败仗的人一定就是赵括。”

廉颇

后来赵王听信谣言，拜赵括为大将军，替换廉颇守卫长平。他的母亲给赵王上书，说赵括只是读了些兵书，从没带兵打过仗，而且为人骄傲，不能担当重任。可是赵王不听，执意要用赵括。

公元前 260 年，赵括领兵 20 万到长平，廉颇办了移交，长吁短叹地回邯郸去了。赵括统率着 40 万大军，声势十分浩大。他把廉颇规定的不与敌人作战的命令全部废除，下命令说：“秦国再来挑战，必须迎头打回去。敌人打败了，就得追下去，非杀得他们片甲不留。”那边范雎得到赵括替换廉颇的消息，知道自己的反间计成功，就秘密派白起为上将军，去指挥秦军。白起一到长平，布置好埋伏，故意打了几阵败仗。赵括不知是计，拼命追赶。白起把赵军引到预先埋伏好的地区，派出精兵 25000 人，切断赵军的后路；另派 5000 骑兵，直冲赵军大营，把 40

万赵军切成两段。赵括这才知道秦军的厉害，只好筑起营垒坚守，等待救兵。秦国又发兵把赵国救兵和运粮的道路切断了。赵括的军队，内无粮草，外无救兵，守了四十多天，兵士都叫苦连天，无心作战。赵括带兵想冲出重围，秦军万箭齐发，把赵括射死了。赵军听到主将被杀，也纷纷扔了武器投降。结果40万赵军被秦军在一夜之间全部活埋。可怜赵国最精锐的40万军队，就在纸上谈兵的主帅赵括手里全部覆没。

人不读书不行，死读书也不行。只有把理论付诸实践，并在实践中得到升华，才是学习到了真正的知识。如果不能把理论应用于实践，像王寿那样为读书而读书，更甚者像赵括那样一味的夸夸其谈，最后只会给我们带来麻烦，甚至是更严重的后果。现在的书更是浩如烟海，大家千万不要迷失在书的海洋里。读书一是要精，二是要学以致用。

人应以孝悌为本

古往今来，孝顺父母，顺从兄长是对于做人的基本要求，是仁的根本，不仅孔子主张孝顺，大凡历史上的名人也严格遵守孝的标准。

陶侃是大诗人陶渊明的祖父。他是晋代名将，以功高德劭名垂青史。

陶侃小的时候，家境非常贫寒。母亲湛氏靠纺纱织布供儿子读书。陶母不但能吃苦耐劳，而且很有志气，严于家教。从陶侃懂事起，她就教育儿子刻苦自励，做到“贫贱志不移”，希望儿子长大以后，能成为孟子所说的那种“富贵不能淫，贫贱不能移，威武不能屈”的大丈夫式的人物。

陶侃长大后，没有辜负母亲的期望。他不但为官清廉正直，而且在诸多生活细节上，在母亲去世之后，依然遵循着母亲的教诲。时时在心中感念着母亲。

陶侃有个奇特的癖好——搬砖，每天早晨，他把一百块砖搬到院子里，傍晚又把一百块搬回屋里，每次都累得满头大汗。谁去帮忙他都不肯。不论阴晴雨雪，也不论春夏秋冬，一年到头按时搬运，从不间断。有人问他：“将军，你这是干什么？”他说：“你们知道我们国家的北方已落入了异族手中，我立志要收复中原。母亲生前曾同我说过，生活过于安逸，不但会伤害身体而且容易消磨意志。我之所以每天搬砖，正是为了锻炼身体和磨炼意志，好实现我的远大理想。”

还有一件轶事，就是陶侃每次喝酒都有一定的限度，常常喝到酒兴正浓时戛然而止，坚决推杯不喝，因为他给自己规定的限度已经到了。有一次，有一位好友劝他再喝点，他还是不喝，问他为什么这样，他沉默了好久，才道出了真情：“年少有酒失，亡亲见约，故不敢逾议者。”这里的亡亲是指过世的母亲。这句话的意思是说，陶侃年轻时，曾因喝醉酒出过毛病，他的母亲曾因此让他有过誓约，所以后来喝酒再也不敢超过约定的饮酒数量。陶侃说到做到，母亲去世以后，他喝酒也从来没有超过当时约定的数量。

陶侃

王祥是汉末琅琊临沂人，因遭世乱，扶母携弟在庐江隐居三十余年。母卒后，才应召入仕。魏时，曾封关内侯、万岁亭侯、睢陵侯，拜司空、太尉、侍中等职。入晋，拜太保，晋爵为公。享年85岁。

原来王祥的生母在他年幼的时候即已去世。他的继母朱氏很不喜欢他，只偏爱自己的儿子，经常在他父亲面前说他的坏话，使他不仅失去了母爱，还失去了父爱。但他生性至孝，虽然成天被父母驱使，干各种杂活，却从不叫苦叫累，态度十分恭谨。父母如果有病，他就整天不解衣睡觉，在左右伺候，汤药熬好了，还必定亲自先尝一尝。

尽管如此，他的继母仍然欺负他，待他很凶狠。然而，王祥却始终把她当做自己的亲生母亲来孝顺。继母朱氏常常要吃活鱼，王祥总是想办法满足她的要求。有一次，天寒地冻，朱氏又要吃活鱼。但三九时节，哪儿也找不到活鱼。王祥却不死心，来到结了厚冰的河面上，不顾寒风飕飕，脱下衣服，躺在透心凉的冰上，准备凿开冰块捕鱼。忽然冰块自己裂开，从水里面

卧冰求鲤

跃出两条活蹦乱跳的鲤鱼。王祥赶忙抓住，高高兴兴地带回家去，做好给他继母吃。乡里人都说：从来也没人能在大冬天结了这么厚的冰河里凿冰捕鱼，王祥这个小孩子却做到了，这是他的孝心感动了天地啊！从此就留下了“卧冰求鱼”的美谈。

王祥的弟弟王览，是朱氏所生。他只有几岁的时候，便很懂事。看见母亲鞭打王祥，就抱着哥哥哭，不让朱氏打。稍长大些，就规劝他的母亲对哥哥好些，朱氏才有点收敛。朱氏常常毫无道理地支使王祥干这干那，在这种情况下，王览就跟着王祥一起干。兄弟俩娶亲后，朱氏又常常虐待王祥的妻子，让她干这干那；王览的妻子也和嫂子一起干。朱氏见王览夫妇总和王祥夫妇同甘共苦，一起干活，无计可施，以后也就不再乱支使王祥夫妇了。

王祥在父亲去世后，在社会上的声誉越来越大。朱氏不但不高兴，反而嫉恨在心。一次，她秘密在酒中下了毒，想把王祥毒死。王览发现了，就径直去取酒。此时，王祥也疑心酒中有毒，争着把酒夺过来，不给王览。朱氏见兄弟俩争酒，怕事情败露，急忙把酒抢过去，不给他们。从此以后，凡是朱氏赐给王祥的食品，王览总是要先尝尝，以防出事。朱氏害怕下毒毒死自己的亲儿子，就止住了在食品中下毒的做法。

但是朱氏并没有放弃杀害王祥的念头。一天王祥因有事独睡在一张床上。朱氏以为机会来了，半夜里悄悄地拿把刀摸进屋，对着被子狠命连着砍了好几下。这时正好王祥出外小便，因此只砍破了被褥，并没有伤着王祥。王祥回来一看，被褥被砍破了，知道是继母恨自己恨得要命，就跑到继母房里跪下，请求继母把他处死。继母起先吓了一跳，后来听了王祥的一番话又羞又愧，深深感动，醒悟过来，真正感受到王祥对自己的一片孝心，甚至愿意为自己的错念去死。于是把王祥扶了起来，流下了悔愧而又感激的眼泪。此后，朱氏爱王祥就像爱自己的亲生儿子一样。一家人日子过得很和睦。王祥尽心赡养继母朱氏，直到给她送了终，才答应别人的邀请，出去做官。

朋友相交，以诚为先

心理学家认为，每个人的思想深处都有内隐闭锁的一面，同时，又有开放的一面希望获得他人的理解和信任。然而，开放是定向的，即向自己信得过的人开放。以诚待人，能够获得人们的信任。以一个开放的心灵换取到一位用全部身心帮助自己的朋友，这就是用真诚换来真诚。如果人们在发展人际关系中，能用诚信取代防备、猜疑，会获得出乎意料的好结局。

在中国，中庸之道是一种至高的做人境界。掌握了中庸之道，便掌握了为人处世的分寸。交友是为人处世的一部分，同样要讲中庸，除了“淡而不厌”之外，还要“简而文”，“温而理”，即简略而文雅，温和且合情理。

在利益面前，很多人丧失了对朋友的忠诚，也就抛弃了更珍贵的友谊。

“谁找到了忠诚的朋友，谁就找到了珍宝”。友谊不能买卖，也不能用金钱来计算朋友的价值。

中国古代有一个这样的故事：

白敏中与贺拔基是好朋友，两人同到长安参加科举考试。这年的主考官是王起。王起知道白敏中出身望族，德才皆上品，很赏识他，有意取他为状元；但又嫌他与贫寒的贺拔基交往过密，有点犹豫。便私下派人去劝说，暗示他：“只要你不再同贺拔基来往，王主考就取你为状元。”白敏中听了，皱起眉头，没有答话。

恰好这时贺拔基来访，家人把他打发走了。白敏中得悉，大发雷霆，立即把贺拔基追了回来，如实地将情况告诉他，并说：“状元有什么稀奇的，怎么也不能不要朋友呀！”说毕，命家人摆起酒宴，与贺拔基开怀对酌。

说客看在眼里，气在心里，回去便一五一十地回禀王起，并怂恿说：“这小子舍不得贺拔基，咱也不给他状元。”谁知王起一反初衷，既取了白敏中，又取了贺拔基。原来白敏中宁要朋友不要状元的精神，感化了王起那颗浸透了世俗偏见的心。

忠诚的朋友给你带来的是稳定和信任。你在任何时候都可以向他发出求救的信号。

古希腊神话中有这样一个故事。亚逊斯有一次来到了阿尔卑斯山下，遇到了几位天神，天神说：“亚逊斯，你有过朋友吗?”亚逊斯说：“有，他爱我胜过爱你们。”这句话激怒了天神们，他们决心杀掉亚逊斯的这位朋友，便询问这位朋友是谁。亚逊斯看出了天神们的用意，就隐瞒不谈。天神们拿出了各自的宝贝引诱亚逊斯，许诺他将有一位美貌无比的妻子，成为一个威严无比的国王，等等。所有这一切都未能打动亚逊斯的心。但神通无比的天神们还是抓到了亚逊斯的朋友，他们没有立刻杀死他，对亚逊斯的话，他们并不十分相信，于是以同样的手段去引诱亚逊斯的朋友，只要他同意背叛亚逊斯，他将得到他所要的一切：美色、财富、权势。和亚逊斯一样，这位朋友也丝毫未动心，天神们既羡慕又惭愧，没有一位天神去杀他们，悄悄地将他们放下了山。亚逊斯说：“我们彼此忠诚、信任，没有什么比我们的友谊更重要。”

得到友谊，你就成为了精神贵族，而忠诚是友谊的标志。

没有什么事是单一存在的，对朋友的忠诚说明你对自己的忠诚，同时也会换回朋友对你的倾心报答。

为政篇第二

【原文】

子曰："为政以[①]德，譬如北辰[②]，居其所而众星共[③]之。"

【注释】

①以：用。②北辰：北极星。③共：同"拱"，环绕的意思。

【译文】

孔子说："（周君）以道德教化来治理国家，就会像北极星那样居于一定的方位，而群星都会环绕在它的周围。"

【原文】

子曰："诗[①]三百，一言以蔽[②]之，曰：'思无邪[③]。'"

【注释】

①诗：指《诗经》一书，此书实有三百零五篇，三百只是举其整数。②蔽：概括。③无邪：纯正，不邪恶。

【译文】

孔子说："《诗经》三百篇，可以用一句话来概括它，就是'思想纯正'。"

【原文】

子曰："道[①]之以政，齐[②]之以刑，民免[③]而无耻；道之以德，齐之以礼，有耻且格[④]。"

【注释】

①道：同"导"，即引导、治理。②齐：整齐、约束。③免：避免、躲

避。④格：有两种解释：一为“至”；二为“正”。

【译文】

孔子说：“用行政命令去引导百姓，使用刑法来约束百姓，老百姓只是求得免于犯罪受惩，却失去了廉耻之心；用道德教化引导百姓，用礼来约束百姓的言行，百姓不仅会有羞耻之心，而且也就守规矩了。”

【原文】

子曰：“吾十有[1]五而志于学，三十而立[2]，四十而不惑，五十而知天命，六十而耳顺[3]，七十而从心所欲，不逾矩。”

【注释】

①有：同“又”。②立：站得住。指立身处世站得住脚。③耳顺：对此有多种解释。一般而言，指对那些于己不利的意见也能正确对待。

【译文】

孔子说：“我十五岁立志于学习；三十岁立身处世能站得住脚跟；四十岁能不被外界事物所迷惑；五十岁懂得了上天赋予我的命运；六十岁能正确对待各种言论；七十岁能随心所欲而不超越规矩。”

【原文】

孟懿子[1]问孝，子曰：“无违[2]。”樊迟[3]御[4]，子告之曰：“孟孙[5]问孝于我，我对曰无违。”樊迟曰：“何谓也。”子曰：“生，事之以礼；死，葬之以礼，祭之以礼。”

【注释】

①孟懿子：鲁国的大夫，三家之一，姓仲孙，名何忌，“懿”是谥号。②无违：不要违背礼仪。③樊迟：姓樊，名须，字子迟。孔子的弟子。④御：驾驭马车。⑤孟孙：指孟懿子。

【译文】

孟懿子问什么是孝？孔子说："孝就是不要违背礼。"后来樊迟给孔子驾车，孔子告诉他："孟孙问我什么是孝，我回答他说不要违背礼。"樊迟说："不要违背礼是什么意思呢？"孔子说："父母活着的时候，要按礼侍奉他们；父母去世后，要按礼埋葬他们、祭祀他们。"

【原文】

孟武伯[①]问孝，子曰："父母唯其[②]疾之忧[③]。"

【注释】

①孟武伯：孟懿子的儿子，名彘。武是他的谥号。②其，代词，指父母。③疾，病。

【译文】

孟武伯向孔子请教孝道。孔子说："对父母，要特别为他们的疾病担忧。（这样做就可以算是尽孝了。）"

【原文】

子游[①]问孝，子曰："今之孝者，是谓能养。至于犬马，皆能有养，不敬，何以别乎？"

【注释】

①子游：姓言，名偃，字子游，吴人，孔子的学生。

【译文】

子游问什么是孝，孔子说："现在的孩子，只是说能够赡养父母便足够了。然而，就是狗马都能够得到饲养。如果不存心孝敬父母，那么赡养父母与饲养犬马又有什么区别呢？"

【原文】

子夏问孝，子曰："色[①]难。有事，弟子[②]服其劳；有酒食，先生[③]馔[④]，曾是以为孝乎？"

【注释】

①色：色，脸色。这里指儿子侍奉父母的脸色态度。②弟子：年轻人。这里指儿子。③先生：先生指长者或父母；前面说的弟子，指晚辈、儿女等。④馔：音 zhuàn，意为饮食、吃喝。

【译文】

子夏问什么是孝，孔子说：“（当子女的要尽到孝），最不容易的就是对父母和颜悦色，仅仅是有了事情，儿女需要替父母去做，有了酒饭，让父母吃，难道能认为这样就可以算是孝了吗？”

【原文】

子曰：“吾与回[1]言终日，不违，如愚。退而省[2]其私，亦足以发，回也不愚。”

【注释】

①回：姓颜，名回，字子渊，孔子的得意门生。②省：观察。

【译文】

孔子说：“我整天给颜回讲学，他从来不提反对意见和疑问，像个蠢人。等他退下之后，我考察他私下的言论，发现他对我所讲授的内容有所发挥，可见颜回其实并不愚笨。”

【原文】

子曰：“视其所以[1]，观其所由[2]，察其所安，人焉廋[3]哉？人焉廋哉？”

【注释】

①以：做、为。②由：经历，指经过的道路。③廋：音 sōu，隐藏、藏匿。

【译文】

孔子说：“（要了解一个人），应看他的所作所为，观察他所走的道路，考察他安心干什么，这样，这个人怎样能隐藏得了呢？那个人怎么能隐蔽得了呢？”

【原文】

子曰：“温故而知新，可以为师矣。”

【译文】

孔子说：“温习旧的知识而能从中获得新体会、新见解，这样的人就可以当老师了。”

【原文】

子曰：“君子不器①。”

【注释】

①不器：不能像器皿那样，只有一种用途。孔子主张人的才能要广泛。

【译文】

孔子说：“君子不能像器具那样，只有一种用途，而应该多才多艺。”

【原文】

子贡问君子。子曰：“先行其言，而后从之。”

【译文】

子贡问怎样才能做一个君子。孔子说：“君子总是把想说的话先实行，实行了以后再说出来。”

【原文】

子曰：“君子周①而不比②，小人比而不周。”

【注释】

①周：合群。②比：音 bì，勾结。

【译文】

孔子说：“君子讲团结而不与人勾结，小人与人勾结而不讲团结。”

【原文】

子曰：“学而不思则罔①，思而不学则殆②。”

【注释】

①罔：迷惑、糊涂。②殆：疑惑、危险。

【译文】

孔子说："只读书学习，而不深入思考，就会惘然无知而没有收获；但只空想而不读书学习，问题仍然疑惑不解。"

【原文】

子曰："攻乎异端[①]，斯[②]害也已。"

【注释】

①异端：不正确的言论。与孔子不同的主张，指邪说。②斯：代词，这。

【译文】

孔子说："去攻读钻研一些邪说，那就有害了。"

【原文】

子曰："由[①]，诲女[②]，知之乎？知之为知之，不知为不知，是知[③]也。"

【注释】

①由：姓仲名由，字子路。孔子的学生，长期追随孔子。②女：同"汝"，你。③知：同"智"。

【译文】

孔子说："由，我教给你做的，你明白了吗？知道的就是知道，不知道就是不知道，这就是聪明啊！"

【原文】

子张[①]学干禄[②]，子曰："多闻阙[③]疑，慎言其余，则寡尤[④]；多见阙殆[⑤]，慎行其余，则寡悔。言寡尤，行寡悔，禄在其中矣。"

【注释】

①子张：姓颛孙名师，字子张，孔子的学生。②干禄：干，求的意思。禄，即古代官吏的俸禄。干禄就是求取官职。③阙：缺。此处意为放置在一旁。④寡尤：寡，少的意思。尤，过错。⑤殆：疑惑。

【译文】

子张要学谋取官职的办法。孔子说："要听各种意见，有怀疑的地方先放在一旁，对其余有把握的问题谨慎地说出想法来，这样就可以少犯错误；多看各种事情，有疑惑的地方先放在一旁不做，对有把握的事情要谨慎地去做，做事则很少后悔。说话少犯过失，做事少后悔，官职俸禄就在这里了。"

【原文】

哀公[①]问曰："何为则民服？"孔子对曰[②]："举直错诸枉[③]，则民服；举枉错诸直，则民不服。"

【注释】

①哀公：姓姬，名蒋，哀是其谥号。②对曰：《论语》中记载对国君及在上位者问话的回答都用"对曰"，以表示尊敬。③举直错诸枉：举，选拔的意思。直，正直公平。错，同"措"，放置。枉，邪曲。

【译文】

鲁哀公问："怎样才能使百姓服从呢？"孔子回答说："把正直无私的人提拔起来，把邪恶不正的人置于一旁，老百姓就会服从了；把邪恶不正的人提拔起来，把正直无私的人置于一旁，老百姓就不会服从统治了。"

【原文】

季康子[①]问："使民敬、忠以[②]劝[③]，如之何？"子曰："临之[④]以庄，则敬；孝慈[⑤]，则忠；举善而教不能，则劝。"

【注释】

①季康子：姓季孙，名肥，鲁国的大夫。“康”是他的谥号，鲁哀公是当时政治上最有权势的人。②以：连接词，与“而”同。③劝：勉励。这里是自勉努力的意思。④之：指百姓。⑤：孝慈：孝顺父母，慈爱幼小。

【译文】

季康子问：“要使老百姓恭敬、尽忠而努力干活，该怎样去做呢？”孔子说：“你用庄重的态度对待他们，他们就会尊敬你；你对父母孝顺、对百姓慈祥，百姓就会尽忠于你；你选用好人，又教育能力差的人，百姓就会互相勉励，加倍努力了。”

【原文】

或[①]谓孔子曰：“子奚[②]不为政？”子曰：“《书》[③]云：‘孝乎惟孝，友于兄弟。’施于有政[④]，是亦为政，奚其为为政？”

【注释】

①或：有人。不定代词。②奚：疑问词，相当于“为什么”。③《书》：指《尚书》。④施于有政：施：延及。有：名词词头，无意义。

【译文】

有人对孔子说：“你什么不从政呢？”孔子回答说：“《尚书》上说，‘只有孝敬父母，才能推广到友爱兄弟。’把这孝悌的道理推广、影响到政治上去，也是参与政治，为什么一定要当官呢？”

【原文】

子曰：“人而无信，不知其可也。大车无輗[①]，小车无軏[②]，其何以行之哉？”

【注释】

①輗：音 ní，古代大车车辕前面横木上的木销子。大车指的是牛车。②軏：音 yuè，古代小车车辕前面横木上的木销子。没有輗和軏，车就不能走。

【译文】

孔子说：“一个人不讲信用，如何能立身处世，就好像大车没有輗、小车没有軏一样，它靠什么行走呢？”

【原文】

子张问：“十世①可知也？”子曰：“殷因②于夏礼，所损益③可知也；周因于殷礼，所损益可知也。其或继周者，虽百世，可知也。”

【注释】

①世：古时称三十年为一世。也有的把“世”解释为朝代。②因：因袭、沿用、继承。③损益：减少和增加，即优化、变动之义。

【译文】

子张问孔子：“十代以后的礼仪制度可以预先知道吗？”孔子回答说：“商朝继承了夏朝的礼仪制度，废除和增加的内容是可以知道的；周朝又继承商朝的礼仪制度，废除的和增加的内容也是可以知道的。那将来继承周朝的某个朝代，就是一百代以后，也是可以预先知道的。”

【原文】

子曰：“非其鬼①而祭之；谄②也。见义不为，无勇也。”

【注释】

①鬼：有两种解释：一是指鬼神，二是指死去的祖先。这里泛指鬼神。②谄：音chǎn，谄媚、阿谀。

【译文】

孔子说：“不是你应该祭的鬼神，你却去祭它，这就是谄媚。见到合乎正义的事情，却袖手旁观，就是怯懦。”

【故事】

千万别不懂装懂

一个烈日炎炎的夏日，骄阳当空，大地一片燥热，一辆马车正在通往齐国的路上慢慢行驶。车上，孔子正向弟子们传授学问，他说：“三人行，必有我师焉。”意思是说，你在路上随便遇到三个人，那其中就会有人可以当你的老师。孔子教育弟子：对待学习一定要诚实，遇到自己不会回答的问题，要老老实实地承认自己的不足，绝不能不懂装懂，自欺欺人。

正讲着，车窗外传来哗啦啦的响声。孔子便说：“天气说变就变。听，山那边下起了雷阵雨，快停车！”有位弟子下了车，仔细听了听，说：“这是山那边海浪拍打岩石的声音，我是南方人，从小生活在海边，熟悉这种声音。”

孔子一听是海，非常好奇，因为他从来没见过海。于是就带着弟子，爬上山顶，想看看海究竟是什么样子。孔子望着无边无际的大海，感叹地说：“海真辽阔呀！做人就应该像大海一样，有辽阔的胸怀，敢于承认自己的缺点。”正当孔子和弟子们欣赏着大海的景色时，觉得口渴了，正巧看见一位小渔民正担着一桶水在山腰上走。孔子便走上前去：“小弟弟，可否讨口水喝？”小渔民就拿起葫芦瓢在桶里舀了一瓢清水，递给孔子。孔子喝过水后，说：“这海水真好喝啊！甘甜清凉。”小渔民听后，忍不住笑了：“海水又咸又苦，怎么能喝呢？还甘甜呢？嘿嘿，你们可真是书呆子，这点常识都不懂。”

孔子

一位弟子听小渔民这样批评老师，非常生气：“你这个黄毛小子，真不知天高地厚，竟然如此无礼，你知道这位是谁吗？他可是大名鼎鼎的孔夫子。”

“孔夫子？孔夫子怎么啦？孔夫子不见得样样都懂，刚才想用海水解渴就错了，海水是苦的，根本不能喝。我递给他的可是井水。再说，他会种地吗？他会盖房吗？他会打鱼吗？”

孔子听了，觉得很惭愧，他低着头，沉思了一会儿，然后诚恳地对弟子们说：“以前，我对你们讲有些人一生下来就知道一些事情，这话是不对的，我们应该知错就改，千万不能不懂装懂啊！”

弟子们听了，都点点头，更加尊敬孔子了，这座山后来就被称为“孔望山”。

孔子不仅严格要求自己，对弟子们也是如此。

孔子有一位弟子，名叫子路，是个性格粗鲁直率的人。子路很聪明，自从拜孔子为师后，认真学习，渐渐地掌握了不少知识。

当时，各诸侯国之间混战不断，为了扩大各自的势力，他们都把招揽人才作为重要手段。许多诸侯贵族都认为子路是个不可多得的人才，便争相请他去做官。这样一来，子路就有些骄傲了。

子路

孔子得知子路越来越骄傲了，学习也不如当初用心，变得很浮躁，便决定教训一下他。

这一天，子路穿着华丽的衣裳，身边还跟着几个仆从，高高兴兴地回来拜见老师。孔子看见子路趾高气扬的样子，心中十分不悦，便提出几个有关治国的问题，让子路回答。子路一听，呆呆地愣在那里，一个也回答不上来。前一段时间，他一直忙于交际应酬，忽略了功课，而且，来之前也没做任何准备。这可怎么回答？如果老老实实说不知道，那在同学面前，不是太丢面子了吗？而且，传出去后，那些诸侯贵族会怎么看，还认为自己是人才吗？

想到此，子路便假装胸有成竹的样子，把以前学到的那点相关知识全都倒了出来，东拼西凑，连蒙带混地应付了一大篇。

孔子听了，十分生气，训斥道：“子路，你自己认为回答得怎样？”

子路见老师生气了，便一声不吭地低着头。

孔子继续说：“你知道自己最大的缺点是什么吗？那就是不懂装懂！”说完，孔子一一列举了子路话中的错误，说得子路满脸通红，羞愧得说不出话来。

孔子缓了口气，又接着说："做人一定要诚实，对待学问也要诚实，不能弄虚作假。知道的就说知道，不知道的就说不知道，这没什么丢面子的。如果你能这样老老实实地对待学习，将来一定会成为真正有智慧的人!"

子路听了老师的教诲后，决心留在老师身边，继续潜心学习，以弥补以前荒废的学业。

人任何时候都要虚怀若谷，戒骄戒满，再博学的人也会有许多不知道的东西，所以时时处处都要以学习的姿态出现于人们面前，而不能到处不懂装懂，硬充"大明白"，否则自己就再无进步的可能了。

唐代有位禅师很有智慧，他的一杯茶的故事常常为人们所津津乐道。有一天，一位大学士特地来向他问禅，可一见面就对禅师大发宏论，滔滔不绝。禅师以茶水招待他，禅师将茶水注入这个访客的杯中，杯满之后还继续注入。这位大学士眼睁睁地看着茶水不停地溢出杯外，洒得满案皆是，便忍不住说道："已经漫出来了，不要倒了。"这时禅师意味深长地说："你的心就像这只杯子一样，里面装满了你自己的看法和主张，你不先把你自己的杯子倒空，叫我如何对你说禅?"

禅师教导的"把自己的杯子倒空"，不仅是佛学的禅理，更是人生的至理名言。心太满，什么东西都进不来；心不满，才能有足够装填的空间。"满招损，谦受益"，更是古贤留给后人的一句可以千年护身的诤言。

在这个瞬息万变的社会，随时需要知识、咨询和不断吸取养分，所以"心"一定要"空"，这样就能吸收无尽的知识资源，容纳各种有益的意见，从而使自己丰富起来。千万不要不懂装懂，自骄自满，否则受害的一定是自己。

讲求用人之道

事业的竞争，归根结底是人力的竞争，谁能尽最大可能发挥人力，谁就可能成功。然而得到人才不是件容易的事，正确地使用人才更是不容易。在实践中，刘备总结了知人、用人、待人的基本规律，不拘一格地发掘人才、放手使用，终于使其脱颖而出。

刘备少时家贫，与母以贩鞋织席为生。刘备年轻时，就善于交结豪侠，人人争附。虽然如此，有的上层豪强还是瞧不起他。当他已升任平原相时，豪绅刘平还耻在他手下为民，曾派刺客去杀害他。但当刺客受到刘备殷勤款待后，深受感动，不仅不忍下手，还吐露来意。刘备在招聚队伍之先，已与关羽、张飞相善，三人“寝则同床，恩若兄弟”。刘备每逢公开露面，关羽和张飞常“侍立终日，随从周旋，不避艰险”。后关羽被曹操俘获，虽甚受优待，仍不忘故主，终辞操奔备；赵云原隶属公孙瓒，见刘备后，受到亲近和重视，也因此归附了刘备。

刘备

公元201年，刘备驻兵新野，荆州豪杰归者日益增加。刘备认识到自己所以屡遭挫败，主要是缺乏优秀的参谋大员，因此留心寻访人才。当时襄阳名士司马徽，人称“水镜”。刘备找他询问天下大计，徽推荐隐居的“卧龙”诸葛亮；另外，受到刘备器重的徐庶也荐诸葛亮。两人不约而同的介绍，引起了刘备对诸葛亮的倾慕，于是在历史上留下了“三顾茅庐”的佳话。

“三顾茅庐”的故事，传诵已一千多年，但人们所推崇的只是诸葛亮在“隆中对”中所显示出的英明预见，而对刘备访贤、用贤的识见和气量却很少提及。实际上，刘备“三顾茅庐”比诸葛亮“隆中对”更为难能可贵，更具有深远影响。因为才智之士几乎到处都有，可是能够访才、识才、用才的帝王却累世难见。这正是刘备的超人之处。

刘备使用人才，有几个主要特点：

首先是有知人之明。他往往因谈一次话，就能发现人才。例如庞统、邓芝、马忠等因见面与语而“大奇之”。刘备与马忠谈过一次话后，“虽亡黄权，复得狐笃，此为世不乏贤也”。“世不乏贤”这样的话，非善于知人者，是不能道出的。那些庸碌或多疑的君主不是经常感叹无才可用或用而不信吗？刘备临终时，曾告诫诸葛亮：“马谡言过其实，不可大用，君其察之。”可是诸葛亮不以为然，后来他首次伐魏，即用马谡为先锋，结果招致了街亭之失。

其次，他不仅善于识别部属的才能，而且对于人的品性也有很高的鉴定能力。例如当阳战败时，有人言赵云已北去投曹，刘备却曰：“子龙不弃我走也。”不久，赵云果然抱着刘备的幼子阿斗回来了。又如刘备领益州牧后，有人诬告归附不久的李恢谋反，刘备立即“明其不然”。后来李恢果然成为蜀汉得力将领。

再次，刘备对于人才往往能够予以体谅，甚至做出重大牺牲。例如徐庶原来跟随刘备从樊城南逃，徐庶之母不幸为曹军俘获；徐庶因此要求到曹操那边去。刘备是很器重徐庶的，可是体谅其母子深情，仍旧忍痛割爱，遣其归北。

又如当刘备起兵伐吴时，黄权谏曰：“吴人悍战，又水军顺流，进易退难。臣请为先驱以尝寇，陛下宜为后镇。”刘备不听，令权督江北诸军，防备魏师。备败后，权还蜀无路，被迫降魏。因此，执法官准备按法“收权妻子”。刘备说：“孤负黄权，权不负孤也。”对待黄权的妻子仍旧和往日一样。裴松之对刘备颇为赞赏，他认为刘备能斟酌是非，区别对待，胜过杀李陵全家的汉武帝。

由此可见，由于刘备能充分发挥人才的作用，即使出身贫寒，缺乏靠山，仍能在群雄中脱颖而出，成就一番惊天动地的伟业。

为官者要以民为本

为官者只有尽心办事，才不辜负“父母官”的称呼。海瑞是海南琼山人，从小没有父亲，和母亲相依为命。虽然家里很穷，但他母亲宁可挨饿也要供他读书，希望他将来成为一个有用的人。海瑞很懂事，决心发奋读书不辜负母亲的期望。果然海瑞 20 多岁就考上了举人，不久他就被派到浙江淳安当县令。

虽说海瑞这么年轻就当了县令，但他可不像那些奸官一样，只爱钱不干好事，欺压老百姓。他从小吃过苦，知道百姓的生活艰难，因此十分体谅他们。他十分痛恨仗势欺人的权贵、狗腿子，更痛恨溜须拍马的奸佞小人。在当县令期间，海瑞将淳安县治理得井井有条，他审判的案子也从未出过错。很快“海青天”的称号就在淳安县传开了。

这时有个奸臣严嵩，他的儿子严世蕃更是坏东西。他们父子俩在朝廷迷惑欺骗嘉靖皇帝，独揽大权，干了许多坏事。许多官员都畏惧严嵩的权势，纷纷投靠到严嵩父子门下。浙江总督胡宗宪就是严嵩的一名党羽。但海瑞是个不畏权势、刚直不阿的人，他对严嵩、胡宗宪等人的所作所为十分痛恨，从不向他们献媚。这当然引起胡宗宪等人的忌恨，因此海瑞当了许多年的淳安县令一直未被提拔。

海瑞并未因为没有升官就屈服于权贵，他照旧秉公办事，一丝不苟地治理淳安县。

有一天上午，海瑞正在县衙里阅批公文，忽然一个差役匆匆忙忙地跑进来，报道：“大人，胡总督公子带一大批随从已到淳安县。”“哦，知道了，就将他们安置在官驿，按普通客人招待。”

但过了一会儿，那个差役又来报信：“大人，大事不好，胡公子在官驿大发脾气，并把驿吏绑起来毒打。”原来这位胡公子从小娇生惯养，处处受惯了阿谀奉承，没想到今天到淳安县竟然只住在驿所里，并吃如此普通的饭菜，认为是有意怠慢他，因此发脾气大闹驿所。

海瑞

这可把海瑞气坏了，心想你胡公子竟敢依仗父亲权势为非作歹，在淳安县大打出手，我是不能答应的。海瑞决定要教训这位胡公子，他想出了一个绝妙的主意。

海瑞马上带着十几个差役赶到官驿，把胡公子和他的随从抓回县衙，然后立刻升堂。

海瑞端坐在堂上一拍惊堂木，喝道：“你是何人？竟敢假冒胡总督的公子，速速从实招来。”

胡公子可从未见过这样的场面，这么森严的公堂吓得他脸色苍白，连话都说不出来，原来的骄横劲再也不见了。

海瑞又命人从胡公子的行装里搜出了几千两银子，更加理直气壮，不仅没收银子充公，而且立刻将胡公子等人赶出淳安县。

此时海瑞的报告也已送到了胡宗宪总督衙门，报告称：“有一群歹人竟冒充胡公子名号行骗，幸好在淳安县被抓获，银子没收，并赶出淳安。”等到胡宗宪见到哭哭啼啼的儿子回来，立刻明白吃了哑巴亏，没有办法，他只好告诫儿子以后不要去淳安县惹海瑞。这一来，百姓拍手称快，夸海瑞真不愧是个清官。

八佾篇第三

【原文】

孔子谓季氏[1]，“八佾[2]舞于庭，是可忍，孰不可忍也!”

【注释】

①季氏：鲁国正卿季孙氏，即季平子。②八佾：佾音 yì，行列的意思。古时一佾八人，八佾就是六十四人，据《周礼》规定，只有周天子才可以使用八佾，诸侯为六佾，卿大夫为四佾，士用二佾。季氏是正卿，只能用四佾。

【译文】

孔子谈到季氏，说，“他用六十四人在自己的庭院中奏乐舞蹈，这样的事他都忍心去做，还有什么事情不可狠心做出来呢?”

【原文】

三家[1]者以《雍》[2]彻。子曰：“‘相维辟公，天子穆穆’，奚取于三家之堂[3]?”

【注释】

①三家：指孟孙氏、叔孙氏、季孙氏。他们都是鲁桓公的后代，又称“三桓”。②《雍》：《诗经·周颂》中的一篇。古代天子祭宗庙完毕撤去祭品时唱这首诗。③堂：接客祭祖的地方。

【译文】

孟孙氏、叔孙氏、季孙氏三家在祭祖完毕后用天子的礼节唱着《雍》诗撤去祭品。孔子说：“（《雍》诗上这两句）‘助祭的是诸侯，天子严肃静穆地在那里主祭。’这诗怎么能用在三家大夫的庙堂上呢?”

【原文】

子曰："人而不仁，如礼何？人而不仁，如乐何？"

【译文】

孔子说："一个人没有仁义之心，礼仪对他又能怎么样呢？一个人没有仁义之心，音乐对他又有什么意义呢？"

【原文】

林放[①]问礼之本。子曰："大哉问！礼，与其奢也，宁俭；丧，与其易[②]也，宁戚[③]。"

【注释】

①林放：鲁国人。②易：治理。这里指有关丧葬的礼节仪式办理得很周到。一说谦和、平易。③戚：内心悲痛。

【译文】

林放问什么是礼的根本。孔子回答说："你问的问题意义真大呀！就礼节仪式的一般情况而言，与其奢侈讲排场，不如节俭；就丧事来说，与其仪式上治办周备，不如内心真悲痛。"

【原文】

子曰："夷狄[①]之有君，不如诸夏[②]之亡[③]也。"

【注释】

①夷狄：古代中原地区的人对周边地区的贬称，谓之不开化，缺乏教养，不知书达礼。②诸夏：古代中原地区华夏族的自称。③亡：同无。古书中的"无"字多写作"亡"。

【译文】

孔子说："夷狄虽然有君主（却没有礼仪），还不如中原诸国没有君主（却保留着礼仪）好呢。"

【原文】

季氏旅[1]于泰山，子谓冉有[2]曰："女[3]弗能救与?"对曰："不能。"子曰："呜呼！曾谓泰山不如林放乎?"

【注释】

①旅：祭名。祭祀山川为旅。当时，只有天子和诸侯才有祭祀名山大川的资格。②冉有：姓冉名求，字子有，孔子的学生。③女：同汝，你。

【译文】

季孙氏去祭祀泰山。孔子对冉有说："你难道不能劝阻他吗?"冉有回答说："不能。"孔子说："唉！难道说泰山之神还不如林放知礼吗?"

【原文】

子曰："君子无所争，必也射[1]乎！揖让而升，下而饮，其争也君子。"

【注释】

①射：原意为射箭。此处指古代的射礼。

【译文】

孔子说："君子是不与别人相争的。如果有的话，那就是射箭比赛了。比赛时双方，相互礼让，登上射台，射完后，又相互作揖再退下来，然后登堂喝酒。这就是君子之争。"

【原文】

子夏问曰："'巧笑倩兮，美目盼兮，素以为绚兮。'[1]何谓也?"子曰："绘事后素[2]。"曰："礼后乎?"子曰："起予者商也[3]，始可与言诗已矣。"

【注释】

①巧笑倩兮，美目盼兮，素以为绚兮：前两句见《诗经·卫风·硕人》篇。倩，音 qiàn，笑得好看。兮，语助词，相当于"啊"。盼：眼睛黑白分明。绚，有文采。②绘，画。素，白底。③起予者商也：起，启发、阐明。

予，我，孔子自指。商，子夏名商。

【译文】

子夏问道："'巧妙的笑容真好看啊，美丽的眼睛真明亮啊，白嫩的脸蛋打扮一下更漂亮啊。'这几句话是什么意思呢？"孔子说："这是说先有白底然后画画。"子夏又问："那么，礼的产生在仁义之后吧？"孔子说："能够阐发我的意思的是子夏呀，现在可以同你讨论《诗经》了。"

【原文】

子曰："夏礼吾能言之，杞①不足徵②也；殷礼吾能言之，宋③不足徵也。文献④不足故也。足，则吾能徵之矣。"

【注释】

①杞：春秋时国名，是夏禹的后裔。在今河南杞县一带。②徵：证明。③宋：春秋时国名，是商汤的后裔，在今河南商丘一带。④文献：文，指历史典籍；献，指贤人。

【译文】

孔子说："夏朝的礼，我能说出来，（但是它的后代）杞国不足以证明我的话；殷朝的礼，我能说出来，（但它的后代）宋国不足以证明我的话。这都是由于文字资料和熟悉夏礼和殷礼的人不足的缘故。如果足够的话，我就可以得到证明了。"

【原文】

子曰："禘①自既灌②而往者，吾不欲观之矣。"

【注释】

①禘：音dì，古代只有天子才可以举行的祭祀祖先的非常隆重的典礼。②灌：禘礼中第一次献酒。

【译文】

孔子说："对于行禘礼的仪式，从第一次献酒以后，我就不愿意看了。"

【原文】

或问禘之说①，子曰："不知也。知其说者之于天下也，其如示诸斯②

乎!”指其掌。

【注释】

①禘之说：“说”，理论、道理、规定。禘之说，意为关于禘祭的规定。②示诸斯：“斯”指后面的“掌”字。

【译文】

有人问关于禘祭的规定，孔子说：“不知道，知道这种规定的人治理天下，就如同把东西摆在这里一样容易。”孔子说时指他的手掌。

【原文】

祭如在，祭神如神在。子曰：“吾不与祭，如不祭。”

【译文】

祭祀祖先时就像祖先真在面前，祭神就像神真在面前。孔子说：“我如果不真心诚意地去祭祀，那如同没有祭祀一样。”

【原文】

王孙贾[1]问曰：“与其媚于奥[2]，宁媚于灶[3]，何谓也?”子曰：“不然。获罪于天，无所祷也。”

【注释】

①王孙贾：卫灵公的大臣，时任大夫。②奥：这里指屋内位居西南角的神。③灶：这里指灶旁管烹饪做饭的神。

【译文】

王孙贾问道：“（人家都说）与其奉承奥神，不如奉承灶神。这话是什么意思?”孔子说：“不是这样的。如果得罪了上天，那就没有地方可以祈祷了。”

【原文】

子曰：“周监[1]于二代[2]，郁郁乎文哉，吾从周。”

【注释】

①监：音 jiàn，同“鉴”，借鉴的意思。②二代：这里指夏代和商代。

【译文】

孔子说：“周朝的礼仪制度借鉴于夏、商二代，是多么丰富多彩啊。我赞成周朝的制度。”

【原文】

子入太庙[①]，每事问。或曰：“孰谓鄹[②]人之子知礼乎？入太庙，每事问。”子闻之，曰：“是礼也。”

【注释】

①太庙：君主的祖庙。鲁国太庙，即周公旦的庙，供鲁国祭祀周公。②鄹：音 zōu，春秋时鲁国地名，又写作“陬”，在今山东曲阜附近。“鄹人之子”指孔子。

【译文】

孔子到了周国的太庙，每件事都要问一问。有人说：“谁说鄹人叔梁纥的儿子懂得礼呀，他到了太庙，每件事都要问别人。”孔子听到此话后说：“不懂就问，这就是礼呀！”

【原文】

子曰：“射不主皮[①]，为力不同科[②]，古之道也。”

【注释】

①皮：皮，用兽皮做成的箭靶子。②科：等级。

【译文】

孔子说：“比赛射箭，不一定要求穿透靶子，因为各人的能力大小不同。自古以来就是这样的规矩。”

【原文】

子贡欲去告朔[①]之饩羊[②]。子曰：“赐也！尔爱其羊，我爱其礼。”

【注释】

①告朔：朔，农历每月初一为朔日。告朔，古代制度，天子每年秋冬之际，把第二年的历书颁发给诸侯，告知每个月的初一日。②饩羊：饩，音 xì。饩羊，祭祀用的活羊。

【译文】

子贡提出去掉每月初一日告祭祖庙用的活羊。孔子说："赐，你爱惜那只羊，我却爱惜那种礼。"

【原文】

子曰："事君尽礼，人以为谄也。"

【译文】

孔子说："我完完全全按周礼的规定去事奉君主，别人却以为这是谄媚呢。"

【原文】

定公[1]问："君使臣，臣事君，如之何？"孔子对曰："君使臣以礼，臣事君以忠。"

【注释】

①定公：鲁国国君，姓姬，名宋，定是谥号。

【译文】

鲁定公问："君主怎样使唤臣下，臣子怎样事奉君主呢？"孔子回答说："君主应该按照礼的要求去使唤臣子，臣子应该以忠来事奉君主。"

【原文】

子曰："《关雎》[1]，乐而不淫，哀而不伤。"

【注释】

①《关雎》：雎，音jū。这是《诗经》的第一篇，是一首爱情诗。

【译文】

孔子说："《关雎》这篇诗，快乐而不放荡，忧愁而不哀伤。"

【原文】

哀公问社[1]于宰我，宰我[2]对曰："夏后氏以松，殷人以柏，周人以栗，曰：使民战栗。"子闻之，曰："成事不说，遂事不谏，既往不咎。"

【注释】

①社：土地神，祭祀土神的庙也称社。②宰我：名予，字子我，孔子的学生。

【译文】

鲁哀公问宰我，做土地神的神主应该用什么树木？宰我回答："夏朝用松树，商朝用柏树，周朝用栗子树。用栗子树的意思是说：使老百姓害怕得战战栗栗。"孔子听到后说："已经做过的事不用提了，已经完成的事不用再去劝阻了，已经过去的事也不必再追究了。"

【原文】

子曰："管仲[①]之器小哉！"或曰："管仲俭乎？"曰："管氏有三归[②]，官事不摄，焉得俭？""然则管仲知礼乎？"曰："邦君树塞门[③]，管氏亦树塞门；邦君为两君之好，有反坫[④]，管氏亦有反坫。管氏而知礼，孰不知礼？"

【注释】

①管仲：姓管名夷吾，齐国人，春秋时期的法家先驱。齐桓公的宰相。②三归：相传是三处藏钱币的府库。③树塞门：树，树立。塞门，在大门口筑的一道短墙，以别内外，相当于屏风、照壁等。④反坫：坫，音diàn。古代君主招待别国国君时，放置献过酒的空杯子的土台。

【译文】

孔子说："管仲这个人的器量小得很！"有人问："管仲节俭吗？"孔子说："他有三处豪华的藏金府库，他家里的管事也是一人一职而不兼任，怎么谈得上节俭呢？"那人又问："那么管仲知礼吗？"孔子回答："国君大门口设立照壁，管仲在大门口也设立照壁。国君同别国国君举行会见时在堂上有放空酒杯的设备，管仲也有这样的设备。如果说管仲知礼，那么还有谁不知礼呢？"

【原文】

子语[①]鲁大师[②]乐，曰："乐其可知也：始作，翕如也；从[③]之，纯如也，

皦[4]如也，绎如也，以成。”

【注释】

①语：音yù，告诉，动词用法。②大师：大，音tài。大师是乐官名。③从：音zònɡ，意为放纵、展开。④皦：音jiǎo，音节分明。

【译文】

孔子对鲁国乐官谈论演奏音乐的道理说：“奏乐的道理是可以知道的：开始演奏，各种乐器合奏，声音繁美；继续展开下去，悠扬悦耳，音节分明，连续不断，最后完成。”

【原文】

仪封人[1]请见，曰：“君子之至于斯也，吾未尝不得见也。”从者见之。出曰：“二三子何患于丧乎？天下之无道也久矣，天将以夫子为木铎[2]。”

【注释】

①仪封人：仪为地名，在今河南兰考县境内。封人，系镇守边疆的官。②木铎：木舌的铜铃。古代天子发布政令时摇它以召集听众。

【译文】

仪地的边防官请求见孔子，他说：“凡是有君子到这里来，我从没有见不到的。”孔子的随从学生引他去见了孔子。他出来后（对孔子的学生们）说：“你们几位何必为没有官位而发愁呢？天下黑暗无道已经很久了，上天将以孔夫子为圣人来号令天下。”

【原文】

子谓韶[1]：“尽美矣，又尽善也；”谓武[2]：“尽美矣，未尽美也。”

【注释】

①韶：相传是古代歌颂虞舜的一种乐舞。②武：相传是歌颂周武王的一种乐舞。

【译文】

孔子讲到“韶”这一乐舞时说：“美到极致了，也善到极致了。”谈到“武”这一乐舞时说：“美到极致了，但还不能说善到极致了。”

【原文】

子曰："居上不宽，为礼不敬，临丧不哀，吾何以观之哉？"

【译文】

孔子说："居于执政地位的人，不能宽厚待人，行礼的时候不严肃，参加丧礼时也不悲哀，这种情况我怎么能看得下去呢？"

【故事】

宁俭勿奢，尚俭戒侈

孔子提倡节俭，认为只有节俭才是符合礼仪的根本。节俭是我国优良的传统，而奢侈则是为人们所共耻的行为。历史上有许多人身居高位却仍然秉持节俭，所以我们应该做到宁俭勿奢，尚俭戒侈。

吴隐之，字处默，东晋濮阳鄄城人。他的六世祖父是曹魏时的侍中吴质，为魏文帝曹丕所信赖。后来家道衰落，吴隐之的父亲似乎没有做过官，是最下层的寒门士族。家中本来就不富裕，到吴隐之十几岁的时候，父亲不幸病死，家境就更加困难了。一家人常常以粗糙的豆类和咸菜充饥度日。贫苦的生活，磨炼了吴隐之的品德。他少年老成，不仅勤奋好学，吃苦耐劳，而且孝顺母亲，敬重兄长。他为人处事，品行端正，从不贪图非分的财物。

太元十年，吴隐之以奉朝请的身份被卫将军、尚书令谢石聘请为卫将军主簿。其后，适逢吴隐之的女儿出嫁，这在一般人家也是件大事，何况是官宦人家。谢石知道他一向清贫，就派了自家的厨师带着账本物品去吴家帮助操办婚事。当厨师来到吴家时，除看到他家的婢女牵着狗到市场上去卖外，其他与往常一样，根本看不出官宦人家嫁女的喜庆场面。

任职期满后，吴隐之被调回朝中做官并由中书侍郎、国子博士、散骑常侍等职，接连迁升至廷尉、秘书监、御史中丞、左卫将军等高级官职。当时东晋王朝动乱迭起，官场污浊不堪。许多达官显贵或争权夺势，或沉溺酒色、醉生梦死。吴隐之则出污泥而不染，清廉之风没有任何改变。他既不贪图淫逸，也不攀附巴结权贵，所得俸禄和赏赐，总要和贫穷的亲族共同享用，不肯为自己积蓄和添置衣服被褥等。史载吴隐之寒冬腊月，都没有一床像样的新被褥。身上穿的衣服不仅破旧，而且没有替换的。妻子给他洗衣时，他经常披一块棉絮待衣服晾干再穿，清贫俭朴，和普通老百姓没有什么两样，因而得到朝野的一致赞誉。

吴隐之上任后，非常注意自己的操行，平时饭菜没有酒肉，仅以咸菜和干鱼就餐。衣着都是以往穿过的，没有添置新衣。官府给他配备的帷帐器物，也都送到仓库里堆放起来。不了解吴隐之的人都说他矫揉造作，为了博取虚名。

然而，吴隐之不为这些闲言碎语所动，始终坚持去奢务俭的节操。他手下有位官吏知道吴隐之爱吃鱼，就经常进献去了骨刺的鱼，想讨好吴隐之，以利于升迁。当吴隐之发现此人动机不良后，不仅没有领情，还处罚和贬降了他。从此，再也没人敢向吴隐之送东西了，官府的行贿之风也有了收敛。

晋代青瓷骑俑

一次，吴隐之和妻子在湖畔观览风光，妻子乘兴买了一斤沉香给他看。吴隐之接过一看，嫌是奢侈之物，便随手抛入湖中。由于吴隐之自身廉洁俭朴，又严于吏治，手下官属大都不敢搜敛骚扰百姓，素以贪赃渎职闻名的岭南，吏治有了新的改观。为此，晋安帝特下诏书表彰说："孝敬的品行笃于闺门，高洁的节操厉乎风霜，实在是为人处世所难以做到的，然而是君子的最高美德。吴隐之孝顺父母，友爱兄弟超过常人，俸禄分给九族共享，自养菲薄，俭朴过人。本来处在可以发财的地域，却不改清操；本来具备了富有的地位、条件，一家人却不肯改换旧服。恪守自律，革奢务俭，致使南岭腐败的吏治大为改观。朕理应给予嘉赏，所以晋号前将军，赐钱五十万，谷千斛。"

义熙八年，吴隐之因年迈申请辞官，得到准许。第二年，死于家中。东晋王朝追赠左光禄大夫，加散骑常侍。

东晋末年，朝纲失禁，吏治腐败。豪门权贵、大小官员竞相以奢侈腐化为荣，以盘剥肆虐百姓为乐，甚至监守自盗，将国家必备的军需财物窃为己有。然而，也有为官数十年一尘不染、理财数载两袖清风的廉洁楷模，吴隐之正是其中的一个。不仅吴隐之以清廉节俭名垂青史，他的妻子也以贤德载入史册，儿孙则以廉慎孝悌闻名。

不争是君子的态度

有雅量，不争名利，对朋友诚心诚意，无疑是我们处世的一个重要准则。在现实生活中，一个人对待名利的态度也从一个侧面反映了他自身修养的完善程度。只有不被名利所诱惑，凭借自己的力量埋头苦干，打下成功的基础，才能使未来的成功之路走得坚实可靠。同时，我们对待名利采取不争的态度，才能赢得他人的尊重，为我们争取荣誉，让自己处在有利位置。

王导

王导是东晋丞相、政治家。王导和司马懿的曾孙琅琊王司马睿相好，倾心与之相交，两人交往甚密。南渡来建业后，依赖南渡的北方士族，团结江东土著，协助司马睿建立了东晋政权。王导历三朝为宰辅，保持了东晋的安定局面。

到了西晋末年，中原经过八王之乱和永嘉之祸后，北方大片土地落入胡人之手。北方士家大族纷纷举家南迁，渡江而南的占十之六七，史称“衣冠渡江”。王导相随南渡。到了西晋灭亡，王导主动出谋献策，联合南北士族，拥立司马睿为帝，是为晋元帝，建立东晋政权。当时江南的顾、陆、朱、张、沈、周等地方士族，轻视避难南下的“伧父”（南人对北人的戏称）。而司马睿为晋皇室疏属，声望不高，江南的一些大士族地主嫌他地位低，不怎么看得起他，也不来拜见他。为了这个，司马睿心里不踏实，要王导想个办法。

这年三月初三是修禊的日子，司马睿乘肩舆出游盛具威仪，而王导、王敦和其他北方南下的大族名流都骑马随从，以提高司马睿的威望。江南有名的士族地主顾荣等听到这个消息，大吃一惊，怕自己怠慢了司马睿，纷纷拜见司马睿。这一来，提高了司马睿在江南士族地主中的威望。王导接着就劝司马睿说：“顾荣、贺循是这一带的名士。只要把这两人拉过来，就不怕别人不跟着我们走。”司马睿派王导上门请顾荣、贺循出来做官。司马睿殷勤地接见了他们，封他们做官。打那以后，江南大族纷纷拥护司马睿。王导又劝说司马睿把北方的士族中有名望的人都吸收到王府来。司马睿在建康就站稳了脚跟，心里十分感激王导。他对王导说：“你真是我的萧何啊！”朝野上下也称呼他为“仲父”。可见其地位之高。但是王导并不居功自傲，蔑视皇上，而是忠于国事，不争名夺利，非常谦虚。这在他的行为中都有所表现。在晋元帝登基的那天，王导和文武官员都进宫来朝见。

司马睿

晋元帝见到王导，从御座站了起来，把王导拉住，要他一起坐在御座上接受百官朝拜。这个意外的举动，使王导大为吃惊。他忙不迭推辞说：“这怎么行，臣何德何能能够享有这样的荣耀呢？臣不敢与太阳争辉。”因而再三地拒绝。王导这一番吹捧，使晋元帝十分高兴。晋元帝也不再勉强。但是他总认为他能够得到这个皇位，全靠王导、王敦兄弟的力量，所以，对他们特别尊重，王家的子弟中，很多人都封了重要官职。当时，民间流传着一句话，叫做“王与马，共天下”。意思就是王氏同皇族司马氏共同掌握了东晋的大权。

南渡后的北方士人，虽一时安定下来却经常心怀故国。每逢闲暇他们便相约到城外长江边的新亭饮宴。名士周𫖮叹道：“风景不殊，举目有江河之异。”在座众人感怀中原落入夷手，一时家国无望，纷纷落泪。为首的大名士王导立时变色，厉声道：“当共戮力王室，克服神州，何至作楚囚相对泣邪！”众人听王导这么说，十分惭愧，立即振作起来。王导为晋室忠心耿耿，其堂兄王敦有夺取政权的野心，在他坚决反对和制止下，其阴谋没有得逞。

王导历仕元、明、成三帝，明帝死后，王导和庾亮同受遗诏，共辅幼主成帝。当时庾亮出镇于外，有人向王导进谗，以离间二人关系，说庾亮可能举兵内向，劝他密为之防。王导坦然说：“吾与庾亮休戚与共，悠悠之说，宜绝智者之口。则如庾亮若来，吾便角巾还第，复何惊哉！”可见王导淡泊名利，不计进退，宽和忍让，故能调和南北士族矛盾，基本上做到和睦共处，这对于稳定东晋的统治起到了重要作用。因而加强了对北方少数民族入侵的抗拒力量，南方经济和文化得到逐渐发展，自东晋至陈的三百年间，南方经济上升，文化更是远远超过北方，王导辅佐之功是不可磨灭的。

待人以礼才能得人以忠

孔子认为，领导要想得到下属的忠诚，首先要按人之常情和事之常理对待下属。礼的内容是很多的，如尊重、仁慈、爱护等等，领导如果对下属尽心，则下属自然也会忠心。

汉末爆发了黄巾起义，天下大乱，曹操控制朝廷，孙权拥兵东吴，刘备在荆州寄居在刘表那里。刘备打听到襄阳地方有个名士叫司马徽，就特地去拜访。刘备说：“我是专程来向您请教天下大势的。”司马徽听了，呵呵大笑起来，说：“像我这样平凡的人，懂得什么天下大势。要谈天下大势，得靠有才能的俊杰。”刘备央求他指点说：“到哪里去找这样的俊杰呢?”司马徽说：“这一带有卧龙，还有凤雏，您能请到其中一位，就可以平定天下了。”刘备急着问卧龙、凤雏是谁，司马徽告诉他：卧龙名叫诸葛亮，字孔明；凤雏名叫庞统，字士元。

徐庶也是当地一位名士，因为听到刘备正在招请人才，特地来投奔他。刘备很高兴，就把徐庶留在部下当谋士。他也向刘备推荐诸葛亮。刘备从徐庶那里知道了诸葛亮学问渊博，见识丰富，朋友们都很钦佩他，他也常常把自己比为古时候的管仲、乐毅。但是他看到天下纷乱，当地的刘表也不是能用人才的人，所以宁愿隐居在隆中，过着他恬淡的生活。

刘备听了徐庶的介绍，说："既然您跟他这样熟悉，就请您辛苦一趟，把他请来吧!"徐庶摇摇头说："这可不行。像这样的人，一定得将军亲自去请他，才能表示您的诚意。"

刘备先后听到司马徽、徐庶这样推重诸葛亮，知道诸葛亮一定是个了不起的人才，就和关羽、张飞带着礼物到隆中卧龙岗去请诸葛亮出来帮助他平定天下。恰巧诸葛亮这天出去了，刘备只得失望地转回去。

不久，刘备又和关羽、张飞冒着风雪第二次去请。不料诸葛亮又出外闲游去了。张飞本不愿意再来，见诸葛亮不在家，就催着要回去。刘备只得留下一封信，表达自己对诸葛亮的敬佩并清他出来帮助自己挽救国家危难局面的意思。

过了一些时候，刘备吃了三天素，准备再去请诸葛亮。关羽却说诸葛亮也许是徒有虚名，未必有真才实学，所以不敢出来相见。张飞则主张由他一个人去叫，如他不来，就用绳子把他捆来。刘备把张飞责备了一顿，又和他俩第三次访诸葛亮。到时，诸葛亮正在睡觉。刘备不敢惊动他，一直站到诸葛亮自己醒来，才彼此坐下谈话。

关羽

诸葛亮终于被刘备的诚意感动了，就在自己的草屋里接待刘备。刘备把关羽、张飞留在外面，自己跟着诸葛亮进了屋子。趁屋里没有人的时候，刘备坦率地说："如今汉室衰落，大权落在奸臣手里。我自己知道能力差，却很想挽回这个局面，只是想不出好办法。所以特地来请先生指点。"

诸葛亮看到刘备这样虚心请教，也就推心置腹地跟刘备谈了自己的主张。诸葛亮分析了天下的形势，刘备听着听着，不禁打心眼里钦佩眼前这个青年人，说："先生的话真是开了我的窍。我一定照您的意见干。现在就请您一起下山吧。"

诸葛亮见刘备这样热情，有志替国家做事，而且诚恳地请他帮助，就决定出山帮助刘备干一番事业。后来，人们把这件事称作"三顾茅庐"，把诸葛亮这番话称作"隆中对"。

诸葛亮

打那以后，刘备把诸葛亮当老师对待，诸葛亮也把刘备当做自己的主人。两人越来越亲密，关羽和张飞看在眼里，心里很不高兴，背后直嘀咕。他们认为诸葛亮年纪轻轻，未必有多大能耐，怪刘备把他看得太高了。刘备向他们解释说："我有了孔明先生，就像鱼得到水一样。以后可不许你们乱发议论。"关羽、张飞听了刘备的话，才没有说话。

在诸葛亮的帮助下，刘备建立了蜀汉皇朝。东征孙权失败后，刘备在永安病势越来越重，便把诸葛亮从成都召到永安，嘱托后事。他对诸葛亮说："您的才能比曹丕高出十倍，一定能够把国家治理好。我的孩子阿斗（太子刘禅的小名），您认为可以辅助，就辅助他；如果不行，您就自己来做一国之主吧。"诸葛亮流着眼泪，哽咽着说："我怎敢不尽心竭力，报答陛下，一直到死！"刘备把小儿子刘永叫到身边，叮嘱他说："我死之后，你们兄弟要像对待父亲一样尊敬丞相。"

刘备死后，诸葛亮回到成都，扶助刘禅即帝位，历史上称为蜀汉后主。诸葛亮一直竭尽心力来辅佐蜀汉王朝，一直到死。在他写的《后出师表》里，有两句话，叫做"鞠躬尽瘁，死而后已"，人们认为这正是对他一生的评价。

里仁篇第四

【原文】

子曰："里仁为美[①]，择不处[②]仁，焉得知[③]？"

【注释】

①里：住处，借作动词用。住在有仁者的地方才好。②处：居住。③知：音 zhì，同智。

【译文】

孔子说："居住在有仁德的地方才是好的，如果你选择的住处不在有仁德的地方，怎么能说算明智的呢？"

【原文】

子曰："不仁者不可以久处约[①]，不可以长处乐。仁者安仁，知[②]者利仁。"

【注释】

①约：穷困、困窘。②知：同"智"。

【译文】

孔子说："没有仁德的人不能长久地处在贫困中，也不能长久地处在安乐中。有仁德的人是安于仁道的，有智慧的人则是知道仁对自己有利才去行仁的。"

【原文】

子曰："唯仁者能好[①]人，能恶[②]人。"

【注释】

①好：音 hào，喜爱的意思。作动词。②恶：音 wù，憎恶、讨厌。作动词。

【译文】

孔子说："只有那些有仁德的人，才能爱人和恨人。"

【原文】

子曰："苟志于仁矣，无恶也。"

【译文】

孔子说："如果立志于仁，就不会做坏事了。"

【原文】

子曰："富与贵，是人之所欲也，不以其道得之，不处也；贫与贱，是人之所恶也，不以其道得之，不去也。君子去仁，恶乎成名？君子无终食之间违仁，造次必于是，颠沛必于是。"

【译文】

孔子说："富裕和显贵，是人人都想要得到的，如果不用合乎道的方法得到它，就不会去享受的；贫穷与低贱，是人人都厌恶的，但不用合乎道的方法去摆脱它，就不会摆脱的。君子如果离开了仁德，又怎么能叫君子呢？君子没有一顿饭的时间背离仁德的，就是在最紧迫的时候也是这样，就是在颠沛流离的时候，也是这样。"

【原文】

子曰："我未见好仁者，恶不仁者。好仁者，无以尚之；恶不仁者，其为仁矣，不使不仁者加乎其身。有能一日用其力于仁矣乎？我未见力不足者。盖有之矣，我未之见也。"

【译文】

孔子说："我没有见过爱好仁德的人，也不曾见过厌恶不仁的人。爱好仁德的人，是最好不过的了；厌恶不仁的人，在实行仁德的时候，不受不仁德的人影响。有能一天把自己的力量用在实行仁德上吗？我还没有看到无力达到仁德的人。这种人可能还是有的，但我没见过。”

【原文】

子曰：“人之过也，各于其党。观过，斯知仁矣。”

【译文】

孔子说：“人们的错误，总是与各人属于哪一类有关。什么类型的人犯什么样的错误。所以，考察一个人所犯的错误，就可以知道他没有仁德了。”

【原文】

子曰：“朝闻道，夕死可矣。”

【译文】

孔子说：“早晨知道了道理，就是当天晚上死去也心甘。”

【原文】

子曰：“士志于道，而耻恶衣恶食者，未足与议也。”

【译文】

孔子说：“一个知识分子，立志于仁道，却又以穿粗衣吃粗饭为耻辱，这种人是不值得与他谈论道的。”

【原文】

子曰：“君子之于天下也，无适①也，无莫②也，义③之与比。”

【注释】

①适：音dí，意为亲近、厚待。②莫：疏远、冷淡。③义：适宜、妥当。

【译文】

孔子说：“君子对于天下的人和事，没有固定的厚薄亲疏，只是按照义去做。”

【原文】

子曰："君子怀德，小人怀土；君子怀刑，小人怀惠。"

【译文】

孔子说："君子渴求的是道德，小人渴求的是田宅；君子渴求法制，小人渴求恩惠。"

【原文】

子曰："放[①]于利而行，多怨。"

【注释】

①放：音fǎng，同仿，效法，引申为追求。

【译文】

孔子说："只根据自己的利益行事，就会招致更多的怨恨。"

【原文】

子曰："能以礼让为国乎，何有[①]？不能以礼让为国，如礼何[②]？"

【注释】

①何有：全意为"何难之有"，即不难的意思。②如礼何：把礼怎么办？

【译文】

孔子说："能够用礼让原则来治理国家，那还有什么困难呢？如果不能用礼让来治国，怎么能实行礼呢？"

【原文】

子曰："不患无位，患所以立；不患莫已知，求为可知也。"

【译文】

孔子说："不怕没有官位，就怕自己没有学到赖以站得住脚的东西。不怕没有人知道自己，只求自己成为有真才实学值得为人们知道的人。"

【原文】

子曰："参乎，吾道一以贯之。"曾子曰："唯。"子出，门人问曰："何谓也？"曾子曰："夫子之道，忠恕而已矣。"

【译文】

孔子说："参啊，我的学说用一个基本的思想贯穿着。"曾子答应说："是。"孔子出去之后，别的学生便问曾子："这是什么意思？"曾子说："老师的道，概括起来就是忠恕罢了。"

【原文】

子曰："君子喻于义，小人喻于利。"

【译文】

孔子说："君子明白大义，小人只知道小利。"

【原文】

子曰："见贤思齐焉，见不贤而内自省也。"

【译文】

孔子说："见到贤人，就应该向他学习、看齐；见到不贤的人，就应该自我反省（自己有没有与他相类似的错误）。"

【原文】

子曰："事父母几[①]谏，见志不从，又敬不违，劳而不怨。"

【注释】

①几：音jī，轻微、婉转的意思。

【译文】

孔子说："侍奉父母，（如果父母有不对的地方）要委婉地劝说他们。如果见父母心里不愿听从，仍然要对他们恭恭敬敬，不违抗，替他们操劳而不怨恨。"

【原文】

子曰："父母在，不远游，游必有方。"

【译文】

孔子说："父母在世，不远离家乡；如果不得已要出远门，也必须有一定的地方。"

【原文】

子曰："父母之年，不可不知也。一则以喜，一则以惧。"

【译文】

孔子说："父母的年龄，不可不时时记在心里。一方面为他们的长寿而高兴，一方面又为他们的年迈而担心。"

【原文】

子曰："古者言之不出，耻躬之不逮也。"

【译文】

孔子说："古代人不轻易把话说出口，因为他们以自己做不到为可耻啊。"

【原文】

子曰："以约①失之者鲜②矣。"

【注释】

①约：约束。这里指"约之以礼"。②鲜：少的意思。

【译文】

孔子说："用礼法来约束自己而再犯错误的人就少了。"

【原文】

子曰："君子欲讷①于言而敏于行。"

【注释】

①讷：迟钝。这里指说话要谨慎。

【译文】

孔子说："君子说话要谨慎，而行动要敏捷。"

【原文】

子曰："德不孤，必有邻。"

【译文】

孔子说："有道德的人是不会孤立的，一定会有思想一致的人与他在一起。"

【原文】

子游曰："事君数①，斯②辱矣；朋友数，斯疏矣。"

【注释】

①数：音 shuò，屡次、多次，引申为繁琐的意思。②斯：就。

【译文】

子游说："进见君主过于频繁，就会受到耻辱；对待朋友太繁琐，就会造成疏远了。"

【故事】

气节是一个人的基本品格

孔子在这里指出：我们求取富贵必须遵守一定的原则，即须合于"义"与"道"。用不正当的手段得来的财富，就不要去接受，用不正当的手段去摆脱贫困，就宁愿不摆脱。这和孟子所说的"富贵不能淫，贫贱不能移"是同一种意义。真正的君子追求富贵要有原则，即君子爱财，取之有道，他们绝对不会用自己的人格和祖国的利益去换取某种荣华富贵。

西汉时期，北方匈奴作乱，屡屡侵犯中原，骚扰百姓抢夺民财，于是皇帝就派遣上大夫苏武去安抚匈奴。苏武率领上百人的使团到达了匈奴国，欲和其缔结友好睦邻关系，希望两国和睦相处，永不发生战争。不料正值匈奴国内部发生政变，原来的匈奴王被杀死，新国王并不遵从在此之前和汉朝达成的协议。他主张和汉朝继续开战，并将使团全体人员包括汉朝大使苏武全部扣押起来，永远不能返回汉朝，只能沦为匈奴国的奴隶，过艰苦的奴役生活。过了不长时间，本来志得意满的苏武竟然被匈奴以囚徒的身份流放到北海牧羊，受尽凌辱，过着非人的生活。

匈奴王单于知道这个汉朝来的使者苏武非等闲之辈，是个难得的人才，于是多次派人到北海边游说苏武，劝其投降匈奴国。匈奴国王承诺，如果他投降就会有高官厚禄，有享不尽的荣华富贵。尽管受尽了折磨，但苏武的意志仍然十分坚定，他对汉朝的忠心丝毫没有动摇，他对前来的说客说："我是汉朝派来与你们结交的使者，并不是和你们争斗的对手，怎么谈得上降与不降呢？我大汉朝贵为天朝大国，岂是尔等蛮夷小国所能痴心妄想的侵略对象？不如你们遵照我们汉朝皇帝的旨意，我们坐下来好好地谈谈和睦相处的友好政策吧！"

苏武

匈奴人见游说不了意志坚定立场鲜明的苏武，于是企图用艰苦的生活条件和恶劣的环境来迫使苏武屈服，把苏武派到荒无人烟的地方去服役，而且甚至连粮食和必需的生活用品都不给他提供。可是，苏武志坚似铁，忍受住了苦难和折磨：夏天，苏武吃草籽和野菜，喝山泉水解渴；冬天，苏武只能从老鼠洞里掏取干果和草籽充饥。此间，匈奴王又多次派人前来劝说苏武，并企图用高官厚禄加以引诱，希望苏武能够投降，但一次次都被苏武严词拒绝。在荒无人烟的地方，苏武一直默默地忍受着痛苦的煎熬和思乡的折磨，但他自始至终都没有屈服过。这样非人的生活一直持续了 19 年，尽管期间经历多次的死亡威胁和各种诱惑，但苏武的坚强意志却从来没有动摇过，而匈奴王单于也始终没有能够得到这位满腹经纶的汉朝使臣，他终于明白了"贫贱不能移，富贵不能淫，威武不能屈"的真正内涵和巨大力量。

作为一个正直的人，不能没有高贵的气节，与苏武一起出使匈奴的大臣当中，就有一些人丧失了气节，成为历史的罪人，被扔进了历史的垃圾堆里。苏武则在极度困难的情况下，在多次诱降面前，始终保持着坚贞的气节，给后人留下了宝贵的精神财富。

我们现在虽然时代不同了，但气节作为仁人志士的基本品格，却始终没有改变。现在国家富强了，物质生活也相对丰富多了，糖衣炮弹的诱惑比直截了当的权力、金钱更难以拒绝，这个时候才是真正考验一个人坚强意志品质的时候，一味追求荣华富贵和物质享受，也许最终将会成为历史的罪人。

朋友莫以功利相交

人与人之间的友谊，确实可以纯真到一尘不染。或许你在忙忙碌碌的现实生活中，饱尝了生活的不易，看惯了人生的种种悲欢离合，面对感情通常都是倍感无奈的。人们往往想维系友谊，因此做出了种种努力，可到头来他们却猛地发现，正是自己费心做出的某些事，使得友谊之树逐渐枯萎，破裂的感情已经无法弥补。

《三国演义》中的故事在中国可以说是家喻户晓，关云长千里走单骑，把大嫂送到大哥刘备的身边，这个人可谓义气深重了。关羽不但对自己的结义兄弟讲义气，对其他的朋友也一样是义气深重，他在曹操的大营里结识了徐晃、张辽这样一批朋友。后来曹操败走华容道，关羽挥师截杀，但看到张辽等老朋友满身烟尘的落魄之态，心中不忍，于是放他们过去，张辽、徐晃等人才得了性命。

可就是这个徐晃，在关羽被孙权袭击，处境不利之时，他主动带兵夹击关羽，使关羽腹背受敌，这一招真可谓过河拆桥、落井下石。当时关羽义子关平被徐晃打败。关公提刀上马，与徐晃叙旧，徐晃说了番问候的话，关公道："吾与公明交契甚厚，非比他人，今何故数穷吾儿耶?"徐晃却回顾众将，厉声大叫："若取得云长首级者，重赏千金。"关羽吃了一惊："公明何出此言?"晃曰："今日乃国家之事，某不敢以私废公。"就这样，关羽数战不利，终被逼走麦城。可见，功利场上，是没有友谊可言的，除非双方利益永远不起冲突，可这种情况又实在是太少见了。

《韩非子》里面讲到许多著名人物执掌生杀大权之后，狠心杀死一些自己不想杀的人，韩非子在每一个故事之后都这样议论：“某某并不想杀某某，只不过形势所迫，不得不杀他。”以冷酷自私为特征的法家代表韩非子，为所有功利主义者背弃道义，背弃友谊，找到了最好的一个借口，同时，也道出了功利主义者背叛道义和友谊的根本原因，只要形势所迫，即只要他需要，他可以杀他原本不想杀的人。假如你也是怀着功利主义的心理来交朋友的话，假如你交的朋友并没有帮你，或者在紧要关头他果断地抛弃了你，甚至把你当成垫脚石，只不过利用你，那时你根本没有理由抱怨你为友谊付出了多少，因为功利场上本来就只有利益，没有友谊。

李固

《文中子·礼乐篇》中说过：“因为权势而结交为朋友的，他的势力没有了，交情也就断了；因为利益而结为朋友的，利益没有了，朋友也就散伙了。君子之人是不和这类人交往的。”真正的朋友是以道、以义为友谊的契合点的，那些错认功利为友谊基础的人，实在是遗弃了友谊的最宝贵的东西。使我们愉快的不是由朋友所得到的物质的利益，而该是朋友的爱。为了得到什么而去结交朋友，就不会拥有纯真的友谊。

东汉人李固，字子坚，是汉中南郡人。他相貌很奇伟，少年好学，汉桓帝时任太尉。大将军梁冀专权，一天比一天专横。李固上书建议抑制他，因此受到梁冀的怀恨，后来梁冀诬陷李固与刘文勾通，谋划要立清河王刘蒜为皇帝，将李固抓起来投进监狱。他的弟子王调、赵永等许多人到朝廷申诉，太后下诏将他赦免了。后来梁冀又诬陷他，再次把他抓起来，并把他和杜乔一起杀死在监狱里。梁冀将李固、杜乔的尸体放在露天，并下令说如有人去看望就与他二人治同样的罪。李固的弟子郭亮，当时还不到二十岁，左手提着章钺，右手拿着铁锧，到朝廷上奏书，请求收李固的尸，但朝廷没有答复，就与董班一起到暴尸的地方哭悼李固。后来杜乔过去的僚属杨匡上书要求收回他们的尸体，太后同意了，就把两个人搬回去埋葬了。郭亮等人隐逸起来，感于朋友的遭遇，对朝廷已经寒了心，所以这些人终身不仕。他们对朋友的情义，留给后人一段佳话。

李固与郭亮，杜乔与杨匡，他们之间可以说是真正的、纯真的友谊，不为利益，只为情谊，这样的朋友才是值交的朋友。

纯真的友谊是一个人可以永远保存在心中的最为难得的美妙情感，这是别人能送给你的最珍贵的心灵礼物。把功利抛开去，为自己，为朋友，建立一份纯真的友谊吧，它是难能可贵的。

要善于克制自己

一个成功的人，首先他是一个能够克制自己的人。平时注意约束自己，就会减少所犯的错误；如果无法克制自己的情绪，则很难取得成功。

公元前 203 年，正是楚汉相争最激烈之时。西楚霸王项羽离开成皋率军东进，此举被刘邦认为是夺取成皋城的大好时机。因此，当秋高气爽时节，刘邦率数万大军把成皋城围了个水泄不通。

项羽

成皋城内，项羽手下镇守成皋的大将曹咎坚守城池，拒不出战。他深知刘邦大军远道而来，人困马乏，粮草缺少，只要壁垒坚守，刘邦大军将不日而退。因此，尽管刘邦大军在城下耀武扬威地挑衅，曹咎均置之不理，刘邦急得不得了。倘若再僵持下去，粮草很快便要用尽，而且一旦项羽派救兵来，便很难取胜。刘邦召集谋士商议。有个谋士深知曹咎性格暴躁刚烈，便献计每天派数百军士轮流在城下辱骂曹咎，使曹咎暴跳如雷丧失理智。

此计果然生效。一开始只有十几名、数十名汉军骑兵在城下来回大骂曹咎，骂的话非常难听。曹咎怒气冲冲，但他谨记项羽临走时的嘱咐：无论如何不要出城与汉军作战，只要严守成皋城，拖住汉军，就是建功。所以曹咎强忍怒气，不予理睬。谁知汉军更加猖狂，一连数天，加入谩骂曹咎队伍的汉军士兵越来越多，有的躺在城下叫骂，有的扬起白布招魂幡，上面写着曹咎的名字破口大骂。最后，一介勇夫曹咎终于忍无可忍，他提刀上马，带领兵士杀出城门。汉兵大乱，纷纷逃离，曹咎怒火万丈，非要把汉军杀败，他率军渡汜水时，军队刚过去一半，就被埋伏的汉军拦截出击，汉军前后夹击，直杀得曹咎溃不成军。

曹咎无处可逃，看看部下军士们尸横遍野，成皋城早已插上汉军旌旗，只好在悔恨与无奈中拔剑自杀。

可叹一代勇将竟然葬身唇舌之间，这都是因为他不能冷静，中了别人的激将法。因此，只有善于克制自己，沉着稳健，才能成就大事。

公冶长篇第五

【原文】

子谓公冶长①，“可妻也。虽在缧绁②之中，非其罪也。”以其子③妻之。

【注释】

①公冶长：姓公冶，名长，齐国人，孔子的弟子。②缧绁：音 léixiè，捆绑犯人用的绳索，这里借指牢狱。③子：这里指女儿。

【译文】

孔子说：“公冶长这个人，可以把女儿嫁给他。他虽然曾坐过监狱，但这并不是他的罪过呀。”于是，孔子就把自己的女儿嫁给了他。

【原文】

子谓南容①，“邦有道，不废②；邦无道，免于刑戮。”以其兄之子妻之。

【注释】

①南容：姓南宫，名适（音 kuò），字子容。孔子的学生，通称他为南容。②废：废置，不任用。

【译文】

孔子评论南容说：“国家太平时，他不被废弃不用；国家混乱时，他不至于受刑罚。”于是把自己的侄女嫁给了他。

【原文】

子谓子贱[1]，“君子哉若人，鲁无君子者，斯焉取斯[2]。”

【注释】

①子贱：姓宓（音fú），名不齐，字子贱。②斯焉取斯：斯，此。第一个“斯”指子贱，第二个“斯”字指子贱的品德。

【译文】

孔子评论子贱说：“这个人真是个君子呀。如果鲁国没有君子的话，他是从哪里学到这种品德的呢？”

【原文】

子贡问曰：“赐也何如？”子曰：“女，器也。”曰：“何器也？”曰：“瑚琏[1]也。”

【注释】

①瑚琏：古代祭祀时盛粮食用的器具。

【译文】

子贡问孔子：“我这个人怎么样？”孔子说：“你呀，好比一个器具。”子贡又问：“是什么器具呢？”孔子说：“是瑚琏。”

【原文】

或曰：“雍[1]也仁而不佞[2]。”子曰：“焉用佞？御人以口给，屡憎于人，不知其仁。焉用佞？”

【注释】

①雍：姓冉，名雍，字仲弓，孔子的学生。②佞：音nìng，能言善辩，有口才。

【译文】

有人说：“冉雍这个人有仁德但没口才。”孔子说：“何必要能言善辩呢？靠伶牙俐齿和人辩驳，常常招致别人的讨厌，这样的人我不知道他是不是做到仁，但何必要有口才呢？”

【原文】

子使漆雕开[①]仕。对曰：“吾斯之未能信。”子说[②]。

【注释】

①漆雕开：姓漆雕，名开，字子开，一说字子若，孔子的门徒。②说：音 yuè，同“悦”。

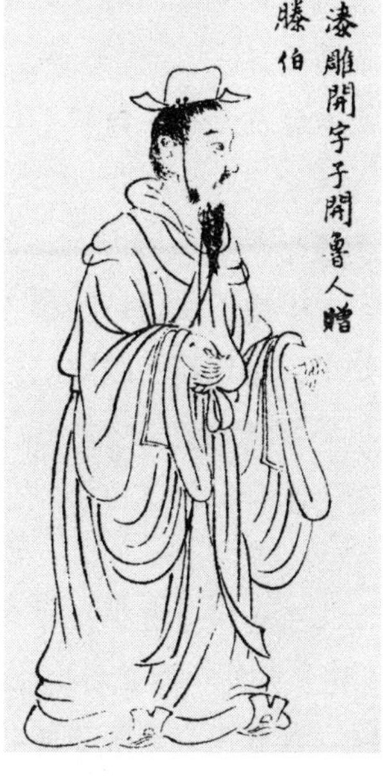

【译文】

孔子让漆雕开去做官。他回答说：“我对做官还没有信心。”孔子听了很高兴。

【原文】

子曰：“道不行，乘桴[①]浮于海，从我者，其由与！”子路闻之喜。子曰：“由也好勇过我，无所取材[②]。”

【注释】

①桴：音 fū，用来过河的木筏子。②材：同“裁”，裁度事理。

【译文】

孔子说：“如果我的主张行不通，我就乘上木筏子到海外去。能跟从我的大概只有仲由吧！”子路听到这话很高兴。孔子说：“仲由啊，好勇的精神超过了我，但不善于裁度事理。”

【原文】

孟武伯[①]问子路仁乎？子曰：“不知也。”又问。子曰：“由也，千乘之国，可使治其赋也，不知其仁也。”“求也何如？”子曰：“求也，千室之邑，百乘之家，可使为之宰[②]也，不知其仁也。”“赤[③]也何如？”子曰：“赤也，束带立于朝，可使与宾客言也，不知其仁也。”

【注释】

①孟武伯：姓孟孙，名彘（音“zhi”），“武”是谥号。②宰：家臣、总

管。③赤：姓公西名赤，字子华，孔子的学生。

【译文】

孟武伯问："子路有仁德吗？"孔子说："我不知道。"他又问。孔子说："仲由嘛，在拥有一千辆兵车的国家里，可以让他管理军事，但我不知道他是否有仁德。"孟武伯又问："冉求这个人怎么样？"孔子回答说："冉求这个人，可以让他在一个有千户人家的公邑或有一百辆兵车的采邑里当总管，但我也不知道他是不是做到了仁。"孟武伯又问："公西赤又怎么样呢？"孔子回答说："公西赤嘛，可以让他穿着礼服，站在朝廷上，接待贵宾，我也不知道他是不是做到了仁。"

【原文】

子谓子贡曰："女[①]与回也孰愈？"对曰："赐[②]也何敢望回？回也闻一以知十，赐也闻一以知二。"子曰："弗如也。吾与[③]女弗如也。"

【注释】

①女：同"汝"。②赐：子贡自称其名。③与：赞同、同意。

【译文】

孔子问子贡说："你和颜回两个相比，谁更强一些呢？"子贡回答说："我怎么敢和颜回相比呢？颜回他听到一件事就可以推知十件事；我呢，知道一件事，只能推知两件事。"孔子说："是不如他，我和你都不如他。"

【原文】

宰予昼寝，子曰："朽木不可雕也，粪土之墙不可杇[①]也，于予与何诛[②]！"子曰："始吾于人也，听其言而信其行；今吾于人也，听其言而观其行。于予与[③]改是。"

【注释】

①杇：音wū，抹墙用的抹子。这里指用抹子粉刷墙壁。②诛：意为责备、批评。③与：语气词。

【译文】

宰予白天睡觉。孔子说："腐朽了的木头无法雕刻，粪土一样的墙壁无法粉刷。对于宰予这个人，责备还有什么用呢？"孔子说："起初我对于人，是听了他说的话便相信了他的行为；现在我对于人，听了他讲的话还要观察他的行为。我是从宰予这里改变了观察人的方法。”

【原文】

子曰：“吾未见刚者。”或对曰：“申枨①。”子曰：“枨也欲，焉得刚？”

【注释】

①申枨：姓申，名枨（音 chéng），字周，孔子的学生。

【译文】

孔子说：“我没有见过坚强不屈的人。”有人回答说：“申枨就是这样的人。”孔子说：“申枨这个人欲望太多，怎么能算坚强不屈的人呢？”

【原文】

子贡曰：“我不欲人之加诸我也，吾亦欲无加诸人。”子曰：“赐也，非尔所及也。”

【译文】

子贡说：“我不愿别人强加于我的事，我也不愿强加在别人身上。”孔子说：“赐呀，这就不是你所能做到的了。”

【原文】

子贡曰：“夫子之文章①，可得而闻也；夫子之言性与天道，不可得而闻也。”

【注释】

①文章：这里指孔子传授的诗、书、礼、乐等。

【译文】

子贡说：“老师讲授的礼、乐、诗、书的知识，依靠耳闻是能够学到的；老师讲授的人性和天道的理论，只依靠耳闻则是不能学到的。”

【原文】

子路有闻，未之能行，唯恐有闻。

【译文】

子路在听到某一道理，没有实行的时候，唯恐又听到新的道理。

【原文】

子贡问曰："孔文子[①]何以谓之文也？"子曰："敏而好学，不耻下问，是以谓之文也。"

【注释】

①孔文子：卫国大夫孔圉（音yǔ），"文"是谥号，"子"是尊称。

【译文】

子贡问道："孔文子为什么被谥为一个'文'呢？"孔子说："他聪敏勤勉而好学，不以向比他地位卑下的人请教为耻，所以给他谥号叫'文'。"

【原文】

子谓子产[①]有君子之道四焉："其行己也恭，其事上也敬，其养民也惠，其使民也义。"

【注释】

①子产：姓公孙，名侨，字子产，郑国大夫，做过正卿，是郑穆公的孙子，为春秋时郑国的贤相。

【译文】

孔子评论子产说：他有四种合乎君子之道的品德："他自己的行为举止庄重严肃，侍奉君主恭敬顺从，他对待人民仁爱慈惠，他役使百姓合理合法。"

【原文】

子曰："晏平仲[①]善与人交，久而敬之。"

【注释】

①晏平仲：齐国的贤大夫，名婴。《史记》卷六十二有他的传。"平"是他的谥号。

【译文】

孔子说："晏平仲善于与人交朋友，相识越久，人家越尊敬他。"

【原文】

子曰："臧文仲①居蔡②，山节藻棁③，何如其知也！"

【注释】

①臧文仲：姓臧孙，名辰，"文"是他的谥号。因不遵守周礼，被孔子指责为"不仁"、"不智"。②蔡：国君用以占卜的大龟。蔡这个地方产龟，所以把大龟叫做蔡。③山节藻棁：节，柱上的斗拱。棁（音 zhuō）房梁上的短柱。把斗拱雕成山形，在棁上绘以水草花纹。这是古时装饰天子宗庙的做法。

【译文】

孔子说："臧文仲私藏大乌龟壳在雕刻成山形的斗拱雕和绘有花草图画的短柱的家庙之中，这个人怎么这样聪明呢？"

【原文】

子张问曰："令尹子文①三仕为令尹，无喜色；三已②之，无愠色。旧令尹之政，必以告新令尹。何如？"子曰："忠矣。"曰："仁矣乎？"曰："未知。焉得仁？""崔子③弑齐君④，陈子文⑤有马十乘，弃而违之，至于他邦，则曰：'犹吾大夫崔子也。'违之。之一邦，则又曰：'犹吾大夫崔子也。'违之，何如？"子曰："清矣。"曰："仁矣乎？"曰："未知，焉得仁？"

【注释】

①令尹子文：令尹，楚国的官名，相当于宰相。子文是楚国的著名宰相。②三已：三，指多次。已，罢免。③崔文：齐国大夫崔杼（音 zhù）曾杀死齐庄公，在当时引起极大反应。④齐君：即指被崔杼所杀的齐庄公。⑤陈文子：陈国的大夫，名须无。

【译文】

子张问道："令尹子文几次担任楚国宰相，没有显出高兴的样子，几次被免职，也没有显出怨恨的样了。（他每次被免职）一定把自己原先担任宰相的一切政事全部告诉给来接任的新宰相。你看这个人怎么样?"孔子说："可算得是忠心了。"子张问："算得上仁了吗?"孔子说："不知道。这怎么能算得仁呢?"子张又问："崔杼杀了他的君主齐庄公，陈文子有四十匹马，都丢掉不要了，离开了齐国，到了别国，他说，这里的执政者也和我们齐国的大夫崔子差不多，就离开了。到了另一个国家，又说，这里的执政者也和我们的大夫崔子差不多，又离开了。陈子文这个人怎么样?"孔子说："可算得上清高了。"子张说："可说是仁了吗?"孔子说："不知道。怎么能算得仁呢?"

【原文】

季文子[①]三思而后行。子闻之，曰："再，斯可矣。"

【注释】

①季文子：即季孙行父，鲁成公、鲁襄公时任正卿，"文"是他的谥号。

【译文】

季文子总是多次考虑以后才去做。孔子听到这事，说："考虑两次就可以了。"

【原文】

子曰："宁武子[①]，邦有道则知[②]，邦无道则愚[③]，其知可及也，其愚不可及也。"

【注释】

①宁武子：姓宁，名俞，卫国大夫，"武"是他的谥号。②知：同

"智"③愚：这里是装傻的意思。

【译文】

孔子说："宁武子这个人，当国家政治清明时，便聪明，当国家政治黑暗时，他就装傻。他的那种聪明别人可以做得到，他的那种装傻别人就做不到了。"

【原文】

子在陈①曰："归与②！归与！吾党之小子狂简，斐然③成章，不知所以裁之。"

【注释】

①陈：古国名，大约在今河南东部和安徽北部一带。②与：同"欤"，语气词。③斐然：斐（音 fěi）有文采的样子。

【译文】

孔子在陈国时，说："回去吧！回去吧！家乡的学生们志向远大、行为粗率简单，但文采斐然可观，我不知道该怎样培养他们。"

【原文】

子曰："伯夷叔齐①不念旧恶，怨是用希②。"

【注释】

①伯夷、叔齐：殷朝末年孤竹君的两个儿子。父亲死后，二人互相让位，都逃到周文王那里。周武王起兵伐纣，他们认为这是以臣弑君，是不忠不孝的行为，曾加以拦阻。周灭商统一天下后，他们以吃周朝的粮食为耻，逃进深山中以野草充饥，饿死在首阳山中。③希：同稀。

【译文】

孔子说："伯夷、叔齐不记旧仇，（因此，别人对他们的）怨恨很少。"

【原文】

子曰："孰谓微生高①直？或乞醯②焉，乞诸其邻而与之。"

【注释】

①微生高：姓微生，名高，鲁国人。当时人认为他为直率。②醯：音

xī，即醋。

【译文】

孔子说："谁说微生高这个人直率？有人向他讨点醋，他（不直说没有，却暗地）到他邻居家里讨了点给人家。"

【原文】

子曰："巧言令色足恭[1]，左丘明[2]耻之，丘亦耻之。匿怨而友其人，左丘明耻之，丘亦耻之。"

【注释】

①足恭：一说是两只脚做出恭敬逢迎的姿态来讨好别人；另一说是过分恭敬。这里采用后说。②左丘明：姓左丘，名明，鲁国人，相传是《左传》一书的作者。

【译文】

孔子说："花言巧语，奉承讨好的脸色，过分的恭敬，左丘明认为这种人可耻，我也认为可耻。隐藏起怨恨，表面上却装出友好的样子，左丘明认为这种人可耻，我也以之为耻。"

【原文】

颜渊、季路[1]侍。子曰："盍各言尔志。"子路曰："愿车马衣裘，与朋友共，蔽之而无憾。"颜渊曰："愿无伐[2]善，无施劳。"子路曰："愿闻子之志。"子曰："老者安之，朋友信之，少者怀之。"

【注释】

①季路：即子路。②伐：夸耀。

【译文】

颜渊、子路两人侍立在孔子身边。孔子说："你们何不各自说说自己的志向？"子路说："我愿意拿出自己的车马、衣服、皮袍，同我的朋友共同使用，用坏了也不抱怨。"颜渊说："我愿意不夸耀自己的长处，不表白自己的功劳。"子路对孔子说："愿意听听您的志向。"孔子说："我愿意使老年人得到安逸，使朋友们得到信任，让年轻的子弟们得到关怀。"

【原文】

子曰："已矣乎！吾未见能见其过而内自讼者也。"

【译文】

孔子说："算了吧，我还没有看见过能够发现自己的错误而在内心责备自己的人。"

【原文】

子曰："十室之邑，必有忠信如丘者焉，不如丘之好学也。"

【译文】

孔子说："即使只有十户人家的小村子，也一定有像我这样讲忠信的人，只是不如我那样好学罢了。"

【故事】

私欲少了，才可刚正

刘秉忠是元世祖忽必烈第一个信用的汉儒。在忽必烈的创业过程中，刘秉忠参与机密，献计献策，制定朝仪官制，被誉为元世祖的股肱重臣。但功成名就的他毫不贪权图利，而是以清廉自持，成为千百年来令人敬仰的智者。

刘秉忠，字仲晦，本名刘侃，少时出家为僧，号子聪，又号藏散人。刘秉忠祖籍瑞州，元太祖十一年生于邢州。其先祖曾在辽朝当过官，金灭辽后，又在金朝为官，为金邢州节度副使。蒙古军队攻占邢州之后，设都元帅府，刘秉忠的父亲刘润为都统，后改署州录事，并历任巨鹿、内丘两县提领。

刘秉忠生来就风骨秀美，异于常人，素有志向，为人豪爽而不羁。他从小就聪明好学，据说每天记诵数百言，能够过目不忘，还对《易经》等经史、天文、地理、律历以及卜算、遁甲等都深有研究。按照当时的制度，凡是在蒙古贵族领地为官的汉人，都必须以儿子为人质，因此刘秉忠在13岁的时候就于都元帅府做人质，在这里初次领略和学到了一些从政的方略。

为了养家，刘秉忠17岁时到邢台节度使府当了令史，主要负责文字记录和抄写工作。但从小就心怀异志的刘秉忠对这样枯燥的工作并不感兴趣，他时常郁闷不乐，不安心于现状。有一次，刘秉忠将毛笔投掷在书案上，感叹道："我家世代为朝廷所重用，我怎么能自甘沦落，当一个刀笔小吏呢？大丈夫生不逢时，怀才不遇，就应该隐姓埋名，以待时机，以求有朝一日再施展自己的鸿鹄之志。"

刘秉忠

于是，刘秉忠毅然辞职，到武安山中隐居。后来，他的才华得到天宁寺虚照禅师的赏识，特意将其招入山中，为其剃度，并改名子聪，在寺庙中掌书记之职，所以后来人称"聪书记"。此后，刘秉忠游历云中，留居南堂寺。

十余年之后，已经27岁的刘秉忠在空门中经过潜心治学和博览群书，已经具备了敏锐的洞察力，而且对古今治乱兴衰研究得十分透彻，由此具备了超乎寻常的政治见解和胆识。在这种情况下，刘秉忠开始寻找机会，以期实现治国安邦的宏伟心愿。

1242年，机会终于来了。

这时，身居漠北和林的藩王忽必烈欲有所为于天下，积极接纳中原文士和儒释道三教名流。燕京大庆寺高僧海云禅师应忽必烈之邀请，身赴漠北，途经云中时，闻知秉忠的才名，特意约他同行。刘秉忠也欲施展自己的才华和抱负，于是与海云禅师一同北上，谒见忽必烈，走上了人生的转折点。

到达和林后，刘秉忠多次受到忽必烈召见。他纵论天下时事，深受忽必烈的赏识。当梅云禅师返回时，刘秉忠被留了下来。从此，刘秉忠几十年都没有远离忽必烈，参与了忽必烈创建元朝的各种大计方针的决策，为辅佐忽必烈完成统一大业竭尽了全部精力。

刘秉忠之所以能够成为忽必烈的左膀右臂，不仅仅是由于他个人的杰出才能，更主要的是他在元朝统一的过程中所做的各种贡献。终其一生，刘秉忠的献计献策不计其数，而大的方面主要表现为制定施政大纲，为忽必烈承袭中原帝业、治国平天下设计了一幅完整的政治蓝图。

当忽必烈奉胞兄蒙哥汗之命，总理漠南之地时，忽必烈率刘秉忠等臣属南下，开府于金莲川。为了治理好漠南地区，刘秉忠建议忽必烈应“思周公之故事而行之”，要抓住这一建立基业的千载良机。

他对忽必烈说：“在朝廷内部，应该遵循古代典籍礼制，依照伦理法度为指导思想。在内部莫大于宰相，宰相统领百官，感化万民；在外部莫大于将帅，将帅统领三军，安定境域。因此要选择良相贤将，内外相济，这是当前最为迫切的问题。”

忽必烈

对于蒙古国官制混乱的缺陷，刘秉忠又上疏建议：“目前官无定次，清洁者不能升迁，污滥者不能降陟。应当参考古例，制定百官爵禄仪仗。此外宜慎选县宰，使民心安定。县宰正，民心自安。”同时，他还建议去除繁苛酷刑，取消了鞭背之刑，严禁私设牢狱，使法令更加完善。

刘秉忠的上述各项建议和做法，实际上就是忽必烈推行“汉法”的理论基础。当忽必烈到达漠南地区的第二年，这些建议大部分就得到实施。尤其是在河南唐、邓诸州和陕西凤翔、京兆等地兴利除弊、铲除贪官污吏、招抚流民垦田、兴修学校、保护儒士等，是忽必烈推行“汉法”的一次实践。这次实践的成功使忽必烈认识到只有“行中国之道”，方能“得中土之心”的道理，为他以后统一全国打下了基础。

1259 年，蒙哥汗死于伐宋的军营中，忽必烈返回漠北，从幼弟阿里不哥手中夺得大汗之位。至此，除偏居江南的南宋之外，大漠南北和中原地区已落入忽必烈的股掌之中。这时，忽必烈面临着如何统治中原、继承中国历代帝王基业的迫切任务。于是，他再一次向刘秉忠问计。

早在漠北汗王府时，刘秉忠就曾向忽必烈进言指出："可以在马上取天下，不可以在马上治天下。"这一道理深深地打动了忽必烈。当忽必烈再次请教"治天下之经，养民之良法"时，刘秉忠广采历代王朝的典章制度，并根据当时的实际情况，一一编列成章，呈送给忽必烈。据此，忽必烈将纪年方法改为与中国历代王朝传统相吻合的"中统"，后又改年号为"至元"。在至元八年，又采取刘秉忠建议，废除"蒙古"国号，建国号为"大元"，于次年定都中都，改称为大都。此外，在官制、军政和司法、地方等方面，忽必烈也依照刘秉忠等人的建议，一一进行了改革，建立了一套完善的中央集权统治。

元代武俑士

由于刘秉忠的精心谋划，元朝的统治终于走上了与中国历代封建王朝相衔接的轨道。例如"颁章服，举朝仪，给俸禄，定官制"，使章服有序，朝仪合礼，官有其职，位有定员，且食有常俸，因此吸引了各地人才，使那些朝廷旧臣、山林隐逸之士都重新得到录用，元朝的统治面貌焕然一新。因此，奠定元朝"一代成宪"，首功之臣实非刘秉忠莫属。

于是忽必烈准奏，即日赐名刘秉忠，并令其还俗，官拜光禄大夫，位太保，参领中书省事。同时，又下诏以翰林学士窦默之女为妻，赐给府第，成立家室。

还俗之后的刘秉忠可谓是一人之下，万人之上，当上了封建王朝的最高级别官僚。但是，他仍然斋居素食，过着心如止水的简朴生活。

在刘秉忠的一生中，从未因为个人私事而利用过手中的权力，这和其他手握朝廷大权谋取私利的高级官员相比，犹如天壤之别。因此，当刘秉忠于至元十一年在上都南屏山无疾而终时，忽必烈悲痛万分，对群臣说："秉忠事朕三十余年，小心谨慎，行事细密，不避艰险，正直无私，言无隐情。”这段话无疑是对刘秉忠的中肯评价。

明哲保身，当知进退

孔子认为，君子读书为了入仕，但是聪明的人却知道进退，当国家有道则显示聪明才智，为国家尽心尽力；如果国家无道，则处处装傻，明哲保身。

淝水之战以后，谢安趁前秦崩溃的时机，派谢玄收复黄河流域大片失地。可是晋孝武帝却重用他弟弟会稽王司马道子，竭力排挤谢安，使谢安不能施展他的才能。到了谢安一死，东晋政权落在昏庸的司马道子手里，东晋的朝政就越来越腐败了。

公元399年，晋安帝在位的时候，会稽郡一带爆发了孙恩领导的农民起义，过了两年，起义军十几万逼近建康，东晋王朝出动北府兵，才把起义镇压下去。

这时候，东晋的统治集团内部又乱了起来。桓温的儿子桓玄占领了长江上游，带兵攻进建康，废了晋安帝，自立为帝。过了三四个月，北府兵将领刘裕打败桓玄，迎晋安帝复位，打那以后，东晋王朝已经名存实亡了。

谢安

在这个动荡不安的年代里，在柴桑地方，有一个出名的诗人，名叫陶潜，又叫陶渊明，因为看不惯当时政治腐败，在家乡隐居。陶渊明的曾祖父是东晋名将陶侃，虽然做过大官，但不是士族大地主，到了陶渊明一代，家境已经很贫寒了。陶渊明从小喜欢读书，不想求官，家里穷得常常揭不开锅，但他还是照样读书做诗，自得其乐。他的家门前有五株柳树，他给自己起个别号，叫五柳先生。

后来，陶渊明越来越穷了，靠自己耕种田地，也养不活一家老少。亲戚朋友劝他出去谋一官半职，他没有办法只好答应了。当地官府听说陶渊明是个名将后代，又有文才，就推荐他在刘裕手下做了个参军。但是过不了多少日子，他就看出当时的官员将军互相倾轧，心里很厌烦，又要求出去做个地方官。上司就把他派到彭泽（在今江西省）当县令。

当时做个县令，官俸是不高的。陶渊明一不会搜刮，二不懂贪污，日子过得并不富裕，但是比起他在柴桑家里过的穷日子，当然要好一些。再说，他觉得留在一个小县城里，没有什么官场应酬，也还比较自在。

有一天，郡里派了一名督邮到彭泽视察。县里的小吏听到这个消息，连忙向陶渊明报告。陶渊明正在他的内室里捻着胡子吟诗，一听到来了督邮，十分扫兴，只好勉强放下诗卷，准备跟小吏一起去见督邮。

小吏一看他身上穿的还是便服，吃惊地说："督邮来了，您该换上官服，束上带子去拜见才好，怎么能穿着便服去呢！"。

陶渊明

陶渊明向来看不惯那些依官仗势、作威作福的督邮，一听小吏说还要穿起官服行拜见礼，更受不了这种屈辱。他叹了口气说："我可不愿为了这五斗米官俸，去向那号小人打躬作揖！"

说着，他也不去见督邮，索性把身上的印绶解下来交给小吏，辞职不干了。这就是陶渊明不为五斗米折腰的故事。

陶渊明回到柴桑老家，觉得这个乱糟糟的局面跟自己的志趣、理想距离得太远了。从那以后，他下决心隐居过日子，空下来就写了许多诗歌文章，来抒发自己的心情。

陶渊明写过一篇非常有名的文章，叫做《桃花源记》。在那篇文章里，他写了武陵地方的一个渔人，有一次，沿着小溪划船打鱼，来到了一座繁花似锦、芳草鲜嫩的桃树林。

渔人被眼前的景色吸引住了，划着船再往前走，到了树林尽头，发现了一个小洞。他丢了船，顺着洞口摸进去，开始很狭窄，走了一段，豁然开朗，原来洞里有一个很大的村子，那里土地肥沃，桑木成行，男女老幼，来来往往，勤恳劳动，过着无忧无虑的和平生活。

大家看到渔夫是个陌生客人，都热情地邀请他喝酒吃饭。渔夫跟大家谈起，才知道那村子里的人的祖先还是秦朝末年避难到这儿来的。他们根本不知道秦以后还有汉朝，更不用说有什么魏、晋了。

渔人在那里住了几天，告别回家。他在回家路上，做了好多标记，准备下一次再去访问。回到武陵，他报告了太守。太守也很感兴趣，派人跟着渔人去找桃花林，但是怎么也找不到那个洞口了。

陶渊明写的那个世外桃源，在当时的社会里是不会有的。但是他在文章里描绘的那种人人劳动，个个过着富裕、安定生活的图景，反映了在当时黑暗动荡时代的人民的一种美好愿望。所以《桃花源记》这篇文章，后来一直被人们所喜爱。

学会宽容，不念旧恶

“记人之善，忘人之过”，对于今天的人们来说，依然有现实意义。因为在现实生活中，总有那么些人，眼睛爱盯在别人的过失和短处上，看不见别人的善行和长处，总觉得自己鹤立鸡群似的比别人高出一大截，自觉不自觉地拿自己的优点长处与别人的缺点短处比，比来比去，就感到领导和组织对自己不够重视，不予重用，多有亏待。于是，肚子里总有怨艾。这样看问题的结果，不仅影响了工作、学习及同志间的关系，也影响了自己的身心健康。

当然，倡导记人之善，并非仅仅只是记住别人的善行和长处就可了事。记住别人的善行和长处的根本目的，是认识到自己的不足，向别人学习，从而将别人身上好的东西变成自己的优点和长处！同样说，忘人之过也不是要人无原则地宽容和一团和气，而是要正确地对待别人的过失和短处，多一些宽容，多一分善意的提醒和教育，特别是当别人在不经意中伤害了自己的时候，更应该少一点计较，少一点恼怒，多一点宽容。

宽容体现在对别人上就是不苛求，“但能容人且容人”。每一个人都有自己的思维、工作、学习、生活习惯，既有其长处也有其短处。随着社会发展，人们总要同各种各样的人打交道。所以，为了生存和发展，为了事业的成功，我们必须习惯于人际交往，善于同各种各样的人（只要不是直接危害社会的）特别是同能力、天赋等各方面不及自己或脾气秉性与自己不同的人友好相处，合作共事。就是对于有各种各样的缺点、毛病的，我们也应注意发挥所长，尊重其所长，而不能专门寻找其短处或以偏概全，加以贬低或排斥，更不能以自己的是非标准强加于人，一切以“我”为中心，那样就会使自己陷于孤立的境地。对此，古人早就说过：“水至清则无鱼，人至察则无徒。”大凡在事业上有所成就者，鼠肚鸡肠的恐怕甚少。

楚庄王

流传甚广的楚庄王“绝缨夜宴”的故事也是一个很好的佐证。战国时期，楚庄王亲自统帅大军出外讨伐，结果大获全胜。当班师回到京师郢都时，百姓夹道欢迎，盛况空前。为了庆贺赫赫战功，庄王在渐台宴请群臣。文武百官谈笑风生，无不喜形于色。庄王举杯祝酒，与众卿同饮共乐，并召来嫔妃同席畅饮，直喝至日落西山。庄王又命人点起蜡烛夜宴，并让宠妃许姬斟酒助兴。不料，忽然刮来一阵大风，蜡烛都被吹灭了。黑暗中，一个人趁着混乱竟然拉住了许姬的衣袖。许姬恼怒，又不便声张，挣扎中衣袖被撕破，直到她机警地扯断那人帽子上的缨带，那人才溜掉。许姬走到庄王跟前，俯身禀报了实情，并请庄王查办这个色胆包天之人。

庄王听罢，沉吟片刻，吩咐左右先不要点蜡，命众臣解开缨带，摘下帽子，尽请畅饮。群臣闻言，纷纷解缨摘帽。这时庄王才命人掌灯点蜡。烛光之下，群臣绝缨饮酒，无法辨认谁的缨带被扯断。庄王就像没发生这件事一样，与众人饮到深夜才散，以后，庄王也没再提及此事。

几年后，庄王出兵伐郑，命襄志为前军统帅。襄志召集下属商量战策，部将唐狡请命，愿为大军开道，襄志应允。于是唐狡只带亲兵百名，连夜奔袭。由于唐狡骁勇善战，杀得郑军落荒而逃。庄王的后续大军长驱直入，占领郑国都城荥阳。

庆功会上，庄王称赞襄志用兵如神。襄志说："实非老臣之力，而是部将唐狡孤胆制敌的功劳。"庄王遂召见唐狡，并当众予以重赏。唐狡忙跪下道："臣受君王恩赐已经很厚了，哪能再领赏?"庄王惊讶道："寡人并不识卿，怎么说受过我的赏赐呢?"唐狡愧色满面，低声谢罪说："绝缨夜宴上拉夫人衣袖的就是罪臣。大王不究死罪，小臣感恩不忘，故舍命相报。"

在场的群臣听罢恍然大悟，面露敬佩之色。襄志不禁赞叹道："倘若君王不能容人之过，惊人之短，而在绝缨夜宴上明烛治罪，又怎得唐狡的拼命死战呢?"

雍也篇第六

【原文】

子曰："雍也可使南面。"

【译文】

孔子说："冉雍呀，可以让他去做官。"

【原文】

仲弓问子桑伯子[①]。子曰："可也，简。"仲弓曰："居敬而行简，以临其民，不亦可乎？居简而行简，无乃[②]大[③]简乎？"子曰："雍之言然。"

【注释】

①桑伯子：人名，此人生平不可考。②无乃：岂不是。③大：同"太"。

【译文】

仲弓问孔子：子桑伯子这个人怎么样。孔子说："此人还可以，办事简要而不烦琐。"仲弓说："居心恭敬严肃而行事简要，像这样来治理百姓，不是也可以吗？（但是）自己马马虎虎，又以简要的方法办事，这岂不是太简单了吗？"孔子说："冉雍，这话你说得对。"

【原文】

哀公问："弟子孰为好学？"孔子对曰："有颜回[①]者好学，不迁怒，不贰[②]过，不幸短命死矣。今也则亡[③]，未闻好学者也。"

【注释】

①颜回：即颜渊，三十一岁逝世。②贰：重复、一再的意思。③亡：同"无"。

【译文】

鲁哀公问孔子："你的学生中谁是最好学的呢？"孔子回答说："有一个叫颜回的，很好学，他从不迁怒于别人，也从不重犯同样的过错。不幸短命死了。现在没有那样的人了，没有听到有那样爱好学习的人了。"

【原文】

子华[1]使于齐，冉子[2]为其母请粟。子曰："与之釜[3]。"请益。曰："与之庾[4]。"冉子与之粟五秉[5]。子曰："赤之适齐也，乘肥马，衣轻裘。吾闻之也：君子周急不继富。"

【注释】

①子华：姓公西名赤，字子华，孔子的学生。②冉子：冉有。③釜：音 fǔ，古代量名，一釜约等于六斗四升。④庾：音 yǔ，古代量名，一庾等于二斗四升。⑤秉：古代容量名。一秉合十六斛，一斛合十斗。"五秉"就是八百斗（八十石）

【译文】

子华出使到齐国去，冉有为子华的母亲向孔子请求补助谷子，孔子说："给她六斗四升。"冉有请求增多一些，孔子说："再给她二斗四升。"冉有给了她谷子八百斗。孔子说："公西赤到齐国去，乘着肥壮的马驾的车子，穿着又轻又暖的皮袍。我听说过，君子救济有紧急需要的穷人而不接济富人！"

【原文】

原思[1]为之宰[2]，与之粟九百[3]，辞。子曰："毋！以与尔邻里乡党乎！"

【注释】

①原思：姓原名宪，字子思，鲁国人。孔子的学生。②宰：家宰，管家。③九百：没有说明单位是什么（这里沿习用斗作单位）。

【译文】

原思给孔子家当总管，孔子给他俸米九百斗，原思推辞不要。孔子说："不要推辞。有多的，给你的乡亲们吧。"

【原文】

子谓仲弓[①]，曰："犁牛为之骍且角[②]。虽欲勿用[③]，山川棒舍诸？"

【注释】

①仲弓：即冉雍。②骍且角：骍（音 xīn）红色。祭祀用的牛，毛色为红，角长得端正。③用：用于祭祀。

【译文】

孔子谈到冉雍，说："耕牛产下的牛犊长着红色的毛，整齐的角，人们虽不想用它做祭品，但山川之神难道会舍弃它吗？"

【原文】

子曰："回也其心三月[①]不违仁，其余则日月[②]至焉而已矣。"

【注释】

①三月：指较长的时间。②日月：指较短的时间。

【译文】

孔子说："颜回呀，他的思想长期不离开仁德，其余的学生则只能在短时间内做到仁而已。"

【原文】

季康子[①]问："仲由可使从政也与？"子曰："由也果，于从政乎何有？"曰："赐也可使从政也与[②]？"曰："赐也达，于从政乎何有？"曰："求也可

使从政也与?”曰:“求也艺,于从政乎何有?”

【注释】

①季康子:姓孙,名肥,“康”是谥号,鲁国的大夫,哀公时任宰相。②与:同“欤”,疑问语气词。

【译文】

季康子问孔子:“仲由这个人,可以让他治理政事吗?”孔子说:“仲由做事果断,对于管理政事有什么困难呢?”季康子又问:“端木赐,可以让他治理政事吗?”孔子说:“端木赐通达事理,对于管理政事有什么困难呢?”又问:“冉求这个人,可以让他治理政事吗?”孔子说:“冉求多才多艺,对于治理政事有什么困难呢?”

【原文】

季氏使闵子骞[①]为费[②]宰,闵子骞曰:“善为我辞焉!如有复我者,则吾必在汶上[③]矣。”

【注释】

①闵子骞:姓闵,名损,字子骞,鲁国人,孔子的学生。②费:音 bì,季氏的封邑,在今山东费县西北一带。③汶上:汶(音 wèn)水名,即今山东大汶河,当时流经齐、鲁两国之间。在汶上,是说要离开鲁国到齐国去。

【译文】

季氏派人请闵子骞去做费邑的长官,闵子骞对来人说:“请你好好替我推辞吧!如果再来找我的话,那我一定会逃到汶水那边去了。”

【原文】

伯牛[①]有疾,子问之,自牖[②]执其手,曰:“亡之,命矣夫,斯人也而有斯疾也!斯人也而有斯疾也!”

【注释】

①伯牛:姓冉,名耕,字伯牛,鲁国人,孔子的学生。孔子认为他的

"德行"较好。②牖：音 yǒu，窗户。

【译文】

伯牛病了，孔子前去探望他，从窗户伸手进去握着他的手说："要死了，这是命里注定的吧！这样的人竟患这样的病啊，这样的人竟会得这样的病啊！"

【原文】

子曰："贤哉回也，一箪[1]食，一瓢饮，在陋巷，人不堪其忧，回也不改其乐。贤哉，回也。"

【注释】

①箪：音 dān，古代盛饭用的竹器。

【译文】

孔子说："颜回是多么有修养啊！一箪饭，一瓢水，住在简陋的小屋里，别人都忍受不了这种困苦，颜回却没有改变他的快乐。颜回是多么有修养啊！"

【原文】

冉求曰："非不说[1]子之道，力不足也。"子曰："力不足者，中道而废。今女[2]画。"

【注释】

①说：音 yuè，同"悦"。②女：同"汝"，你。

【译文】

冉求说："不是我不喜欢您的学说，而是我的能力不够呀。"孔子说："如果真是能力不够到半路才会走不动，现在你却没有开步走。"

【原文】

子谓子夏曰："女为君子儒，无为小人儒。"

【译文】

孔子对子夏说："你要做君子的儒者，不要做小人的儒者。"

【原文】

子游为武城[①]宰。子曰："女得人焉尔乎[②]？"曰："有澹台灭明[③]者，行不由径，非公事，未尝至于偃[④]之室也。"

【注释】

①武城：鲁国的小城邑，在今山东费县境内。②焉尔乎：此三个字都是语助词。③澹台灭明：姓澹台，名灭明，字子羽，武城人，孔子弟子。④偃：言偃，即子游，这是他自称其名。

【译文】

子游做了武城的长官。孔子说："你在这里得到了人才没有?"。子游回答说："有一个叫澹台灭明的人，从来不走邪路，不是因为公事，从不到我屋子里来。"

【原文】

子曰："孟之反[①]不伐[②]，奔而殿[③]，将入门，策其马，曰：非敢后也，马不进也。"

【注释】

①孟之反：名侧，鲁国大夫。②伐：夸耀。③殿：殿后，在全军最后作掩护。

【译文】

孔子说："孟之反不喜欢夸耀自己。败退的时候，他留在最后掩护全军。快进城门的时候，他鞭打着自己的马说，'不是我敢于殿后，是马匹不走的缘故。'"

【原文】

子曰："不有祝鮀[1]之佞，而[2]有宋朝[3]之美，难乎免于今之世矣。"

【注释】

①祝鮀：姓祝，名鮀（音 tuó），字子鱼，卫国大夫，有口才，以能言善辩受到卫灵公重用。②而：这里是"与"的意思。③宋朝：宋国的公子朝，貌美而多次闹出绯闻，惹出祸乱。

【译文】

孔子说："如果没有祝鮀那样的口才，也没有宋国公子朝的美貌，是难以在当今之世免遭灾祸的。"

【原文】

子曰："谁能出不由户，何莫由斯道也？"

【译文】

孔子说："谁能够走出屋外而不经过门户呢？为什么没有人走这条必经的仁义之路呢？"

【原文】

子曰："质胜文则野[1]，文胜质则史[2]。文质彬彬[3]，然后君子。"

【注释】

①野：此处指粗鲁、鄙野，缺乏文采。②史：言词华丽，这里有虚伪、浮夸的意思。③彬彬：指文与质的配合很恰当。

【译文】

孔子说："质地胜过文采则显得粗野：文采多于质朴，则显得虚伪、浮夸。只有质朴和文采配合恰当，才是个君子。"

【原文】

子曰："人之生也直，罔[1]之生也幸而免。"

【注释】

①罔：诬罔不直的人。

【译文】

孔子说："人的生存由于正直，不正直的人也能生存，那只是他侥幸地避免了灾祸。"

【原文】

子曰："知之者不如好之者，好之者不如乐之者。"

【译文】

孔子说："懂得它的人，不如爱好它的人；爱好它的人，又不如以它为乐的人。"

【原文】

子曰："中人以上，可以语上也；中人以下，不可以语上也。"

【译文】

孔子说："资质在中等以上的人，可以给他讲授高深的道理，资质在中等以下的人，不可以给他讲高深的道理。"

【原文】

樊迟问知①，子曰："务民之义②，敬鬼神而远之，可谓知矣。"问仁，曰："仁者先难而后获，可谓仁矣。"

【注释】

①知：音 zhì，同"智"。②义：专用力于人道之所宜。

【译文】

樊迟问孔子怎样才算聪明，孔子说："专心致力于（提倡）老百姓应该遵从的道德，严肃对待鬼神，就可以说是智了。"樊迟又问怎样才是仁德，孔子说："仁德的人付出一定的力量，做在人前面，可以说是仁德了。"

【原文】

子曰："知者乐水，仁者乐山①；知者动，仁者静；知者乐，仁者寿。"

【注释】

①知者乐水，仁者乐山："知"（音 zhì）同"智"；乐，古音 yào，喜爱

的意思。

【译文】

孔子说："聪明人喜爱水，有仁德者喜爱山；聪明人好动，仁德者好静。聪明人快乐，有仁德者长寿。"

【原文】

子曰："齐一变，至于鲁；鲁一变，至于道。"

【译文】

孔子说："齐国一改革，便可以达到鲁国的样子，鲁国一有改革，便进而合于大道了。"

【原文】

子曰："觚[1]不觚，觚哉！觚哉！"

【注释】

①觚：音gū，古代盛酒的器具，上圆下方，有棱，容量约有二升。后来觚被改变了，所以孔子认为觚不像觚。

【译文】

孔子说："觚不像个觚了，这哪里是觚吗？这哪里是觚吗？"

【原文】

宰我[1]问曰："仁者，虽告之曰：'井有仁焉。'其从之也？"子曰："何为其然也？君子可逝[2]也，不可陷也；可欺也，不可罔也。"

【注释】

①宰我：姓宰，名予，字予我，孔子的学生。②逝：往。这里指到井边去看并设法救之。

【译文】

宰我问道："对于有仁德的人，就是告诉他说，'井里掉下去一位有仁德的人啦，他会跟着下去吗？"孔子说："为什么要这样做呢？君子可以到井边去设法救人，自己却不可以陷入井中；君子可以被正当的理由欺骗，但不能被人无理愚弄。"

【原文】

子曰："君子博学于文，约之以礼，亦可以弗畔①矣夫。"

【注释】

①畔：同"叛"。

【译文】

孔子说："君子广泛地学习文化典籍，又以礼来约束自己，也就可以不离经叛道了。"

【原文】

子见南子①，子路不说②。夫子矢③之曰："予所否者，无厌之！天厌之！"

【注释】

①南子：卫国灵公的夫人，当时实际上左右着卫国政权，有淫乱的行为。②说：音 yuè，同"悦"。③矢：同"誓"，此处讲发誓。

【译文】

孔子去见南子，子路不高兴。孔子发誓说："如果我做什么不正当的事，让上天谴责我吧！让上天谴责我吧！"

【原文】

子曰："中庸①之为德也，其至矣乎！民鲜久矣。"

【注释】

①中庸：中，谓之无过无不及。庸，平常。

【译文】

孔子说："中庸作为一种道德，该是最高的了吧！人们缺少这种道德已经为时很久了。"

【原文】

子贡曰："如有博施①于民而能济众，何如？可谓仁乎？"子曰："何事于仁？必也圣乎！尧舜②其犹病诸。夫仁者，己欲立而立人，己欲达而达人。能近取譬，可谓仁之方也已。"

【注释】

①施：旧读shì，动词。②尧舜：传说中上古时代的两位帝王，也是孔子心目中的榜样。儒家认为是“圣人”。

【译文】

子贡说：“假若有这么一个人，他能给老百姓很多好处又能周济大众，怎么样？可以说是仁人了吗？”孔子说：“哪里仅是仁人，简直是圣人了！就连尧、舜尚且难以做到呢。仁是什么呢？就是自己要站得住，也要帮助别人站得住；自己要事事行得通，也要帮助别人达到能够就眼下的事一步步去做，凡事能够推己及人，可以说是实行仁的方法了。”

【故事】

读书学习，重在兴趣

孔子认为，在学习中，人们仅仅是有目标地追求，还不如从中得到心理满足效果好；得到心理满足，又不如对学习、工作感到强烈兴趣效果好。

仅仅懂得学问、道理，却不能从心中喜欢它，说明学得不够深入、透彻。在学习时，如果将学习看成是“苦学”、“困学”，那么即使对书本倒背如流、对道理讲得清楚明白，仍然没有“学而时习之，不亦乐乎”的乐趣。而如果心里喜欢，却不去身体力行，从实践中感受到愉悦、快乐，那么这种喜爱也不深刻。

在一个偏僻的小山村里，有一种切有磋棋艺的风气，众人以拜下棋高人——奕秋为最高理想。有两个亲兄弟，他们和很多人一样，也有着同样的理想，也就理所当然地加入了这个行列。值得庆幸的是，这兄弟两人还都有学习棋艺的天分，在小村子可以算得上高手了。

一天，这两个兄弟来到了集市上，忽然听到有人提到弈秋。他俩顿时来了兴致，赶紧跑过去看个究竟。弈秋是那时全国的顶尖高手，他的技艺高超，无人能敌，找他拜师学艺的人更是多得踏破门坎，但是很多人都因为没有天分被弈秋拒之门外。

兄弟二人来到人群里，仔细地听了个明白。原来，今天这里有个下棋的擂台，凡是胜出的人就可以有机会成为弈秋的弟子，跟着弈秋学习棋艺。兄弟两人听到这里，手开始痒痒了，心里也蠢蠢欲动起来。他们商量了一下，决定上台打擂。

弈秋

没有想到，几个回合下来，兄弟二人战胜了所有前来打擂的人，直到最后两个人还保持着不败的纪录，终于到了兄弟二人对决的时候了。但是，就在这时，一位老者走了出来，对兄弟二人说：“你们已经是我的学生了，不用再战了！”

这时，兄弟二人才明白这个老者就是弈秋，看到弈秋收自己为徒，都高兴得不知道说什么才好，只是一个劲地向弈秋师傅叩拜。

从此，兄弟二人天天摆棋谱，听弈秋讲课。相比之下，老大沉稳老实，喜欢钻研；老二聪颖活泼，接受能力强。一开始，老大根本不是老二的对手，常常被弟弟杀得一败涂地。可是老大并没有因此而气馁，他认为学弈并不是为了打败对手，重要的是可以欣赏对弈的乐趣，随着日子一天天地过去，老大对于棋弈日益有兴趣，每天都兴致勃勃地听老师讲课，可是相反，渐渐地老二开始有些心不在焉，该摆的棋谱被丢在了一边，就连听老师讲课也是一个耳朵进一个耳朵出的了。有时候，上课的时候，老二会溜到窗边，看到外面天空中的飞翔的大雁，就考虑着怎么样把它们射下来。

时间就这样一天一天地过去了。很快，新一年的擂台赛的战鼓又开始打响了。这一次，老二还是得意洋洋，心里想着我以前一直战胜哥哥的，这一次也不例外的。但是没有想到等到二人上了擂台，摆开棋盘没有多久，老二就败下阵来，老大最终以绝对优势战胜了老二。

在比赛之后，弈秋又开始筛选徒弟了，这一次，他只选择了兄弟二人中的老大。结果，老大成了弈秋棋艺的传人，而老二在不久之后就默默无闻。

所以孔子说“知之者不如好之者，好之者不知乐之者”。兴趣是一个人最好的老师，只有喜欢才能投入；只有投入，才能取得成就。

教育应提倡因材施教

孔子注意因材施教，即依据学生的实际基础施教。这是一条很宝贵的教学方针和教学经验。作为教师，应该努力做到这一点，才算是尽职尽责为国家民族培养人才。

苏轼

北宋大文学家苏洵家教中的因材施教就是根据苏轼、苏辙的性格特点而施教的。在《名二子说》一文里，苏洵针对苏轼坦荡磊落，敢想敢做而“不外饰”的性格，启发他：“轮、辐、盖、轸，皆有职乎车，而轼独若无所为者。虽然，去轼则吾未见其为完车也。轼乎，我惧汝之不外饰也。”意思是说：车轮，车辐，车盖和车轸（车厢底部四面的横木）都各有其用，惟车厢前的横木“轼”若无所为，然而无轼就不算一辆完美的车子，做人最好的是能像车轼那样，既有用于世，又不自显其功。苏洵利用车轼作比喻，说明做人既要有用，但是却不能自显功劳，以此劝诫苏轼要知道掩饰锋芒。苏洵又用车辙比喻苏辙的性格：“天下之车，莫不有辙，而言车之功者，辙不与焉。虽然，车仆马毙，而患亦不及辙，是辙者善处乎祸福之间也。辙乎，吾知免矣。”车辙对于行驶车辆的作用很大。但无功名，也无祸患。苏辙为人也能超然于功名祸福之外，所以苏洵说不必为他担忧。全文采用借物喻人的手法，针对二子的性格特点。生动阐述了自己的哲理：既要有益于社会，又要善于自我保护。

清代进士、教育家汪辉祖也是极力提倡因材施教的。他在著名的家教著作《双节堂庸训》中说："子弟的天赋资质，绝对难以一致，师长应当就他们可造就的方面，采取委婉的办法教诲，使他们成才。如果硬是强迫他们去做自己难以做到的事，一定会把事情弄糟……大的木头用来做屋梁，细小的木头用来做屋椽，师长教育子弟也是这样。"汪辉祖把人才比作屋梁和屋椽主张顺其材质之可造而教育，不要责以所难。他这种明智的理论与上述的苏洵因材施教培育孩子的做法有相通之处。

其实，无论从理论还是从实际出发，因材施教都是至关重要的，一旦违反这种顺应规律的方法，就有可能造成让关羽去盖房、让鲁班去出征的局面，不但会耽误了孩子的学习成材机会，而且还极有可能使之性格发生扭曲。

不居功自夸者方为人所敬

丙吉是西汉鲁国人。他自幼学习律令，曾任鲁国狱吏，因有功绩，被提拔到朝中任廷尉右监，后来调到长安任狱吏。宣帝即位后任御史大夫、丞相等职。

汉武帝末年，发生了"巫蛊之祸"，祸及卫太子。汉武帝在盛怒之下命令追查卫太子全家及其党羽。卫太子被迫自杀，全家被抄斩，长安城有几万人受到株连。当时，后来成了汉宣帝的刘询刚生下来几个月，也因卫太子的事被牵连入狱。丙吉奉诏令检查监狱时，发现了这个小皇曾孙。丙吉知道卫太子被害并无事实根据，因此，对于皇曾孙的遭遇很是同情。丙吉就暗中让两个比较宽厚谨慎，又有奶的女犯人轮流喂养这个婴儿，每天亲自去检查喂养情况，不准任何人虐待这个孩子。若是没有丙吉的关怀爱护，可怜的皇曾孙或许早就死在狱中了。

后元二年，汉武帝生病，有一个会看天象的人说："我们看到长安监狱的上空有天子贵人之气。"汉武帝便下令将监狱里的囚犯统统杀掉，并派郭穰连夜来到监狱。丙吉得知后立即关闭监狱门，不准郭穰进去，还说："监狱里面是有一个无辜而又可怜的皇曾孙，无缘无故地杀死普通的人都不应该，何况这个孩子是皇帝的亲曾孙啊！”说完，丙吉就坐在监狱门口，双方一直僵持到天明。郭穰进不了监狱，便回去向汉武帝告丙吉的状。汉武帝听了禀报后，有所醒悟并说：“这大概也是天命吧！”于是下令把监狱里关的死囚一律免去死罪，皇曾孙得以保全下来，但是皇曾孙体弱多病，在一次大病痊愈后，丙吉给皇曾孙起名叫“病已”意思是病已全好了，再也不会得病了。

丙吉

丙吉知道把皇曾孙长期放在长安监狱中总不是办法，他听说有个叫史良娣的人忠厚可靠，就驾车把皇曾孙送到她家抚养。汉昭帝继位后不久就死了。由于昭帝无子，造成了无继承王位之人的局面。大将军霍光与车骑将军张安世便商议如何立新帝。丙吉此时任大将军府长史、光禄大夫、给事中等职务。他对霍光说：“如今国家百姓的性命就掌握在将军手中了。皇曾孙病已寄养在民间，现年已十八九岁了。他通晓经学儒术及治国之道，平日行为谨慎，举止谦和，是理想的继承人。希望将军明大义，参考占卜的结果，先让他入宫侍奉太后，待天下人明白真相后，再决定大策，辅立即位，这是天下人的大幸啊！”霍光采纳了丙吉的奏议，辅佐皇曾孙登基，这就是汉宣帝。汉宣帝即位后，封丙吉为关内侯。

丙吉为人深沉忠厚，处世谦虚谨慎，从不炫耀自己的长处和功劳。丙吉对病已在危难之中有养育呵护的大恩大德，但却绝口不谈自己的护驾之功，因此，汉宣帝根本就不知道丙吉对自己有如此大的恩德，朝中也没有人知道他的大恩大德，丙吉依然毫无怨言地为国事尽心尽力。等到霍氏被诛灭，宣帝亲政，并亲自过问尚书省的事情。但是，出乎意外的是，一位名叫则的宫婢说她曾经有保护养育皇帝的功劳。汉宣帝诏令官员查问此事，宫婢就说：“此事的详情丙吉都知道。”丙吉还认识这个宫婢，她根本就不是喂养过皇帝的乳母。丙吉指着宫婢说：“是曾经让你照顾这皇曾孙，但是你不尽心喂养，你还有什么功劳好讲的。只有渭城的胡组，淮阳的郭征卿才是对皇帝有恩的人。”这样汉宣帝才恍然大悟，知道丙吉是自己在大难之际的救命恩人。汉宣帝立即召见丙吉，称赞他有如此大的功德，平日却只字不提，真是难得的贤臣。于是下令封丙吉为博阳侯，升任丞相。

临到受封时，丙吉正好病重，不能起床。皇帝就让人把封印纽佩戴在丙吉身上，表示封爵。但是，丙吉依然是那样的谦恭礼让，一再辞谢。当他病好后，正式上书辞谢对他的赏赐，谦虚地说："我不能无功受禄，虚名受赏。"汉宣帝感动地说："我对你进行封赏，是因为你对朝廷确实立有大功，而不是虚名。可是你却上书辞谢，我要是同意了你的辞谢，就显得我是一个知恩不报的人了。现在天下太平，没有太多的事，你尽管安心养病，少操劳，只要你把身体保养好了，其他一切事你就放心好了。"就这样丙吉才不得不接受封赏，从此，为朝廷更加尽忠尽职。

常言道："救人一命，胜造七级浮屠。"在腥风血雨中，丙吉冒着生命危险，不但救了皇曾孙的命，将他抚养长大，而且辅佐他登上皇帝的宝座，此恩可谓深似海，此德可谓比天高。但是丙吉却绝口不提。这既说明了他有高尚的品德，也表现出了他深沉的处世智谋。

述而篇第七

【原文】

子曰："述[①]而不作，信而好古，窃[②]比于我老彭[③]。"

【注释】

①述：传述。②窃：私，私自，私下。③老彭：人名，但究竟指谁，学术界说法不一。有的说是殷商时代一位"好述古事"的"贤大夫"；有的说是老子和彭祖两个人，有的说是殷商时代的彭祖。

【译文】

孔子说："传述成说而不创立新义，信奉并喜好古时候的准则，私下自比我们的老彭。"

【原文】

子曰："默而识[①]之，学而不厌，诲人不倦，何有[②]于我哉？"

【注释】

①识：音 zhì，记住的意思。②何有：古代常用语，有二义：一是"有什么"，二是"不难"，今取后义。

【译文】

孔子说："把所学的知识默默地记住，坚持学习而不觉得厌烦，教导别人而不知道疲倦，这三方面我能做到哪一些呢？"

【原文】

子曰："德之不修，学之不讲，闻义不能徙[①]，不善不能改，是吾忧也。"

【注释】

①徙：音 xǐ，迁移。此处指靠近、做到之意。

【译文】

孔子说："品德不培养，学问不讲习，听到义在那里，却不能亲身赴之，这些都是我的忧虑呀。"

【原文】

子之燕居，申申[①]如也；夭夭[②]如也。

【注释】

①申申：衣冠整洁。②夭夭：行动迟缓、斯文和舒畅的样子。

【译文】

孔子在家里闲居时，看上去舒展整洁，轻松舒畅的样子。

【原文】

子曰："甚矣吾衰也！久矣吾不复梦见周公[①]。"

【注释】

①周公：姓姬，名旦，周文王的儿子，周武王的弟弟，成王的叔父，鲁国国君的始祖，传说是西周典章制度的制定者，他是孔子所崇拜的所谓"圣人"之一。

【译文】

孔子说："我很衰老了啊，我好久、好久没有梦见周公了。"

【原文】

子曰："志于道，据于德，依于仁，游于艺。"

【译文】

孔子说："以道为志向，以德为根据，以仁为凭藉，活动于（礼、乐等）六艺之中。"

【原文】

子曰：“自行束脩[①]以上，吾未尝无诲焉。”

【注释】

①束脩：脩（音 xiū）干肉，又叫脯。束脩就是十条干肉。后来，就把学生送给老师的学费叫做“束脩”。

【译文】

孔子说：“只要是带着薄礼来见我的，我从来没有不给他教诲的时候。”

【原文】

子曰：“不愤[①]不启，不悱[②]不发。举一隅不以三隅反，则不复也。”

【注释】

①愤：苦思冥想而仍然领会不了的样子。②悱：音 fěi，想说又能明确说出来的样子。

【译文】

孔子说：“教导学生，不到他想弄明白而不得的时候，不去开导他；不到他想说却说不出来的时候，不去启发他。教给他一个方面的东西，他却不能由此推知西、南、北三方，便不再教他了。”

【原文】

子食于有丧者之侧，未尝饱也。

【译文】

孔子在有丧事的人旁边吃饭，从来没有吃饱过。

【原文】

子于是日哭，则不歌。

【译文】

孔子在这一天为吊丧而哭泣过，就不再唱歌。

【原文】

子谓颜渊曰：“用之则行，舍之则藏，唯我与尔有是夫！”子路曰：“子

行三军[①]，则谁与?”子曰：“暴虎[②]冯河[③]，死而无悔者，吾不与也。必也临事而惧，好谋而成者也。”

【注释】

①三军：是当时大国所有的军队，每军约一万二千五百人。②暴虎：空拳赤手与老虎进行搏斗。③冯河：无船而徒步过河。

【译文】

孔子对颜渊说：“用我呢，我就去干；不用我，我就隐藏起来，只有我和你能做到这样吧!”子路问孔子说：“（老师）您如果统帅三军，那么您和谁在一起呢?”孔子说：“赤手空拳要和老虎搏斗，没船却要涉水过河，（这样做）死了都不会后悔的人，我不和他在一起。我要找的，一定是遇事小心谨慎，严肃认真，善于谋划而能争取成功的人。”

【原文】

子曰：“富而可求也；虽执鞭之士[①]，吾亦为之。如不可求，从吾所好。”

【注释】

①执鞭之士：古代指手执皮鞭为大官开路的下等差役。

【译文】

孔子说：“财富如果可以合理地求得，即使是给人执鞭的下等差事，我也愿意去做。如果财富不能合理地求得，那就还是做我所爱好的事情。”

【原文】

子之所慎：齐[①]、战、疾。

【注释】

①齐：同斋，斋戒。古人在祭祀前要沐浴更衣，不吃荤，不饮酒，不与妻妾同寝，整洁身心，表示虔诚之心，这叫做斋戒。

【译文】

孔子所谨慎小心对待的事情是：（祭祀之前的）斋戒、战争和疾病这三件事。

【原文】

子在齐闻《韶》[1]，三月不知肉味，曰："不图为乐之至于斯也。"

【注释】

①《韶》：舜时古乐曲名。

【译文】

孔子在齐国听到了《韶》乐后，有很长时间尝不出肉的滋味，于是他说，"没想到《韶》乐的美达到了如此高的水平。"

【原文】

冉有曰："夫子为卫君[1]乎？"子贡曰："诺[2]，吾将问之。"入，曰："伯夷、叔齐何人也？"曰："古之贤人也。"曰："怨乎？"曰："求仁而得仁，又何怨。"出，曰："夫子不为也。"

【注释】

①卫君：卫出公辄，是卫灵公的孙子。②诺：答应的说法。

【译文】

冉有（问子贡）说："老师会帮助卫君吗？"子贡说："嗯，我去问他。"于是子贡就进去问孔子："伯夷、叔齐是什么样的人呢？"（孔子）说："是古代的贤人。"（子贡又）问："他们有怨恨吗？"（孔子）说："他们求仁而得到了仁，又怨恨什么呢？"（子贡）出来（对冉有）说："老师不会帮助卫君。"

【原文】

子曰："饭疏食[1]饮水，曲肱[2]而枕之，乐亦在其中矣。不义而富且贵，于我如浮云。"

【注释】

①饭疏食，饭，这里是"吃"的意思，名词作动词用。②曲肱：肱（音

gōng）胳膊，由肩至肘的部位。曲肱，即弯着胳膊。

【译文】

孔子说："吃粗粮，喝白水，弯着胳膊当枕头，乐趣也就在这中间了。用不正当的手段得来的富贵，在我看来就像浮云一样。"

【原文】

子曰："加[①]我数年，五十以学易[②]，可以无大过矣。"

【注释】

①加：这里通"假"字，给予的意思。②易：指《周易》，古代占卜用的一部书。

【译文】

孔子说："让我多活几年，到五十岁的时候去学习《易》，我便没有大的过错了。"

【原文】

子所雅言[①]，《诗》、《书》、执礼，皆雅言也。

【注释】

①雅言：以陕西语音为标准音的周王朝的官话，在当时被称作"雅言"。在诵读《诗》、《书》和赞礼时，则以当时陕西语音为准。

【译文】

孔子有时讲雅言，读《诗》、念《书》、赞礼时，用的都是雅言。

【原文】

叶公[①]问孔子于子路，子路不对。子曰："女奚不曰，其为人也，发愤忘食，乐以忘忧，不知老之将至云尔。"

【注释】

①叶公：叶（音 shè），姓沈，名诸梁，楚国的大夫，封地在叶城（今河南叶县南），所以叫叶公。

【译文】

叶公向子路询问孔子是什么样的人，子路不知该怎样回答。孔子（对子路）说：“你为什么不说：他的为人就是啊，发愤用功得连吃饭都忘了，心里高兴时把忧愁忘了，连自己快要老了都不知道，如此而已。”

【原文】

子曰：“我非生而知之者，好古，敏以求之者也。”

【译文】

孔子说：“我不是生来就有知识的人，而是爱好古代的文化，勤奋敏捷地去求得知识的人。”

【原文】

子不语怪、力、乱、神。

【译文】

孔子不谈论怪异、暴力、变乱、鬼神（一类的事情）。

【原文】

子曰：“三人行，必有我师焉。择其善者而从之，其不善者而改之。”

【译文】

孔子说：“（如果）三个人一起走路，其中必定有可以作为我的老师的人。选择他的优点长处而跟从学习，看到有什么缺点就（反省自己），加以改正。”

【原文】

子曰：“天生德于予，桓魋①其如予何？”

【注释】

①桓魋：魋（音 tuí）任宋国主管军事行政的官——司马，是宋桓公的后代。

【译文】

孔子说：“上天使我具有这种品德，桓魋能把我怎么样呢？”

【原文】

子曰："二三子[①]以我为隐乎？吾无隐乎尔。吾无行而不与二三子者，是丘也。"

【注释】

①二三子：诸位，几个人。这里指孔子的学生们。

【译文】

孔子说："你们这些学生认为我对你们有什么隐瞒的吗？我对你们没有什么隐瞒的。我没有什么事不对你们公开的。这就是我孔丘的为人。"

【原文】

子以四教：文、行、忠、信。

【译文】

孔子从四个方面教育学生：文化知识、行为规范、忠诚老实、讲究信用。

【原文】

子曰："圣人吾不得而见之矣！得见君子者，斯可矣。"子曰："善人吾不得而见之！得见有恒[①]者，斯可矣。亡而为有，虚而为盈，约而为泰[②]，难乎有恒矣。"

【注释】

①恒：指有原则。②泰：奢侈。

【译文】

孔子说："圣人，我可能看不到了，能够看到君子，这也可以了。"孔子又说："善人，我也可能看不到了，能看到有原则的人也就可以了。本来是没有，偏偏当成是有；本来是空虚的，偏偏当成是充实的；本来是贫困的，却要奢华浪费。这怎么能说是有原则呢！"

【原文】

子钓而不纲[①]，弋[②]不射宿。

【注释】

①纲：大绳。这里作动词用，指在水流上拦网捕鱼。②弋：音 yì，用带绳子的箭来射鸟。

【译文】

孔子钓鱼而不截流捕鱼，射鸟而不攻击鸟巢。

【原文】

子曰："盖有不知而作之者，我无是也。多闻，择其善者而从之，多见而识[1]之，知之次也。"

【注释】

①识（音，志）：记。

【译文】

孔子说："也许有这样一种人，什么都不懂却凭空创造，我不是这样的人。多多地听，选择其中好的来学习；多多地看，牢记在心，这就是比生而知之者次一等的求知方法。"

【原文】

互乡[1]难与言，童子见，门人惑。子曰："与其进也，不与其退也，唯何甚？人洁己以进，与其洁也，不保其往也。"

【注释】

①互乡：地名，具体所在已无可考。

【译文】

互乡这个地方的人很难于交谈，但那里的一个童子却受到了孔子的接见，学生们对此都感到迷惑不解。孔子说："我们应该鼓励他的进步，不赞同他们的退步。对人家何必做得太过分呢？人家洁身而来，我们肯定与赞成他干净的一面，不要死记住他的过去不放。"

【原文】

子曰："仁远乎哉？我欲仁，斯仁至矣。"

【译文】

孔子说："仁德难道离我们很远吗？只要我想要达到仁，仁就会来了。"

【原文】

陈司败①问："昭公②知礼乎？"孔子曰："知礼。"孔子退，揖巫马期③而进之曰："吾闻君子不党，君子亦党乎？君取④于吴，为同姓，谓之吴孟子⑤。君而知礼，孰不知礼？"巫马期以告。子曰："丘也幸，苟有过，人必知之。"

【注释】

①陈司败：陈国主管司法的官，姓名不详，也有人说是齐国大夫，姓陈名司败。②昭公：鲁国的君主，名惆（音chóu），"昭"是谥号。③巫马期：姓巫马，名施，字子期，孔子的学生，比孔子小三十岁。④取：同娶。⑤吴孟子：鲁昭公夫人。春秋时代，国君夫人的称号，一般是她出生的国名加上她的姓，但因她姓姬，故称为吴孟子，而不称吴姬。

【译文】

陈司败问孔子："鲁昭公知礼吗？"孔子说："他知礼。"孔子出来后，陈司败作揖，请巫马期走近自己，对他说："我听说，君子是不偏袒别人，难道孔子还包庇别人吗？鲁君在吴国娶了一个同姓的女子做夫人，是国君的同姓，称她为吴孟子。鲁君若算得上知礼，还有谁不知礼呢？"巫马期把这句话告诉了孔子。孔子说："我真是幸运。如果是我有错误，别人一定会指出来，让我知道。"

【原文】

子与人歌而善，必使反之，而后和之。

【译文】

孔子与别人一起唱歌，如果发现唱得好，一定请他再唱一遍，然后自己又跟着和一遍。

【原文】

子曰：“文，莫[1]吾犹人也。躬行君子，则吾未之有得。”

【注释】

莫：约摸、大概、差不多。

【译文】

孔子说：“就文献知识来说，大概我和别人差不多。亲身实践，做一个君子，那我还没有做到。”

【原文】

子曰：“若圣与仁，则吾岂敢？抑[1]为之不厌，诲人不倦，则可谓云尔已矣。”公西华曰：“正唯弟子不能学也。”

【注释】

①抑：折的语气词，“只不过是”的意思。

【译文】

孔子说：“要说圣与仁，那我怎么敢当！不过在实践圣与仁方面不知厌烦，教诲别人不知疲倦，只可这样说罢了。”公西华说：“这正是我们学生学不到的。”

【原文】

子疾病，子路请祷[1]。子曰：“有诸?”子路对曰：“有之。《诔》[2]曰：‘祷尔于上下神祇[3]。’”子曰：“丘之祷久矣。”

【注释】

①请祷：向鬼神请求和祷告，即祈祷。②《诔》：音lěi，祈祷文。③神祇：祇，音qí，古代称天神为神，地神为祇。

【译文】

孔子患了重病，子路请求祈祷。孔子说：“有这样做的吗?”子路说：“有的。《诔》文上说：‘为你向上下神灵祈祷。’”孔子说：“那我祈祷很久了。”

【原文】

子曰："奢则不孙[1]，俭则固。与其不孙也，宁固。"

【注释】

①孙：同逊，恭顺。

【译文】

孔子说："奢侈了就不谦逊，节俭了就很寒酸。与其不谦逊，还不如寒酸。"

【原文】

子曰："君子坦荡荡，小人长戚戚。"

【译文】

孔子说："君子心胸宽广，小人的心中经常忧愁。"

【原文】

子温而厉，威而不猛，恭而安。

【译文】

孔子温和而又严厉，威严而不凶猛，庄重而又安详。

【故事】

学而不厌才能有所成就

汉代的王充，敏而好学，通过刻苦努力而成功。王充，东汉时会稽上虞人，他出身于"细门孤族"，没有什么储备，一家过着清贫的日子，在《论衡·自纪篇》中，王充这样叙述自己的青少年时代：童年时与其他儿童游戏，不随便打闹，"侪伦（指小伙伴）好掩雀、捕蝉、戏钱"，"充独不表"。他六岁开始识字，八岁进书馆学习。老师讲授《论语》、《尚书》，他一天能背一千多字。约十五岁时王充到京师洛阳进太学深造，开阔了眼界。但太学里的学习并不能使王充感到满足。

《后汉书·王充传》说他“好博览而不守章句”。即学习时不拘于经典词句，而是广读群书。由于家境贫寒，买不起书，王充经常到洛阳的书肆中去看书。在热闹的街市里，他也能全神贯注，甚至暗暗背诵特别好的词句。王充学成之后，回到家乡，一面授徒讲学，一面开始自己的著述。曾希望自己能当官出仕的王充有过相当大的政治抱负，希望自己能有所作为。但是当时门阀豪族控制仕途，英俊皆为下僚。王充出身寒庶，其思想见解又不为当时的统治者赏识，所以他只做过几次幕僚一类的小官，还常常因政见不合而被迫辞职。

王充

与大多数文人一样，当王充感到自己在仕途上不会顺利时就专心治学，著书立说。王充所处的时代，虽然表面上显得比较平静，但仍旧潜伏着社会危机，阶级矛盾也有所激化。西汉董仲舒提出“罢黜百家，独尊儒术”的口号，从巩固封建统治的政治需要出发，把先秦儒家，阴阳五行思想糅合，改造为“天人感应”的神秘主义儒学，成了官方的正统思想。在这一基础上带有迷信色彩的谶纬之学在东汉时亦冒头。谶，就是伪造上天所谓的文书，其中有预言、启示之类，纬，就是用天人感应的神学理论去注解古籍。显然，这种谶纬学说是充满了各种迷信的荒诞之说，其影响所及，使“众书皆失实，虚妄之言胜真美”。

王充对此“疾之无已”，因而奋笔著书。针对当时思想界的问题，他写下了《大儒》、《讥俗》、《节义》、《政务》、《论衡》、《养性》等书。现在保存下来的只有《论衡》一书。《论衡》分三十卷，八十五篇（现存八十四篇），约三十万字，这是王充从三十四岁开始，前后用三十多年时间，写出的一部充满战斗精神的唯物主义哲学巨著。

《后汉书·王充传》说他在写这部书时，闭门谢客，拒绝一切婚丧庆吊的应酬。在自己卧室的书架上，到处放着笔砚、刀和竹木简，一有什么想法就随时记下来。直到临死时才完成此书。王充解释《论衡》这一书名时这样说："论衡者，所以铨轻重之言，立真伪之平。"就是衡量言论得失和真伪之作。在这部巨著中，在对已成为官方思想的汉代唯心主义哲学和神学迷信进行了系统批判，展现了王充的大无畏精神。同时对先秦以来的主要思想流派进行了评论，从思想的承继关系中，对汉代思想作了总结。

王充的晚年生活十分困苦，但是他却从来没有放弃过治学，由于他的精心治学不与外人交往，直到他去世也没有多少人知道他的著作。直到东汉末年，蔡邕、王朗等人对于王充的著作进行了整理，一些著作才逐渐流传开来，这位伟大而杰出的古代唯物主义思想家的著作才得以流传后世，成为宝贵的民族文化遗产。这笔文化遗产，如果没有王充当时的勤奋学习，珍惜分秒的精神，也可能只是"产"而不能"遗"了。

王充正是因为他不知厌倦，刻苦钻研，才取得了这样的成就。孔子所提倡的"学而不厌"与我们现在所说的"活到老，学到老"的思想内涵是一致的。所谓"活到老，学到老"表明，人的一生都是受教育的时期。社会就是我们的大学校。我们所遇见的人，所接触的事物，所得到的经验，都是这所学校的教师。只要我们开放我们的耳目，那么生活或工作的每分钟，都可以摄取许多知识。如果你愿意，知识的无穷力量也会给予你无尽的快乐。

你要认识到，成功并非终点，它只不过是你一段时间的小结而已。成功是下一个开始的起步，应该准备好，走好下一步，为了下一次的成功应该再接再厉。从古到今，凡是成功者都不会满足于现状，都不会对于学习感到厌倦，他们把学习作为自己的乐趣、目标。他们认为成功不是人生的结局，而是不断为下一次的成功做准备。

一个真正成功的人，即使每天工作再多再累，他也绝不埋怨，并且还能腾出时间来进修。这也正是他们成功的秘诀之一，因为他们相信知识的力量是无穷的。

择善从之，扬长避短

孔子是主张学无常师的，关键是在于自己是否善于学习。孔子主张认真进行自我修养的人，可以从各种人身上获得启发，得到正面或反面的借鉴。这是孔子重要的自我修养的方法。

有一天，孔子师徒北游，路过楚国的满城，见到这里湖光山色，秀丽如画，便停车观赏浏览。

正走着，忽然看见前边路旁有两个小孩正对着天空指手画脚，争论不休。看上去，两人争论得还非常激烈，互不相让。

孔子走上前去，微笑着说道："二位童子，何事如此争论不休？"

甲童指天画地地说："我们在争辩这轮红日，何时离地面最近。"

孔子吃了一惊，小小年纪，竟然提出了这样连大人也想不到的问题，可见楚国的教化不同凡响。孔子对这两个孩子和他们所提出的问题很感兴趣，便不顾赶路，凑上前去，十分关注地问："依你之见，太阳何时离地面最近呢？"

甲童理直气壮地回答说："早与晚，太阳离地面最近。"孔子追问道："这是为何呢？"甲童解释说："日出东山，日薄西山，大如车轮伞盖，而日中而小似圆盘。凡人视物，近者大而远者小，所以我说，早与晚太阳离地面最近。"

孔子皱眉想了想，甲童说的确有道理，不禁脱口赞道："好，言之有理！"

乙童抢上前来，辩驳道："有何道理？早与晚，太阳红彤彤，凄凉凉；而到中午，则灼热炙烤，如火似汤。凡人感物，近者热而远者凉，所以我说，中午太阳离地面最近。"

孔子的眉宇间又皱了皱，感到乙童也说得很有道理。

人们都说孔子博览群书，上知天文下晓地理，没想到这个问题还真把他难住了，一时不知如何说是好。两个孩子瞪着疑惑的大眼睛盯着孔子，等待着他解答，等待着他评判，目光像四把利剑，刺得孔子目瞪口呆，无言以对。孔子素来实事求是，从不掩饰自己的缺点与不足，哪怕是在孩子们面前。他老老实实地告诉两个孩子，这个问题他自己也弄不明白。

两个孩子很感失望，你看看我，我瞧瞧你，最后甲童说："人说你是无书不读的圣人，谁说你知道得比别人多呢？"

是呀，孔子常常自责，自己知道的东西确实是太少了，不如老农，不如老圃，不如采桑女，不如八岁顽童。“三人行，则必有我师焉”，这是符合事实的概括与总结，对任何人来说都是正确的。

的确如此，任何人都不是全能全知的，只有好学好问而不盲从，有心智、懂学习的人才是成大业者。南宋时的心学大师陆九渊，正是靠对圣人之书的扬长弃短，来实现自己的非凡成就的。

陆九渊，字子静，号存斋，又称象山先生，南宋江西抚州金溪县青田人。其八世祖曾任唐昭宗之宰相，其六世祖于五代末避乱徙居，遂成金溪陆氏。从此，他们家族聚居，到陆九渊时，已成九世共炊、人口逾百的大家庭。金溪陆氏由最年长者任家长，掌管大小家政。每年，家长都要根据家中子弟的年龄和才能等条件分派差事，或管田产，或管税赋账目，或管家务饭食，或管接待宾客，如此等等。

陆氏的家教极严，如果弟子有过失，家长要召集全族人口，当众批评教育；若不改过，当众责打；仍不悔改，则或交官府处置，或流放远方。由于家道整肃，州里闻名，被宋孝宗称赞为“满门孝悌”。陆九渊的父亲陆贺，赠宣教郎，以“究心典籍，见于躬行”著称。

陆九渊

陆九渊自幼颖悟，性若天成。三四岁时，经常服侍父亲，极善发问。一日，忽然问道：“天地何所穷际?”其父笑而不答，他则“深思至忘寝食”；其父呵之，便姑置不想，而胸中疑团不散。五岁读书，六岁受《礼经》，八岁读《论语》、《孟子》，尤善察辨。闻人诵程颐语录，便说：“伊川之言，为何与孔子孟子之言不类?”从此对程颐的理学发生怀疑。

陆九渊十一岁时，常于夜间起来秉烛检书，其读书不苟简，而勤考索。十三岁时，与复斋共读《论语》，忽发议论说：“夫子之言简易，有子之言支离。”一日，复斋（时年二十）于窗下读《伊川易传》，读到《艮》卦，对程颐的解释反复诵读，适逢陆九渊经过，便问："汝看程正叔此段如何？"陆九渊答道："终是不直截明白。'艮其背，不获其身'，无我。'行其，不见其人'，无物。"如此透辟的解说，在他却似信口道来。又一日，读书至古人对"宇宙"二字的注解："四方上下曰宇，往古来今曰宙"时，恍然大悟道："原来无穷！人与天地万物，皆在无穷中者也。"终于解开了十年前百思不得其解的难题。于是，他进一步开阐说："宇宙便是吾心，吾心即是宇宙。东海有圣人出焉，此心同也，此理同也；西海有圣人出焉，此心同也，此理同也；南海北海有圣人出焉，此心此理，亦莫不同也。"陆九渊心学之大端，于此尽显无遗。后来，门人詹阜民问："先生之学亦有所受乎？"陆九渊说："因读《孟子》而自得之。"这正是陆九渊与理学家的不同之处。

五十三岁时，他奉旨守荆门军，此处乃古今争战之所，宋金边界重地，素无城壁。早有人意欲修筑，却惮费重不敢轻举。陆九渊仔细研究后，只用三万即告完成。平日他常常检阅士卒习射，中者受赏，郡民亦可参与。料理一年，兵容大振，周丞相称赞说："荆门之政，可以验躬行之效。"充分肯定了心学的修身应事之功。

尚在童幼时，陆九渊即开始探究"天地何所穷际"这个宇宙的大秘密。陆九渊说："人心非血气，非形体，广大无际，变通无方。倏焉而视，倏焉而听，倏焉而言，又倏焉而动，倏焉而至千里之外，又倏焉而究九霄之上。'不疾而速，不行而至'，非神乎！不与天地同乎？"又说："心，只是一个心。某之心，吾友之心，上而千百载圣贤之心，下而千百载复有一圣贤，其心亦如此。心之体甚大，若能尽我之心，便与天同。"所以，当他看到"四方上下曰宇，往古来今曰宙"这句古文时，便不禁要发出感慨：原来无穷！天地无穷，我心亦无穷。"万物森然于方寸之间，满心而发，充塞宇宙，无非此理。"因而，"宇宙便是吾心，吾心即是宇宙"。"宇宙内事，是己分内事；己分内事是宇宙内事"。所以，他"收拾精神，自作主宰"，不崇拜古人，不迷信先儒，做顶天立地的超人。

陆九渊之所以能"自立门户"，自成一家，关键在于他的"疑"与"悟"。对圣贤之书虚心学习，但同时又不迷信、不盲从，这正与孔夫子"择其善者而从之，其不善者而改之"不谋而合。

重视启发式教育

季氏将要讨伐颛臾。冉有、季路来见孔子说："季氏将要对颛臾使用兵力。"孔子说："冉求！难道不该责备你吗？颛臾，先王曾封它为东蒙山主持祭祀的，而且又在鲁国境域之内，是守卫社稷的臣啊！为什么要去讨伐它呢？"冉有说："季氏要这么做，我们两人不愿意这样做呀！"

孔子说："冉求！古代史官周任有一句话说：'能施展自己能力就在位上，不能的就罢休。'国家倾危而不能相持，颠覆而不能扶正，那还用你们这些相干什么呢？况且你的话本身就错了，老虎和犀牛从槛里跑出来，龟甲和美玉毁坏在匣子里，是谁的过错呢？冉有说："如今颛臾，城墙坚固而又接近季氏的采邑费地。现在不攻取它，必定为后代子孙留下祸患。"

冉求

孔子说："冉求！君子讨厌不说自己贪心，而一定要另找托词。我听说有国有家的人，不担忧人少而担忧不平均，不担忧贫穷而担忧不安定。人人均等便没有贫穷，和平安定便不觉得人少，国家平定便没有倾危。如果能做到这样，远方的人还不归服，就用修正礼乐仁德来招致他们。他们已经来了，就安抚他们。如今冉求和仲由，辅佐季孙，颛臾不能归服也不能招致来，国家分裂而又不能守卫，却想在国境内使用武力，我担心季孙的忧患不在颛臾，而在自己家的宫墙之内了。"

孔子面对季氏将代颛臾，而冉有和季路却没有尽到劝阻的责任，反而认识不到其中的利害关系。孔子通过一步步的提问，诱导他们，使他们认识到自己的错误和季氏伐颛臾的危害。这正是孔子教育思想的体现。

读书学习是老师和学生双向交流的过程，老师固然起指导作用，但学生才是主体，作为学生掌握知识的过程，老师只是外因，学生自己的主观能动性才是内因。学生自己不主动学、主动思考，单凭老师“灌”是学不好的。必须想方设法去引导学生发挥主观能动性，即想办法刺激他，“刺”出“激愤”的心情；想法设疑、设问，引起学生“怀疑”，进而做深入的思考。只有这样才能有最佳的教学效果。

孔子在他长期的教学实践中认识到，要使学生获得广大博深的学问和知识，就必须依靠学生好学、乐学，依靠学生自觉地思考。于是他提出了“不愤不启，不悱不发，举一隅不以三隅反，则不复也”的著名思想。我们现在所使用的“启发”一词即从此而来。“举一反三”的成语亦从此而来。所谓“愤”，“心求通而未得之意”，即心里想通还未完全通的时候；所谓“悱”，“口欲言而未能之貌”，即口里想说还未完全表达的时候。孔子的意思是说，当学生对某一问题积极地进行思考，心里想通但还没有完全想通的时候给予启发；当学生对某一问题思考已有所得，但还不十分准确，还不能完全表达出来的时候给予开导。比如一个四方的东西，已经对他讲了一个角，如果他不能据此推知其余三个角，那就不必再讲了，因此这说明：每个学生没有主动积极的思考，仅靠教师讲授是没有意义的。总起来说，就是教师在教学中要善于观察学生，调查研究，当学生欲知而不知，想说又说不出时，就是他们心理上产生了“愤”、“悱”，这时他们的注意力是集中的，思维是敏锐的，想象是活跃的，教师略加启发诱导就可豁然开朗，达到最佳的教学效果。

孔子启发式教学，符合人类的认识规律，尊重学生学习的自觉性与积极性，提高了教学效果，推动了教学工作的进步。这比古希腊教育家苏格拉底的“启发式谈话法”，不仅早了将近百年，就其内容来说也要丰富得多。

泰伯篇第八

【原文】

子曰："泰伯[①]，其可谓至德也已矣。三以天下让，民无得而称焉。"

【注释】

①泰伯：周代始祖古公亶父的长子。

【译文】

孔子说："泰伯可以说是品德最高尚的人了，他多次把王位让给季历，老百姓简直找不到合适的词句来称赞他。"

【原文】

子曰："恭而无礼则劳，慎而无礼则葸[①]，勇而无礼则乱，直而无礼则绞[②]。君子笃[③]于亲，则民兴于仁，故旧不遗，则民不偷。"

【注释】

①葸：音 xǐ，拘谨，畏惧的样子。②绞：说话尖刻，出口伤人。③笃：厚待、真诚。

【译文】

孔子说："态度谦恭而没有礼就会劳倦；行为谨慎而没有礼就会畏怯；刚强勇猛而没有礼就会作乱：直率坦诚而没有礼就会说话尖刻。君子如果厚待亲族，老百姓就会按仁德来行动：君子如果不忘故旧，老百姓的人情就不会淡薄。"

【原文】

曾子有疾，召门弟子曰："启[①]予足！启予手！诗云[②]：'战战兢兢，如

临深渊，如履薄冰。’而今而后，吾知免夫，小子！”

【注释】

①启：开启，曾子让学生掀开被子看自己的手脚。②诗云：以下三句引自《诗经·小雅·小旻》篇。

【译文】

曾子病重，把他的弟子召集到身边来，说道：“你们看一下我的脚！看一下我的手（看看有没有损伤）！正如《诗经》上说：‘小心谨慎，如同面临深渊，又像踩在薄冰上面。’从今以后，我可以免于灾难了，弟子们记住了！”

【原文】

曾子有疾，孟敬子①问之。曾子言曰：“鸟之将死，其鸣也哀；人之将死，其言也善。君子所贵乎道者三：动容貌，斯远暴慢矣；正颜色，斯近信矣；出辞气②，斯远鄙倍矣。笾豆之事③，则有司存。”

【注释】

①孟敬子：即鲁国大夫孟孙捷。②出辞气：出言，说话。指注意说话的言辞和口气。③笾豆之事：笾（音 biān）和豆都是古代祭祀和典礼中的用具。

【译文】

曾子病了，孟敬子去看望他。曾子说：“鸟将死时的叫声是悲哀的；人快死了，他说的话是善意的。君子所重视的道有三个方面：注意的自己容貌，就可以避免粗暴、放肆；端正自己的脸色，这样就接近于诚信；注意自己说话的言辞语气，这样就可以避免粗野和不正确。至于祭祀和礼仪，自有主管这些事务的官吏来负责。”

【原文】

曾子曰：“以能问于不能，以多问于寡，有若无，实若虚；犯而为

校[①]——昔者吾友尝从事于斯矣。”

【注释】

①校：音 jiào，同较，计较。

【译文】

曾子说：“以自己的多才多能却能向没有才能的人请教，以自己的多知却能向少知的人请教，有学问却像没学问一样；很充实却好像很空虚；被人冒犯却也不计较——从前我的朋友曾经做过这样的事情。”

【原文】

曾子说：“可以托六尺之孤[①]，可以寄百里之命[②]，临大节而不可夺也。君子人与？君子人也。”

【注释】

①托六尺之孤：孤：死去父亲的小孩叫孤，六尺指十五岁以下，古人以七尺指成年。②百里之命：指掌握国家政权和命运。

【译文】

曾子说：“可以把年幼的孤儿托付给他，可以把国家的命运托付给他，面临重大考验而其气节不改。这是君子一类的人吗？是君子一类的人啊！”

【原文】

曾子曰：“士不可以不弘毅[①]，任重而道远。仁以为己任，不亦重乎？死而后已，不亦远乎？”

【注释】

①弘毅：弘，广大。毅，强毅。

【译文】

曾子说：“读书人不可以不心胸宽广和意志坚强，因为他责任重大而且道路遥远。他们把实现仁德作为自己的任务，难道还不重大吗？他奋斗终生，死而后已，难道路程还不遥远吗？”

【原文】

子曰：“兴[①]于诗，立于礼，成于乐。”

【译文】

孔子说："用《诗经》激励志气，用礼作为行为规范的立足点，用音乐来陶冶性情，完成人格修养。"

【原文】

子曰："民可使由之，不可使知之。"

【译文】

孔子说："老百姓可以使他们按照我们的意见去做，不容易使他们懂得为什么要这样做。"

【原文】

子曰："好勇疾[①]贫，乱也。人而不仁，疾之已甚，乱也。"

【注释】

①疾：恨、憎恨。

【译文】

孔子说："喜好勇力而又恨自己太穷困，就会犯上作乱。对于不仁的人痛恨太过分，也会出乱子。"

【原文】

子曰："如有周公之才之美，使骄且吝，其余不足观也已。"

【译文】

孔子说："一个人即使有周公那样的才能和仪表，如果骄傲自大而又吝啬小气，那其他方面也就不值得一看了。"

【原文】

子曰："三年学，不至于谷[①]，不易得也。"

【注释】

①谷：古代以谷作为官吏的俸禄，这里用"谷"字代表做官。不至于谷，即做不了官。

【译文】

孔子说："学了三年而不求做官，是难得的。"

【原文】

子曰："笃信好学，守死善道，危邦不入，乱邦不居。天下有道则见①，无道则隐。邦有道，贫且贱焉，耻也；邦无道，富且贵焉，耻也。"

【注释】

①见：音 xiàn，同现。

【译文】

孔子说："一个人应该有坚定信念和好学的精神，应该用生命去捍卫那些完善的治国做人的原则，不要进入政局危机的国家，不要居住在纲纪紊乱的国家。世上政治清明就出来做官，世上政治黑暗就隐居不仕。国家政治清明而自己贫贱，这是耻辱；国家政治黑暗而自己富贵，也是耻辱。"

【原文】

子曰："不在其位，不谋其政。"

【译文】

孔子说："不在那个职位上，就不考虑那个方面的事。"

【原文】

子曰："师挚之始①，《关雎》之乱②，洋洋乎盈耳哉！"

【注释】

①师挚之始：师挚是鲁国的太师。"始"是乐曲的开端，即序曲。古代奏乐，开端叫"升歌"，一般由太师演奏，师挚是太师，所以这里说是"师挚之始"。②《关雎》之乱："始"是乐曲的开端，"乱"是乐曲的终了。"乱"是合奏乐。此时奏《关雎》乐章，所以叫"《关雎》之乱"。

【译文】

孔子说："从太师挚开始演奏，到演奏《关雎》结束，多么美妙啊，那盈耳的乐曲。"

【原文】

子曰："狂而不直，侗①而不愿②，悾悾③而不信，吾不知之矣。"

【注释】

①侗：音 tóng，幼稚无知。②愿：谨慎、小心、朴实。③悾悾：音 kōng，同空，诚恳的样子。

【译文】

孔子说："激进而又不直爽，幼稚而又不朴实，无知而又不守信用，这样的人，我真不知道他是怎么一回事。"

【原文】

子曰："学如不及，犹恐失之。"

【译文】

孔子说："学习知识就像追赶什么东西怕赶不上那样急迫，学到以后还恐怕忘掉。"

【原文】

子曰："巍巍乎，舜禹①之有天下也而不与焉！"

【注释】

①舜禹：舜是传说中的圣君明主。禹是夏朝的第一个国君。传说古时代，尧禅位给舜，舜后来又禅位给禹。

【译文】

孔子说："伟大崇高啊！舜和禹得到了天下，而他们不以权位去谋取私利。"

【原文】

子曰："大哉尧之为君也！巍巍乎，唯天为大，唯尧则①之。荡荡乎，民

无能名[②]焉。**巍巍乎，其有成功也，焕乎其有文章。**

【注释】

①则：效法、为准。②名：形容、称说。

【译文】

孔子说："真伟大啊！尧这样的君主。多么崇高啊！只有天最高大，只有尧能够效法天。他的恩德多么广大啊，百姓们不知道怎么样称赞他。他取得的功绩。多么光辉呀，他制定的礼仪制度。"

【原文】

舜有臣五人[①]而天下治。武王曰："予有乱臣十人。"孔子曰："才难，不其然乎？唐虞之际[②]，于斯为盛，有妇人焉[③]，九人而已。三分天下有其二，以服事殷。周之德，其可谓至德也已矣。"

【注释】

①舜有臣五人：传说是禹、稷、契、皋陶、伯益等人。契：音 xiè；陶：音 yáo。②唐虞之际：传说尧在位的时代叫唐，舜在位的时代叫虞。③有妇人焉：指武王的乱臣十人中有武王之妻邑姜。

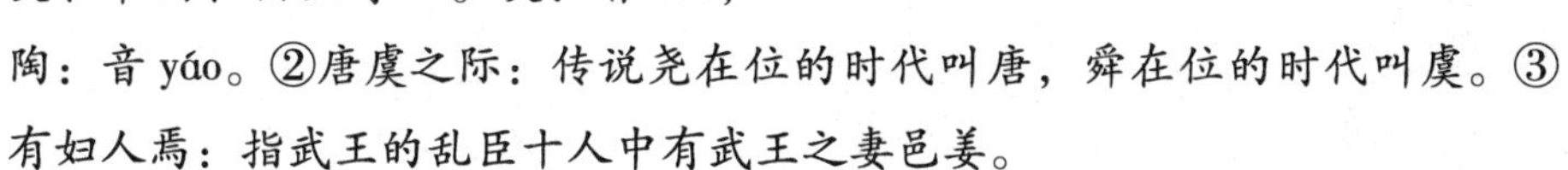

【译文】

舜有五位贤臣而使天下得到治理。周武王说："我有治理国家的大臣十人。"孔子说："人才难得呀，难道不是这样吗？唐尧和虞舜之后及周武王的时代人才最盛。周武王的十个治国大臣当中有一个是妇女，所以实际上只有九个人罢了。周文王得了天下的三分之二，仍然以臣子的态度事奉殷纣王。周文王的道德，可以说是最高标准的了。"

【原文】

子曰："禹，吾无间然矣。非饮食而致孝乎鬼神，恶衣服而致美乎黻

冕[①]；卑宫室而尽力乎沟洫。禹，吾无间然矣。”

【注释】

①黻冕：音 fǔmiǎn，祭祀时穿的礼服叫黻；祭祀时戴的帽子叫冕。

【译文】

孔子说：“对于禹，我没有什么可以批评的了。他自己的饮食很简单而尽力去孝敬鬼神；自己衣服破旧而尽量把祭服做得华美；自己住的宫室很低矮，而致力于修治水利事宜。对于禹，我确实没有什么批评的了。”

【故事】

为朋友要敢于担当

“士为知己者死，女为悦己者容”，这是千古以来知人、用人经验的经典性总结，是万古不易的真理。不仅适用于古代，即使在今天，也没有完全失去其合理性的一面，因为这是人的基本人性之一。

这个道理并不难懂，难懂的是如何才能知人。这就要看个人的德才学识和天分抱负了，而这又并不是人人都能达到很高水平的，就是通过努力也未必能够达到。

春秋战国时期的齐国的晏婴算是一位十分有学识、有水平的人了，甚至在当时的各个诸侯国中都没有人能够超过他，但他对识人之难也屡屡发出慨叹。

齐国有个叫北郭骚的人。他靠编织捕兽的网具、打草鞋赡养母亲，但还是不够，他就亲自登门去见晏子，对他说：“我仰慕先生的仁义，愿向先生乞求一些能养活老母的东西。”晏子派人从仓库里取来钱和粮食送给北郭骚，北郭骚谢绝了钱财，只收下了口粮。

过一段时间，晏子被景公疑忌，他觉得不能在朝廷待下去了，决定离朝廷出走。路过北郭骚家门口时，晏子向他道别。北郭骚沐浴更衣，郑重地与晏子见面，问道：“先生将去哪里呢？”晏子说：“我被大王猜疑，打算出奔逃亡。”北郭骚说：“请您好自为之。”当时没有什么特殊的表示。晏子坐在车上长声叹息说：“我落到出走的地步，难道不是应该的吗？我实在对士人太不了解了啊！这能怨谁呢？”

晏婴

晏子走后，北郭骚立即行动起来，他找来自己的朋友，对他说：“我很敬重晏子的仁义，曾向他乞讨养活老母的东西。我听人们说，对能够供养自己双亲的人，应当亲自替他担当危难。现在晏子被大王疑忌，我应该用生命来为晏子表白。”说完，他穿戴整齐，让朋友拿着宝剑，手捧竹筐，跟着他的后面来到宫廷。他恳求通报人说：“晏子是天下有名的贤人，如今他被国君猜忌，要离开齐国了，齐国必定要因此而受到损害，与其看国家受到损害，不如去死掉。我愿用自己的头颅向大王进谏，表明晏子的清白无辜。”接着又对自己的朋友说：“请把我的头装入竹筐之中，送给国君，表明我的请求。”说罢退下，马上就拔剑自刎而死了。

他朋友把北郭骚的头装进竹筐，对通报的人说：“这就是北郭先生，他为国家的事情而死，我现在要为他而死。”说完也拔剑自刎了。

景公听说后，大惊失色，亲自坐上驿站的马车去追赶晏子，一直追到郊外，才把晏子追上，请他回国都。晏子没有办法，只好跟着景公回来。听说北郭先生以他的生命来为自己表白无辜的事以后，晏子连声叹息说：“我晏婴的出奔逃亡，难道不是应该的吗？我更加知道自己对士人不了解啊！”北郭骚和他的朋友算得上真正的君子，他们为了朋友、为了国家而自愿以死相谏。

当今社会，固然不需要用死来换得什么，但是，这种敢于为正义付出，敢于为朋友担当的精神却是非常值得提倡的。倘能做到这一点，人与人之间的情谊则会更显浓厚。

有道则见，无道则隐

在儒家看来，一个真正实践仁道的人，其追求是不受时代、环境影响，能够一直坚持下去的自己的思想原则。但是，他并不是固执的，而是在危乱的时候就隐居起来，在天下有序的时候再出来。因为世道乱的时候社会上的思想也必然是混乱的。

但从总体上来看，孔子还是认为，一个读书人就应该对社会国家有所贡献，即使在乱世的时候，也“知其不可而为之”，竭尽自己的力量去挽救社会。这表现了儒家的“入世”思想。与此相对应，道家的思想则更着重于隐居，所以历史上持道家思想的人物，更经常是“无道则隐”。儒家与道家思想互补，是有区别的。

唐玄宗李隆基

唐玄宗在他执政的前二十多年里是个有作为的好皇帝，任用过好几个有名的贤相，像宋璟、张说、韩休、张九龄等，他也比较肯接受宰相和大臣们的正确意见，采取了一些有利于经济发展的措施。这个时期唐朝国力强盛，财政充裕。据说，当时各州县的仓库里都堆满了粮食和布帛，长安和洛阳的米和帛价格都跌得很低。历史上把这段时期称为“开元之治”（“开元”是唐玄宗前期的年号）。

唐玄宗61岁那年，宠爱上了年轻的杨贵妃。杨贵妃是个少见的美人，而且生得聪明伶俐，懂得音乐。唐玄宗、杨贵妃每天饮酒作乐，少不了叫人奏奏音乐，唱唱歌曲，但是宫里原来的一些老歌词都听腻了，他想找人来给他填点新歌词。

大臣贺知章在唐玄宗面前说，长安新来了一个大诗人，名叫李白，是个天才，无论做诗写文章，都十分出色。唐玄宗也早就听到过李白的名声，就吩咐贺知章通知李白进宫。

李白，字太白，是唐代最著名的大诗人之一。他从小博览群书，性格豪放，除读书之外，还练得一手好剑。李白二十多岁起，为了增长见识，到各地游历。他不仅到过长安、洛阳、金陵、江都许多大城，还到过洞庭、庐山、会稽等许多名山胜地。由于他见识广博，加上才识过人，因此，在诗歌写作上有了杰出的成就。李白是个有政治抱负的人，他生性高傲，对当时官场上的腐朽风气很不满意，希望得到朝廷任用，让他有机会施展政治上的才干。这一次到长安来，听到唐玄宗召见他，也很高兴。李白得到了唐玄宗的征召，便“仰天大笑出门去”，以为自己得到明主的赏识，即将有一番大的作为。

李白

初到长安时，李白通过好友元丹丘认识了玄宗的妹妹，即道士持盈法师（即玉真公主）。据说，也信奉道教的名诗人贺知章曾慕名专访李白，李白示以《蜀道难》长诗，贺知章还没有读完，就连着称赞了四次，赞他是“天上谪仙人也”，于是解金龟换酒，两人皆醉。由于这些名人的称誉，李白诗名在长安“期不间日”，显赫一时。

玄宗在听了玉真公主和贺知章的赞誉后，亲自隆重地接见了李白。据说，当时玄宗接待李白就像汉高祖接待“商山四皓”一样，“以七宝床赐食，御手调羹以饭之”。随后，李白就被安置在翰林院，特许为翰林供奉。据有些书记载，这时期，李白曾为玄宗写过《出师诏》与《和番书》等外交文件，作过《大猎赋》等劝谏玄宗“居安思危、防险戒逸”的文章。这说明，李白针对时弊，在贡献自己的政治才能方面是作过一定努力的。

遗憾的是，玄宗这时已日趋昏庸，他只是为满足个人风雅的享乐而把李白当做御用文人来看待。结果，李白的傲岸使权臣贵戚不快，而玄宗也很快地感觉到李白的不驯服，从而逐渐将他疏远了。民间所传“高力士为李白脱靴”的故事，正可以用来说明李白傲岸的性格以及必然招致毁谤与排斥的结局。徘徊在“立功”与“隐逸”之间的李白，以悲壮的语调写下了《行路难》三首惊人的诗作：“行路难，行路难，多歧路，今安在？”“昭王白骨萦蔓草，谁人更扫黄金台？”“且乐生前一杯酒，何须身后千载名！”“行路难，归去来！”

李白看出在唐玄宗周围，都是一些像李林甫、高力士那样的趋炎附势的小人；他在唐玄宗身边，不过帮玄宗解闷散心，要想政治上有所作为是不可能的。到了第二年春天，李白下决心离开长安，就上了一道奏章，请求辞官还家。唐玄宗顺水推舟批准了他的要求，为了表示他爱才，还赐给李白一笔钱，送他回家。

李白离开长安以后，重新过着自由自在的生活，有的时候隐居读书，有的时候周游各地。在这些日子里，他写下了许多讴歌祖国壮丽山河的诗篇。李白的许多诗篇表现了他豪放的气概、丰富的想象和热烈的感情，成为我国文学史上的不朽名作。他也被称为我国诗歌史上的“诗仙”。

要有救国救民之心

孔子讲求仁道，精神就在于要以仁爱的态度来对待国家、社会和别人，为此就要承当起救世救人的责任。这种责任在人生的路途上，在历史的道路上，没有停止的时候，要一直到死。所以读书人必须对此做好准备，也以此作为自己学问修养的目的。

楚国自从被秦国打败以后，一直受秦国欺负，楚怀王又想重新和齐国联合。秦昭襄王即位以后，很客气地给楚怀王写信，请他到武关相会，当面订立盟约。

楚怀王接到秦昭襄王的信后，不去呢，怕得罪秦国；去呢，又怕出危险。他就跟大臣们商量。大夫屈原对楚怀王说：“秦国强暴得像豺狼一样，咱们受秦国的欺负不止一次了。大王一去，准上他们的圈套。”

可是怀王的儿子公子子兰却一个劲儿劝楚怀王去，说：“咱们为了把秦国当做敌人，结果死了好多人，又丢了土地。如今秦国愿意跟咱们和好，怎么能推辞人家呢。”楚怀王听信了公子子兰的话，就上秦国去了。

果然不出屈原所料，楚怀王刚踏进秦国的武关，立刻被秦国预先埋伏下的人马截断了后路。在会见时，秦昭襄王逼迫楚怀王把黔中的土地割让给秦国，楚怀王没答应。秦昭襄王就把楚怀王押到咸阳软禁起来，要楚国大臣拿土地来赎才放他。

楚怀王

楚国的大臣们听到国君被押，便把太子立为新的国君，拒绝割让土地。这个国君就是楚顷襄王。公子子兰当了楚国的令尹。

楚怀王在秦国被押了一年多，吃尽苦头。他冒险逃出咸阳，又被秦国派兵追捕了回去。他连气带病，没有多久就死在秦国。

楚国人因为楚怀王受秦国欺负，死在外头，心里很不平。特别是大夫屈原，更是气愤。他劝楚顷襄王搜罗人才，远离小人，激励将士，操练兵马，为国家和怀王报仇雪耻。

可是他这种劝告不但不顶事，反倒招来了令尹子兰和靳尚等人的仇视。他们天天在顷襄王面前说屈原的坏话。

他们对楚顷襄王说：“大王没听说屈原数落您吗？他老跟人家说：大王忘了秦国的仇恨，就是不孝；大臣们不主张抗秦，就是不忠。楚国出了这种不忠不孝的君臣，哪儿能不亡国呢？大王，你想想这叫什么话！”

楚顷襄王听了大怒，把屈原革了职，放逐到湘南去。屈原抱着救国救民的志向，富国强民的打算，反倒被奸臣排挤出去，简直气疯了。他到了湘南以后，经常在汨罗江一带，一边走、一边唱着悲伤的歌。

附近的庄稼人知道他是一个爱国的大臣，都挺同情他。这时候，有一个经常在汨罗江上打鱼的渔父，很佩服屈原的为人，但就是不赞成他那愁闷的样子。

有一天，屈原在江边遇见渔父。渔父对屈原说："您不是楚国的大夫吗？怎么会弄到这等地步呢？"

屈原说："许多人都是肮脏的，只有我是个干净的人；许多人都喝醉了，只有我还醒着。所以我被赶到这儿来了。"

渔父不以为然地说："既然您觉得别人都是肮脏的，就不该自命清高；既然别人喝醉了，您又何必独自清醒呢！"

屈原

屈原反对说："我听人说过，刚洗过头的人总要把帽子弹弹，刚洗过澡的人总是喜欢掸掸衣上的灰尘。我宁愿跳进江心，埋在鱼肚子里去，也不能拿自己干净的身子跳到污泥里，去染得一身脏。"

屈原不愿意随波逐流地活着，到了周赧王三十七年五月初五那天，终于抱着一块大石头，跳到汨罗江里自杀了。

附近的庄稼人得到这个信儿，都划着小船去救屈原。可是一片汪洋大水，哪儿有屈原的影儿？大伙儿在汨罗江上捞了半天，也没有找到屈原的尸体。

渔父很难受，他对着江面，把竹筒子里的米撒了下去，算是献给屈原的。到了第二年五月初五那一天，当地的百姓想起这是屈原投江一周年的日子，又划了船把竹筒子盛了米撒到水里去祭祀他。后来，他们又把盛着米饭的竹筒子改为粽子，划小船改为赛龙船。这种纪念屈原的活动渐渐成为一种风俗，人们把每年农历五月初五称为端午节。传统的端午节，据说就是这样来的。

屈原死后，留下了一些优秀的诗歌，其中最有名的是《离骚》。他在诗歌里，痛斥卖国的小人，表达了他忧国忧民的心情，对楚国的一草一木，都寄托了无限的深情。

子罕篇第九

【原文】

子罕言利与命与仁。

【译文】

孔子很少谈到利益、天命和仁德。

【原文】

达巷党人[①]曰："大哉孔子！博学而无所成名。"子闻之，谓门弟子曰："吾何执？执御乎？执射乎？吾执御矣。"

【注释】

①达巷党人：古代五百家为一党，达巷是党名。这是说达巷党这地方的人。

【译文】

达巷党的一个人说："孔子真伟大啊！他学问渊博，因而不能以某一方面的专长来称赞他。"孔子听说了，对他的学生说："我要专长于哪个方面呢？赶车呢？还是射箭呢？我还是赶车吧。"

【原文】

子曰："麻冕[①]，礼也；今也纯，俭，吾从众。拜下[②]，礼也；今拜乎上，泰[③]也。虽违众，吾从下。"

【注释】

①麻冕：麻布制成的礼帽。②拜下：大臣面见君主前，先在堂下跪拜，再到堂上跪拜。③泰：这里指骄纵、傲慢。

【译文】

孔子说："用麻布做礼帽，符合古礼。现在用黑丝绸作礼帽，比较节俭。我赞成现在众人的做法。（臣见国君）首先要在堂下跪拜行礼，符合古礼。现在不先在堂下跪拜，而是到堂上跪拜，这是轻慢的表现。虽然违反众人的做法，我还是赞成先在堂下行跪拜礼。"

【原文】

子绝四——毋[①]意[②]，毋必，毋固，毋我。

【注释】

①毋：同"无"。②意：同"臆"，猜想、猜疑。

【译文】

孔子杜绝了这四种毛病：他不凭空猜测，不绝对肯定，不拘泥固执，不自以为是。

【原文】

子畏于匡[①]，曰："文王既没，文不在兹乎？天之将丧斯文也，后死者不得与[②]于斯文也；天之未丧斯文也，匡人其如予何？"

【注释】

①畏于匡：匡，地名，在今河南省长垣县西南。畏，受到威胁。公元前496年，孔子从卫国到陈国去经过匡地。匡人曾受到鲁国阳虎的掠夺和残杀。孔子的相貌与阳虎相像，匡人误以孔子就是阳虎，所以将他围困。②与：同"举"，这里是掌握的意思。

【译文】

孔子在匡地遇险，他说："周文王去世以后，礼乐典制不在我这里吗？上天将要使他们沦丧，我这后死的人就不会掌握他们了；上天若不使他们沦丧，匡人能把我怎么样呢？"

【原文】

太宰[1]问于子贡曰："夫子圣者与？何其多能也？"子贡曰："固天纵之将圣，又多能也。"子闻之，曰："太宰知我乎？吾少也贱，故多能鄙事。君子多乎哉？不多也。"

【注释】

①太宰：官名，掌握国君宫廷事务。这里的太宰，有人说是吴国的太宰伯，但不能确认。

【译文】

太宰问子贡说："孔夫子是位圣人吧？为什么这样多才多艺呢？"子贡说："这本来是上天要让他成为圣人，又使他多才多艺。"孔子听到这些话，后说："太宰哪里了解我呢？我小时候贫贱，所以会干许多卑贱的技艺。一般的君子会干这么多的技艺吗？不会有这么多的。"

【原文】

牢[1]曰："子云，'吾不试，故艺'。"

【注释】

①牢：郑玄说此人系孔子的学生，但在《史记·仲尼弟子列传》中未见此人。

【译文】

子牢说："孔子说过，'我没有被任用做官，所以会许多技艺'。"

【原文】

子曰："吾有知乎哉？无知也。有鄙夫[1]问于我，空空如也。我叩其两端而竭焉。"

【注释】

①鄙夫：孔子称乡下人、社会下层的人。

【译文】

孔子说："我有知识吗？其实没有知识。有一个乡下人问我，我对他谈的问题本来一无所知。我从他问的问题正反两方面加以盘问，得到答案后尽量告诉他。"

【原文】

子曰：“凤鸟[1]不至，河不出图[2]，吾已矣夫！”

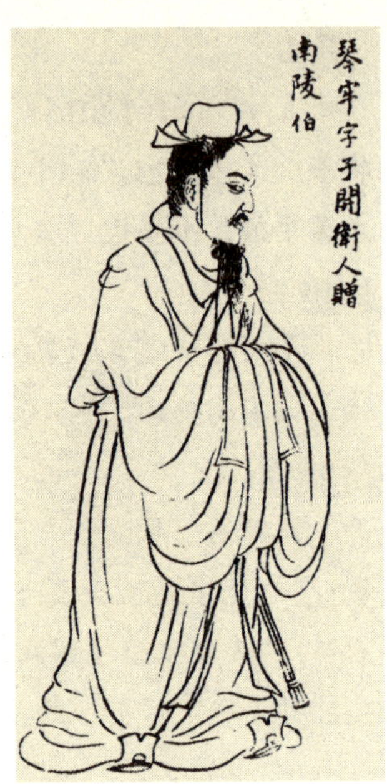

【注释】

①凤鸟：古代传说中的一种神鸟。传说凤鸟在舜和周文王时代都出现过，它的出现象征着“圣王”将要出世。②河不出图：传说在上古伏羲氏时代，黄河中有龙马背负八卦图而出。它的出现也象征着“圣王”将要出世。

【译文】

孔子说：“凤鸟不来了，黄河中不再出现八卦图了。我这一生也就算了吧！”

【原文】

子见齐衰[1]者，冕衣裳者[2]与瞽[3]者，见之，虽少，必作；过之，必趋。

【注释】

①齐衰：音 zīcuī，丧服，古时用麻布制成。②冕衣裳者：冕，官帽；衣，上衣；裳，下服，这里统指官服。冕衣裳者指贵族。③瞽：音 gǔ，盲人。

【译文】

孔子遇见穿丧服的人，戴礼帽穿礼服的人和盲人，只要见到他们，即使年轻，孔子也一定站起身来；经过他们面前时，一定恭敬地迈小步快快走过。

【原文】

颜渊喟[1]然叹曰：“仰之弥高，钻之弥坚，瞻[2]之在前，忽焉在后。夫子循循然善诱人，博我以文，约我以礼，欲罢不能。即竭吾才，如有所立卓尔。虽欲从之，末由也已。”

【注释】

①喟：音 kuì，叹息的样子。②瞻：音 zhān，视、看。

【译文】

颜渊叹息道："老师的学识，抬头仰望，更加觉得高；努力钻研，更加觉得深。看着它好像在前面，忽然又像在后面。老师善于一步一步地诱导我，用各种典籍来丰富我的知识，用各种礼节来约束我的行为，使我想停止前进都不可能。我已经用尽了自己的才力。知识好像一个高大的东西立在我前面，我想攀登上去，却不知从什么地方上去。"

【原文】

子疾病，子路使门人为臣①。病间，曰："久矣哉，由之行诈也。无臣而为有臣。吾谁欺？欺天乎？且予与其死于臣之手也，毋宁死于二三子之手乎？且予纵不得大葬，予死于道路乎？"

【注释】

①为臣：臣，指家臣，总管。孔子当时不是大夫，没有家臣，但子路叫门人充当孔子的家臣，准备由此人负责总管安葬孔子之事。

【译文】

孔子病重，子路让门人用家臣的身份为孔子准备后事。孔子的病好了一些，他生气地说："仲由做这种事很长时间了吧。我明明没有家臣，却偏偏要装作有家臣，我骗谁呢？我骗上天吧？我与其在家臣的侍候下死去，还不如在你们这些学生的侍候下死去，这样不是更好吗？而且即使得不到大夫式的葬礼，难道会死在路上吗？"

【原文】

子贡曰："有美玉于斯，韫匮①而藏诸？求善贾②而沽诸？"子曰："沽之哉，沽之哉！我待贾者也。"

【注释】

①韫匵：音 yùndú，收藏物件的柜子。②贾：商人。又同"价"，价钱。

【译文】

子贡说："这里有一块美玉，是把它收藏在柜子里呢？还是找一个识货的商人卖掉呢？"孔子说："卖掉吧，卖掉吧！我是在等着识货的人呢。"

【原文】

子欲居九夷[①]。或曰："陋，如之何？"子曰："君子居之，何陋之有？"

【注释】

①九夷：中国古代对于东方少数民族的通称。

【译文】

孔子想到九夷去居住。有人说："那里落后闭塞，怎么能住呢？"孔子说："君子住到那里去，还有什么落后呢？"

【原文】

子曰："吾自卫反鲁[①]，然后乐正[②]，雅颂[③]各得其所。"

【注释】

①自卫反鲁：公元前484年（鲁哀公十一年）冬，孔子从卫国返回鲁国，结束了十四年游历不定的生活。②乐正：调整乐曲的篇章。③雅颂：这是《诗经》中两类不同的诗的名称。也是指雅乐、颂乐等乐曲名。

【译文】

孔子说："我从卫国返回到鲁国，乐才得到整理，雅乐和颂乐各自有了它们应有的位置。"

【原文】

子曰："出则事公卿，入则事父兄，丧事不敢不勉，不为酒困，何有于我哉。"

【译文】

孔子说："出外便侍奉国君和大臣，在家便侍奉父母兄长，有丧事不敢不尽力去办，饮酒不被酒所醉倒，这些事我做到了哪些了呢？"

【原文】

子在川上曰：“逝者如斯夫，不舍昼夜。”

【译文】

孔子在河边，叹道：“消逝的时光就像这河水一样啊，日夜不停地流去。”

【原文】

子曰：“吾未见好德如好色者也。”

【译文】

孔子说：“我没有见过喜爱道德像爱好女色一样的人啊。”

【原文】

子曰：“譬如为山，未成一篑[①]，止，吾止也；譬如平地，虽覆一篑，进，吾往也。”

【注释】

①篑：音 kuì，土筐。

【译文】

孔子说：“譬如用土堆山，只差一筐土就完成了，这时停下来，是我自己要停的；又譬如在平地上，虽然只是倒了一筐土，这时继续前进，也是我自己要前进的。”

【原文】

子曰：“语之而不惰者，其回也与！”

【译文】

孔子说：“听我讲课而始终不懈怠的，大概只有颜回一个人吧！”

【原文】

子谓颜渊曰：“惜乎！吾见其进也，未见其止也。”

【译文】

孔子谈到颜渊时说：“这个人死得可惜呀！我只见他不断前进，从来没有看见他停止过。”

【原文】

子曰：“苗而不秀[1]者有矣夫；秀而不实者有矣夫！”

【注释】

①秀：稻、麦等庄稼吐穗扬花叫秀。

【译文】

孔子说：“庄稼只长苗而不吐穗开花的，有过的啊！只吐穗开花却不凝浆结果的，有过的啊！”

【原文】

子曰：“后生可畏，焉知来者之不如今也？四十、五十而无闻焉，斯亦不足畏也已。”

【译文】

孔子说：“年轻人是可怕的，怎么知道他们将来不如现在我们这一辈呢？如果一个人到了四五十岁仍然默默无闻，那也就不值得惧怕了。”

【原文】

子曰：“法语之言[1]，能无从乎？改之为贵。巽与之言，能无说[2]乎？绎[3]之为贵。说而不绎，从而不改，吾末如之何也已矣。”

【注释】

①法语之言：法，指礼仪规则。这里指以礼法规则正言规劝。②说：音yuè，同“悦”。③绎：原意为“抽丝”，这里指推究，追求，分析，鉴别。

【译文】

孔子说：“符合道理的话，能不听从吗？但（只有按它来）改正自己的错误才是可贵的。恭顺赞许的话，能不让人高兴吗？但只有认真分析、鉴别它（的真伪是非），才是可贵的。如果高兴而不分析鉴别，只听从而不改正错误，（对这样的人）我实在是没有什么办法了。”

【原文】

子曰："主忠信，毋友[①]不如己者，过则勿惮改。"

【注释】

①毋：同"无"，不要。友：做被动词用，交朋友。

【译文】

孔子说："最主要的是忠信。不要和不如自己的人结交，有了错误就不要怕改正。"

【原文】

子曰："三军[①]可夺帅也，匹夫[②]不可夺志也。"

【注释】

①三军：一万二千五百人为一军，三军包括大国所有的军队。此处言其多。②匹夫：平民百姓，主要指男子。

【译文】

孔子说："三军的统帅可以被人抓去，一个人的志气不能被人强迫改变。"

【原文】

子曰："衣[①]敝缊袍[②]，与衣狐貉者立而不耻者，其由也与？'不忮不求[③]，何用不臧？'"子路终身诵之。子曰："是道也，何足以臧？"

【注释】

①衣：穿，当动词用。②敝缊袍：敝，坏；缊（音 yùn）旧的丝棉絮。这里指破旧的丝棉袍。③不忮不求，何用不臧：这两句见《诗经·邶风·雄雉》篇。忮（音 zhì）害的意思。臧，善，好。

【译文】

孔子说："穿着破旧的丝棉袍子和穿着狐貉皮袍的人站在一起，而不觉得惭愧的，恐怕只有仲由吧。(《诗经》上说:)'不嫉妒，不贪求，为什么说不好呢？'"子路听后，反复背诵这两句诗。孔子又说："仅仅这个样子，怎么能够好的起来呢？"

【原文】

子曰："岁寒，然后知松柏之后凋也。"

【译文】

孔子说："天冷了，然后才知道松柏比所有的树木都凋落得晚啊。"

【原文】

子曰："知者不惑，仁者不忧，勇者不惧。"

【译文】

孔子说："聪明人不会迷惑，有仁德的人不会忧愁，勇敢的人不会畏惧。"

【原文】

子曰："可与共学，未可与适道[1]；可与适道，未可与立；可与立，未可与权。"

【注释】

①适：往。这里含有达到，学到的意思。道：指真理。

【译文】

孔子说："可以一起学习的人，未必可以一起学到道；可以一起学到道的人，未必可以一起坚守道；可以一起坚守道的人，未必可以一起通权达变。"

【原文】

"唐棣[1]之华，偏[2]其反[3]而。岂不尔思，室是远而。"子曰："未之思也，夫何远之有？"

【注释】

①唐棣：一种植物，属蔷薇科，落叶灌木。②偏：同"翩"。③反：通"翻"。

【译文】

有一首诗这样写道："唐棣树的花啊，翩翩摇摆。我岂能不想念你呢？只是你住的地方太远了。"孔子说："这是没有真正想念啊，（如果真的想念）有什么遥远不遥远呢？"

【故事】

坚持就是胜利

许许多多的成功者都是历经磨难、忍辱负重，终成大器。1935 年，纳粹分子的魔爪伸向了德国的政权，身为普鲁士参议院院长及科隆市市长的阿登纳，一夜之间就被宣布为“人民的敌人”而轰下台去。

科隆市的公共汽车上贴起了“赶走阿登纳”的标语，熟人碰到他都转过身去面对别处。罗姆暴乱时，阿登纳被秘密警察逮捕。同时，住在附近的退休总理施莱歇和妻子被以“试图逃跑”的借口枪杀。

阿登纳被关在处决室里，每天听着死亡的声音从头顶呼啸而过。在这样艰难的情况下，他仍默默地在心里写下了“深深地忍耐，但是决不低头”。后来，他差点被送进灭绝人性的集中营。当他在同情者的帮助下装病逃跑后，盖世太保又通过对他的妻子、儿女的严刑逼供重新抓住了他。就在他和妻子的银婚纪念日，这对老夫妻被一起关进了监狱。

监狱中的阿登纳从未放弃对自由的渴望，他默默等待着光明的到来。即使是在最黑暗的日子里，他仍在心中默念“深深的忍耐，但是决不低头”。

就这样，他的漫长等待终于迎来了光明，他熬过了挫折和黑暗，成为联邦德国第一任总理。

坚持意味着成功，丝毫的放松都会导致功亏一篑。坚持和等待不是浪费时间，而是人生的学习机会。坚持是比金钱更有价值的事情。不能轻言放弃这是你生命中黄金一样珍贵的想法，正是它，引导你一步步接近梦想殿堂。

汤姆是一家广告公司的职员，投入工作之后，他先对公司的广告客户进行了一次细致的统计和区分，然后选出二十家作为自己的目标。那二十家公司都是其他业务员谈过，但不成功的公司，汤姆相信自己能行。

他对那二十家公司做了细致的背景调查，然后开始走访那些客户。第一天，他谈成了一家，两周后又有五家。一个月之后，除了一家公司坚决地拒绝外，其他公司都在他那里投了广告。第二个月，他没有去寻找新客户。他到了那家坚决拒绝的公司，拜访了老总。但是那位老总依然表示拒绝。汤姆像根本没听到这个字，第二天，他又去了那家公司。老总仍然没有同意，此后，汤姆每天都去，一直到第三十天，老总终于说：“你浪费这么多时间在这里，你觉得值得吗?”汤姆说：“我没有浪费时间，而是在学习坚持不懈，而你就是我的老师。”老总终于被他打动了。

精诚所至，金石为开。坚持不懈有着这样的力量，可以撼动一个人山石一样的决心。它是人生最重要的功课之一，人们常常要为它付出高昂的学费。

这是一条永恒的成功原则：轻言放弃功亏一篑。

真正能够成功的人，不管有了怎样周密的计划，都需要认识到人都有一段除了忍耐以外再也没有任何方法可以度过的阶段。我们必须做好这种心理准备。但对我们来说，最危险的是，我们会在这期间灰心。

真的英雄皆能坚强不屈

在寒冬季节，所有的草木都凋零了，只有松柏永远是碧绿的。生活中也是一样，人只有在艰苦的环境中才能看出其真正的品格。历史上的那些仁人志士，处于恶劣的环境中却保持着坚强不屈的品格。这正是我们常常说的“疾风知劲草，板荡识忠臣”。

安史之乱后，唐王朝从强盛转向衰落。各地节度使乘机割据地盘，扩大兵力，造成了藩镇割据的局面。唐代宗死后，他的儿子李适即位，就是唐德宗。唐德宗想改变藩镇专权的局面，结果引起了藩镇叛乱。唐德宗派兵讨伐的结果，叛乱不但没有平定，反而蔓延开来了。

唐德宗建中四年，有五个藩镇叛乱，其中淮西节度使李希烈兵势最强。他自称天下兵马都元帅，向唐境进攻。五镇叛乱，使朝廷大为震惊。唐德宗找宰相卢杞商量，卢杞说：“不要紧。只要派一位德高望重的大臣去劝导他们，用不着动一刀一枪，就能把叛乱平息下来。”

唐德宗问卢杞说：“你看派谁去合适?”卢杞推荐年老的太子太师颜真

卿，唐德宗马上同意。

颜真卿是当时一个很有威望的老臣。安史之乱前，他担任平原太守。安禄山发动叛乱后，河北各郡大都被叛军占领，只有平原城因为颜真卿坚决抵抗而没有陷落。后来，他的堂兄颜杲卿在藁城起兵，河北十七郡响应，大家公推颜真卿做盟主。在抗击安史叛军中，立了大功。唐代宗的时候，他被封为鲁郡公，所以人们又称他颜鲁公。

唐德宗李适

颜真卿又是我国历史上著名的书法家。他写的字雄浑刚健，挺拔有力，表现了他的刚强性格。后来，人们把他的字体称为“颜体”。颜真卿为人正直，常常被奸人诬陷排挤，只是因为他的威望高，一些奸人不得不表面上尊重他。宰相卢杞是个心狠手辣的人。他嫉恨颜真卿，平时没法下手，这一次想趁藩镇叛乱的机会，派颜真卿去做劝导工作，是企图陷害他。

这时候，颜真卿已经是七十多岁的老人了。许多文武官员听说朝廷派他到叛镇那里去，都为他的安全担心。但是，颜真卿却不在乎，带了几个随从就到淮西去了。

李希烈听到颜真卿来了，想给他一个下马威。在见面的时候，叫他的部将和养子一千多人都聚集在厅堂内外。颜真卿刚刚开始劝说李希烈停止叛乱，那些部将、养子就冲了上来，个个手里拿着明晃晃的尖刀，围住颜真卿又是谩骂，又是威胁，摆出要杀他的架势。颜真卿毫不畏惧，面不改色，朝着他们冷笑。

李希烈假惺惺站起来护住颜真卿，命令他的养子和部下退出去，然后把颜真卿送到驿馆里，企图慢慢软化他。过了几天，四个叛镇的头目都派使者来跟李希烈联络，劝李希烈即位称帝。李希烈大摆筵席招待他们，也请颜真卿参加。

叛镇派来的使者见到颜真卿来了，都向李希烈祝贺说：“早就听到颜太师德高望重，现在元帅将要即位称帝，正好太师来到这里，不是有了现成的宰相吗？”

颜真卿扬起眉毛，朝着四个使者骂道：“什么宰相不宰相！我年纪快八十了，要杀要剐都不怕，难道会受你们的诱惑，怕你们的威胁吗？”

颜真卿

四名使者被颜真卿凛然的神色吓住了，缩着脖子说不出话来。

李希烈拿他没办法，只好把颜真卿关起来，派兵士监视着。兵士们在院子里掘了一个一丈见方的土坑，扬言要把颜真卿活埋在坑里。第二天，李希烈来看他，颜真卿对李希烈说：“我的死活已经定了，何必玩弄这些花招。你把我一刀砍了，岂不痛快！”

过了一年，李希烈自称楚帝，又派部将逼颜真卿投降。兵士们在关禁颜真卿的院子里，堆起柴火，浇足了油，威胁颜真卿说：“再不投降，就把你放在火里烧！”

颜真卿二话没说，就纵身往柴火跳去，叛将们连忙把他拦住，向李希烈回报。

李希烈想尽办法，也没有能使颜真卿屈服，就派人逼迫颜真卿自杀了。在那样动乱的年代，颜真卿不怕威胁，不受诱惑，依然保存着君子的风格与品质，真不愧为一代名臣。

要有远大的志向

拿破仑说，不想当元帅的士兵不是好兵。因为没有当元帅的人就不会以一个元帅的标准来要求自己，就不会认真研究战争和作战方略。

高尔基在劝诫青年要严格要求自己时打比方说，水承受的压力越大，喷得就越高。只有以高标准严格要求自己，方能有所作为，方能为社会多作贡献。

梁启超认为，天下豪杰之所以成为豪杰，就是因为他们具有成为豪杰的远大志向，具有成为一代英雄的信念。

哥伦布航海探险，试图想取得贵族们的支持，贵族们感到这是异端邪念；想取得葡萄牙政府的支持，政府拒绝提供帮助。那些同行者，漂泊在海上，神情沮丧，懊悔不迭，甚至想杀掉哥伦布以解恨，但哥伦布却意志坚定，最后终于踏上"新大陆"。哥伦布所以能够成功，是因为他心中存在着寻找新大陆的志向。

梁启超

辛弃疾本为一介书生，却希望中国能得以统一。他日夜勤奋练功，为日后奔赴战场杀敌立功做着准备。后来他投笔从戎，为收复中原而挥师北上，成为南宋有名的儒将。

有人说，成功的人总要经历几个人生阶段：立志、努力、成功。立志即希望自己成为社会所需要的人才，它可以使人有计划地规划自己的生活，同时为达到某个生活目标而奋力拼搏。

希望包含多方面的意义，它包括人生目标，包括信心，包括处世态度等等。只要你心怀某种希望，你必然有行动的动力。当一个目标达到后，又产生新的希望，你便在跨越一个个人生的目标中不断接近成功，并最终成为时代所需要的英雄。

清朝末年，著名的维新派领袖梁启超出生于频频遭受外敌侵略的南方边疆，从小就听祖父给他讲述抗击外国侵略的故事。这些故事强烈地撞击着梁启超幼小的心灵，他从小就有建功立业的远大志向，希望自己成为于社会有用的人。当他在科举之路上春风得意时遇到了康有为，康有为爱国图强的思想让他受到很大鼓舞，于是一心投在康有为门下，积极宣传维新变法，成为中国政治舞台上的活跃人物。梁启超所以能够成功，是因为他有富国图强的远大志向，是因为他有成为为民造福之人物的希望。

康有为

士兵有当将军的志向才会成为将军，对一个国家来说，也是这样，只有想成为强大国家的希望，国家才会强大。梁启超说，美国人希望独立，他们就奋起斗争，做出了巨大的牺牲，终于于一片废墟中建立了强大的国家；英国人希望获得自由，便和封建势力展开坚决的斗争，为宪章之争斗，为国会制度之形成，作出了巨大努力，终于建立了资产阶级民主政治制度，并一天天走向强大。所以大到一个国家、一个民族，小到一个单个的人，希望均是“第二灵魂”，个人没有希望无法有所作为，国家没有远大希望就无法走向繁荣富强。

梁启超说，希望与失望同在，而“唯豪杰之徒，为能保其希望而使之勿失”。如想成就一番事业，“必不以目前之区区，沮吾心而馁吾志。英雄之希望如是，伟大国民之希望亦复如是”。

乡党篇第十

【原文】

孔子于乡党，恂恂[①]如也，似不能言者。其在宗庙、朝廷，便便[②]言，唯谨尔。

【注释】

①恂恂：音 xù，温和恭顺。②便便：旧读“骈”，善于辞令。

【译文】

孔子在本乡的地方上非常恭顺，好像不能说话的样子。但他在宗庙里、朝廷上，却很善于言辞，只是说得很谨慎，很少。

【原文】

朝，与下大夫言，侃侃如也；与上大夫言，訚訚[①]如也。君在，踧踖[②]如也，与与如也。

【注释】

①訚訚：音 yín，正直，和颜悦色而又能直言诤辩。②踧踖：音 cújí，恭敬而不安的样子。

【译文】

孔子上朝，（国君还没有到来）同下大夫说话，显得温和而快乐；同上大夫说话，显得正直而公正；国君在场的时候，孔子显得恭敬而心中不安，但走起路来从容安详。

【原文】

君召使摈[①]，色勃如也[②]；足躩[③]如也。揖所与立，左右手，衣前后，

襜[4]如也。趋进，翼如也。宾退，必复命曰：“宾不顾矣。”

【注释】

①摈：音 bìn，动词，负责招待国君的官员。②色勃如也：脸色立即庄重起来。③足躩：躩，音 jué，脚步快的样子。④襜：音 chān，整齐之貌。

【译文】

国君召孔子去接待宾客，孔子脸色立即庄重起来，脚步也快起来。他向和他站在一起的人作揖，手向左或向右作揖，衣服前后摆动，显得很整齐。快步向前走的时候，姿态像鸟儿展开双翅一样。宾客走后，他一定向君主回报说：“宾客已经走远了。”

【原文】

入公门，鞠躬如[1]也，如不容。立不中门，行不履阈[2]。过位，色勃如也，足躩如也，其言似不足者。摄齐[3]升堂，鞠躬如也，屏气似不息者。出，降一等，逞颜色，怡怡如也。没阶，趋进，翼如也。复其位，踧踖如也。

【注释】

①鞠躬如：谨慎而恭敬的样子。②履阈：阈（音 yù）门槛，脚踩门槛。③摄齐：齐（音 zī）衣服的下摆。摄，提起。提起衣服的下摆。

【译文】

孔子走进朝廷的大门，显得谨慎而恭敬的样子，好像没有容身之地。他不站在门的中间；进门时也不踩门槛。经过国君的座位时，脸色立刻庄重起来，脚步也加快起来，说话也像不足的样子。他提起衣服下摆走上堂去的时候，显得恭敬谨慎，憋住气好像不呼吸一样。出来时，下了一级台阶，脸色便舒展开了，现出和顺的样子。走完了台阶，快步走着，姿态像鸟儿展翅一样。回到自己的位置，显得恭敬、不安的样子。

【原文】

执圭[①]，鞠躬如也，如不胜。上如揖，下如授。勃如战色，足蹜蹜[②]，如有循。享礼，有容色。私觌[③]，愉愉如也。

【注释】

①圭：一种上圆下方的玉器，举行典礼时，不同身份的人拿着不同的圭。出使邻国，大夫拿着圭作为代表君主的凭信。②蹜蹜：小步走路的样子。③觌：音 dí，会见。

【译文】

（孔子出使别的诸侯国，）拿着圭，恭敬谨慎，像是举不起来的样子。向上举时好像在作揖，放在下面时好像是给人递东西。脸色庄重得像战栗的样子，步子很小，好像沿着一条直线往前走。在举行赠送礼物的仪式时，显得和颜悦色。和国君举行私下会见的时候，更轻松愉快了。

【原文】

君子不以绀緅饰[①]，红紫不以为亵服。当暑，袗絺绤[②]，必表而出之。缁衣[③]，羔裘；素衣，麑[④]裘；黄衣，狐裘。亵裘长，短右袂[⑤]。必有寝衣，长一身有半。狐貉之厚以居。去丧，无所不佩。非帷裳，必杀之。羔裘玄冠不以吊。吉月，必朝服而朝。

【注释】

①不以绀緅饰：绀（音 gàn），深青透红，斋戒时服装的颜色。緅（音 zōu），黑中透红，丧服的颜色。这里是说，不以深青透红或黑中透红的颜色布给平常穿的衣服镶上边作饰物。②袗絺绤：袗绤（音 zhěn xì），单衣。絺（音 chī），细葛布。绤（音 xì），粗葛布。这里是说，穿粗的或细的葛布单衣。③缁衣：黑色的衣服。④麑（音 ní），小鹿，白色。⑤短右袂：袂（音 mè），袖子。右袖短一点，是为了便于做事。

【译文】

君子穿的衣服不是用天青色或铁灰色作衣领和袖口的镶边，平常在家穿的衣服不用紫红色。夏天，穿粗布做的单衣服，一定要罩上一件上衣。穿黑色的羔羊皮袍，配黑色的罩衣。穿白色的鹿皮袍，配白色的罩衣。穿黄色的狐皮袍，配黄色的罩衣。在家穿的皮袍一般会长一些，右边的袖子短一些。

夏天睡觉时一定有一床小卧被为本人身长的一倍半。用厚的狐貉皮做坐垫。除了服丧期间，什么东西都可以佩带。不是用于上朝和祭祀用的礼服，一定要裁去一些衣服下摆的布。不能穿着紫羔皮袍戴着黑色的帽子去吊丧。逢每月的初一，一定穿着朝服去朝贺。

【原文】

齐[1]，必有明衣[2]，布。齐必变食，居必迁坐[3]。

【注释】

①齐：同“斋”。②明衣：斋前沐浴后穿的浴衣。③居必迁坐：指从内室迁到外室居住，不和妻妾同房。

【译文】

斋戒的时候，一定要有浴衣，用麻布做的。斋戒的时候，一定要改变平常的饮食，居住也一定搬移地方，不与妻妾同房。

【原文】

食不厌精，脍[1]不厌细。食饐[2]而餲[3]，鱼馁而肉败，不食。色恶，不食。臭恶，不食。失饪，不食。不时，不食，割不正，不食。不得其酱，不食。肉虽多，不使胜食气[4]。唯酒无量，不及乱。沽酒市脯[5]，不食。不撤姜食，不多食。

【注释】

①脍：音kuài，切细的鱼、肉。②饐：音yì，陈旧。食物放置时间长了。③餲：音ài，变味了④气：同“饩”（音xì）即粮食。⑤脯：音fǔ，熟肉干。

【译文】

粮食不嫌舂得精，鱼和肉不嫌切得细。粮食陈旧和变味了，鱼和肉腐烂了，都不吃。食物的颜色变了，都不吃。气味变了不吃。烹调不当不吃。不合时令的东西不吃。肉切得不方正不吃。没有适当的调味品不吃。席上的肉虽多，但吃的量不超过饭量。只有酒没有限量，但不喝醉。从市上买来的肉干和酒不吃。吃晚饭后，不撤掉姜碟，但也不要多吃。

【原文】

祭于公，不宿肉①，祭肉②不出三日。出三日，不食之矣。

【注释】

①不宿肉：不使肉过夜。②祭肉：这是祭祀用的肉。

【译文】

孔子参加国君祭祀典礼时分到的肉当天用掉。自己家里祭祀的肉也不超过三天。如果超过了三天，就不吃了。

【原文】

食不语，寝不言。

【译文】

吃饭的时候不乱说话，睡觉之后，也不再谈天。

【原文】

虽疏食菜羹，瓜祭，必齐①如也。

【注释】

①齐：同“斋”。

【译文】

即使是粗米饭蔬菜汤，吃饭前也一定要祭祀，而且态度要严肃恭敬。

【原文】

席①不正，不坐。

【注释】

①席：古代没有椅子和桌子，都坐在铺于地面的席子上。

【译文】

席子放得不端正，就不坐。

【原文】

乡人饮酒，杖者出，斯出矣。

【译文】

举行乡人饮酒的礼仪结束后，（孔子）一定要等老人都离去，然后自己才出去。

【原文】

乡人傩[①]，朝服而立于阼阶。

【注释】

①傩：音 nuó。古代迎神驱鬼的宗教仪式。

【译文】

在乡人举行仪式进行驱鬼时，孔子穿着朝服站在祖庙东侧的台阶上。

【原文】

问人于他邦，再拜而送之。

【译文】

（孔子）托人向住在其他诸侯国的朋友问，要对受托的人拜两次送别。

【原文】

康子馈药，拜而受之。曰：“丘未达，不敢尝。”

【译文】

季康赠送给孔子的药品，孔子拜谢后接受了，说：“我不太清楚这种药，不敢随便试服。”

【原文】

厩焚。子退朝，曰：“伤人乎？”不问马。

【译文】

马棚失火了。孔子退朝回来，说：“伤人了吗？”没有问马怎么样。

【原文】

君赐食，必正席先尝之。君赐腥[1]，必熟而荐之。君赐生，必畜之。侍食于君，君祭，先饭。

【注释】

①腥：牛肉。

【译文】

鲁君赐予食品，一定端正坐席先尝一尝。国君赐给生肉，一定煮熟了先敬献祖先。鲁君赐予活物，一定要饲养起来。同国君一道吃饭，在国君举行饭前祭礼的时候，自己先吃饭（不吃菜）。

【原文】

疾，君视之，东首[1]，加朝服，拖绅[2]。

【注释】

①东首：头朝东。②绅：束在腰间的大带子。

【译文】

孔子病了，国君来探视，他便头朝东躺着，身上盖上朝服，拖着大带子。

【原文】

君命召，不俟驾行矣。

【译文】

国君召见（孔子），他不等车马驾好就先步行走去了。

【原文】

入太庙[1]，每事问。

【注释】

①太庙：古代开国的君主叫太祖，太祖的庙叫太庙。周公（姬旦）是鲁国最初封的君主，鲁国的太庙也就是周公庙。

【译文】

到了周公庙，每件事都要问人。

【原文】

朋友[1]死，无所归，曰："于我殡。"

【注释】

①朋友：指与孔子志同道合的人。

【译文】

（孔子的）朋友死了，没有亲属负责敛埋，孔子说："丧事由我来办吧。"

【原文】

朋友之馈，虽车马，非祭肉，不拜。

【译文】

朋友馈赠物品，即使是车马，不是祭肉，（孔子在接受时）也是不拜的。

【原文】

寝不尸，居不客。

【译文】

卧床不应像陈尸那样不雅观，居家不应像客人那样客套。

【原文】

见齐衰[1]者，虽狎，必变。见冕者与瞽者[2]，虽亵，必以貌。凶服者式[3]之。式负版者。有盛馔[4]，必变色而作。迅雷风烈必变。

【注释】

①齐衰：音zīcuī，指丧服。②瞽者：盲人，指乐师。③式：同轼，古代车辆前部的横木。这里作动词用。遇见地位高的人或其他人时，驭手身子向前微俯，伏在横木上，以示尊敬或者同情。这在当时是一种礼节。④馔：音zhuàn，饮食。盛馔，盛大的宴席。

【译文】

（孔子）看见穿丧服的人，即使是平时很随便的人，也一定要把态度变得严肃起来。看见戴礼帽的和盲人，即使是平时很亲热的人，也一定要有礼貌。在车中遇见穿丧服的人，便把身体微向前俯。手扶车前横木（表示同情）。遇见背负国家图籍的人，也手扶车前横木示礼。有丰盛的饮食，一定改变神色先站起来。遇见疾雷或者大风，一定要改变神态。

【原文】

升车，必正立，执绥[①]。车中，不内顾，不疾言，不亲指。

【注释】

①绥：上车时扶手用的索带。

【译文】

孔子上车的时候，一定先站得端端正正的，然后拉着扶手带上车。在车上，不回头看，不很快地说话，不用自己的手指指点点。

【原文】

色斯举矣[①]，翔而后集。曰："山梁雌雉，时哉时哉！"子路共[②]之，三嗅而作[③]。

【注释】

①色斯举矣：色，脸色。举，鸟飞起来。②共：同"拱"。③三嗅而作：嗅应为狊字之误。狊（音jù）鸟张开两翅。一本作"戛"字，鸟的长叫声。

【译文】

（一群野鸡飞起来，孔子）神色一动。野鸡飞翔了一阵又停在一起。孔子说："这些山梁上的母野鸡，识时务呀！识时务呀！"子路向野鸡拱拱手，野鸡长叫了几声，飞走了。

【故事】

朋友之间要相互扶持

"患难之交才是真朋友"，这话大家都不陌生。晋代有一个人叫荀巨伯，有一次去探望朋友，正逢朋友卧病在床，这时恰好敌军攻破城池，烧杀掳掠，百姓纷纷携妻挈子，四散逃难。朋友劝荀巨伯："我病得很重，走不动，活不了几天了，你自己赶快逃命去吧！"

荀巨伯却不肯走，他说："你把我看成什么人了，我远道赶来，就是为了来看你。现在，敌军进城，你又病着，我怎么能扔下你不管呢？"说着便转身给朋友熬药去了。

朋友百般苦求，叫他快走，荀巨伯却端药倒水安慰他说："你就安心养病吧，不要管我，天塌下来我替你顶着！"

这时"砰"的一声，门被踢开了，几个凶神恶煞般的士兵冲进来，冲着他喝道："你是什么人？如此大胆，全城人都跑光了，你为什么不跑？"

晋代青瓷博山炉

荀巨伯指着躺在床上的朋友说："我的朋友病得很重，我不能丢下他独自逃命。"并正气凛然地说："请你们别惊吓了我的朋友，有事找我好了。即使要我替朋友而死，我也绝不皱眉头！"

敌军一听愣了，听着荀巨伯的慷慨言语，看看荀巨伯的无畏态度，很是感动，于是没有伤害他们便撤走了。

患难时体现出的正义能产生如此巨大的威力，说来不能不令人惊叹。

人的一生不可能一帆风顺，难免会碰到失利受挫或面临困境的情况，这时候最需要的就是别人的帮助，这种雪中送炭般的帮助会让他人记忆一生。

"我不知道他那时候那么痛苦，即使知道了，我也帮不上忙啊！"许多人遗憾地说。这种人与其说他不知道朋友的痛苦，倒不如说他根本无意知道。

人们总是可以敏感地觉察到自己的苦处，却对别人的痛处缺乏了解。他们不了解别人的需要，更不会花工夫去了解；有的甚至知道了也佯装不知，大概是没有切身之苦、切肤之痛吧。

小于在某企业担任打字员。一天中午，一位董事走进办公室，向办公室里的小姐们问道："上午拜托你们打的那个文件在哪里？"可是当时正值吃午饭时间，谁也不知道那个文件搁在哪里，因此谁也没有理睬他，这时，小于对他说："这个文件的事我虽然不知道，但是，董事先生，这件事交给我去办吧，我会尽早送到您的办公室。"当小于把好的文件送给董事时，董事非常高兴。

几周之后，小于高兴地向她的同事宣布：她升迁了。显然，小于的热心和办事利落获得了董事的赞赏，董事在董事会上对她大力推荐。

有时候不用很费力地帮别人一把，别人也会牢记在心，《诗经》上就说过"投我以桃，报之以李"，若人人都能这么做，那世间便会少冷漠多温情。

说话要谦恭谨慎

前苏联教育家加里宁曾经教育青年："根据我个人多年来的经验，我觉得，假如是由于你的手势，或者口气，或者好像不太重要的话语，致使人们觉得你认为自己比他们聪明一些，那么您就糟糕了。普通人都不喜欢那种自高自大的人，他们不会听这种人的话。一有适当的机会，那他们就会给他一个下不了台的。"在交际场合，最受欢迎的言辞是谦虚的言辞，最受欢迎的人是谦虚的人。

1934 年，高尔基出席全俄罗斯作家代表大会。与会者出于对他的崇敬，讲了许多赞扬他的话。所以，到他发言时，开场白是这样的：

"敬爱的同志们，我觉得，这里提到高尔基的名字，常常加上一些形容词：'伟大的'、'高大的'，等等。（笑声）如果老是过分强调地提出某一个人物，我们就会使别人的成就和重要性失去光彩。打个比喻来说，在这里，我们大家的年龄尽管差别很大，然而都是同一个很年轻的母亲——全苏联文学的孩子。"

一个世界著名的文豪以"孩子"自比，而且和全体与会作家放在一个共同位置来比喻。这是何等虚怀若谷的胸襟啊。

法国数学家笛卡尔经常慨叹自己的无知。有一次，别人问他："你学问那么广博，竟然感叹自己的无知，岂不是大笑话？"

笛卡尔说："哲学家芝诺不是解释过吗？他曾画了一个圆圈，圆圈内代表已掌握的知识，圆圈外代表浩瀚无边的未知世界。如果自己掌握知识越多，圆圈越大，圆周自然也越长，这样它的边沿与圈外未知世界的接触面也越大，不知道的东西岂不更多了吗？"

"对，对，你的解释真是绝妙！"问话者连连点头称是。

笛卡尔、芝诺这样的谦虚是真诚的。但是，有的人不是从根本上认识到自己的不足，只是在言辞上搬弄一些表示谦虚的套语，这样的人往往给人留下的印象更坏。

清人石成金在《笑得好》中有一个"粗月"的故事。说的是有一个极好自谦的人，每次和别人谈话，总是带上个"粗"字。比如人家夸他有才学，他就说自己是个粗人，人家夸他的衣服好，他就说穿的是粗布。有一回，他在家中请客人饮酒，当晚月光如水，十分皎洁。客人赞赏道："今晚的月光真好！"他听了连忙拱手说："不敢当，这不过是舍下的一个粗月儿。"——这位先生似乎处处都想谦虚一下，然而，他把当空的皓月都"窃为己有"了，还谈得上什么谦虚呢？

谦虚出自真诚。谦虚的言辞是朴实无华的：1986 年春节，在中央电视台播放的体育晚会上，有这样一个节目，当场被聘的"特约记者"向优秀运动员提问："你们得了冠军之后，当时的心情如何？你是怎么想的？"

郎平不假思索地回答："我想最好能睡三天觉！"这样的回答真有点出人意料，但它是何等真挚感人啊。全场顿时爆发出一片赞许的笑声和掌声。如果郎平"谦虚"一番，讲一通"我们还有很多不足"之类的话，似乎并不能产生如此强烈的反响。

著名剧作家田汉于 1925 年成立了南国社，演出了《南归》、《卖花女》、《苏州夜话》等剧，受到各界人士的热烈欢迎。著名教育家晓庄学校校长陶行知得知后，写信邀请南国社为晓庄师生及附近农民演出。

当南国社在田汉率领下到达时，师生和农友举行了盛大欢迎会。陶行知首先致欢迎词说："今天我是以'田汉'的身份欢迎田汉。晓庄是个农民的学校。农民是晓庄师生的好朋友。我们的教育是为种田汉而办的教育。所以我是以一个'种田汉'代表的资格在这儿欢迎田汉。"田汉略思片刻，也作了一番有趣的答词："陶先生说，他是以'田汉'的资格欢迎田汉，实不敢当：其实我是一个假‘田汉’，陶先生是个真‘田汉’。我这个假‘田汉’能够受到陶先生这个真‘田汉’的欢迎，实在感到荣幸！我们一定要向真‘田汉’学习！”

这一番来言去语，都在“田汉”二字上做文章，双方表达了互敬互学的诚挚心意，谦虚之情溢于言表。

读了这样的对话，谁能不被陶行知、田汉二人朴实无华的言语感动呢？正因如此，谦虚的人才能营造良好的人际关系，因为他们不自恃清高，居功自傲，而是放低姿态，平易近人。

以人为本，重视人道

孔子家里的马棚失火被烧掉了。当他听到这个消息后，首先问人有没有受伤。他只问人，不问马，表明他重人不重财，十分关心下面的人。事实上，这是中国自古以来人道主义思想的发端。同样，作为领导要得到下属的信赖与支持，就必须考虑到下属的根本利益。

春秋战国时期这种例子还很多。曾国藩认为古人中，春秋五霸之一的秦国国君秦穆公，做得最好。赵简子有两只白骡，他非常珍爱。任广门长官的胥渠派人在夜间来敲门，对赵简子的守门人说：“您的臣子胥渠有病，医生说：只有白骡的肝才能医治，否则就会死。”

守门人向赵简子通报了，这时，站在赵简子身边的官员董安说：“胥渠这人竟敢要我君王珍爱的白骡来治病，应该处以极刑。”

赵简子不同意，说：“杀人以活畜，这是不仁义的行为；杀畜以活人，这才是仁义的行为。”

于是招来厨师，叫他把白骡杀了，取出肝送给了胥渠。

过了不久，赵国起兵攻翟，胥渠为了报答赵简子杀骡治病之恩，率领部属兵分两路，左边七百人，右边七百人，奋勇攻城杀敌，终于登上敌城，并俘虏了守城的敌军将官。是杀人活骡还是杀骡活人？这确是暴和仁的分界线，人民对暴和仁的统治者的态度肯定不会一样。残暴的统治者对人民任意掠夺、无恶不作，但人民如稍动其一草一木、一畜一物，就格杀勿论，视人贱过草木畜物，人民当然恨之入骨。如东汉时外戚梁翼，擅权作恶，他在河南城西建一巨大的兔苑，下令犯者判死罪，一商人不知其禁忌，误杀其一兔，竟辗转相连被杀死了十多人，十多条人命才抵梁家一只兔子。

赵简子与梁冀这类恶棍的根本区别在于：他视人贵过畜。尽管他对白骡是这么珍爱，其手下董安也因此认为胥渠竟敢要国君的白骡而主张处以极刑，但他立即驳斥了这种杀人活骡是不仁的行为，认为杀骡活人是仁者应做的事，便毫不犹豫地把心爱的白骡杀了，送给胥渠治病，这也使胥渠感恩戴德，于是奋战以报答赵简子救命之恩。

赵简子之所以能够得到下属的忠心是与他以人为本的政策分不开的。为了给下属治病，他宁愿杀掉自己心爱的白骡，这就是作为领导的宽厚、仁德的具体表现。

先进篇第十一

【原文】

子曰："先进[1]于礼乐，野人[2]也；后进于礼乐，君子也。如用之，则吾从先进。"

【注释】

①先进：指先学习礼乐而后再做官的人。②野人：指乡野平民。

【译文】

孔子说："先学习礼乐而后再做官的人，是平民；先当了官然后再学习礼乐的人，是君子。如果要先用人才，那我主张选用先学习礼乐的人。"

【原文】

子曰："从我于陈、蔡[1]者，皆不及门[2]也。"

【注释】

①陈、蔡：均为国名。②不及门：离开自己了。

【译文】

孔子说："曾跟随我在陈国、蔡国受磨难的弟子们，现在都不在我的门下了。"

【原文】

德行[1]：颜渊、闵子骞、冉伯牛、仲弓。言语宰我、子贡。政事：冉有、季路。文学[2]：子游、子夏。

【注释】

①德行：指能实行孝悌、忠恕等道德。②文学：指通晓诗书礼乐等古代

文献。

【译文】

德行优秀的：颜渊、闵子骞、冉伯牛、仲弓。擅长言语的有：宰我、子贡。通晓政事的有：冉有、季路。精通文献的有：子游、子夏。

【原文】

子曰："回也非助我者也，于吾言无所不说。"

【译文】

孔子说："颜回呀，不是对我有帮助的人，对我讲的话没有不心悦诚服的。"

【原文】

子曰："孝哉闵子骞！人不间①于其父母昆②弟之言。"

【注释】

①间：非难、批评、挑剔。②昆：哥哥，兄长。

【译文】

孔子说："闵子骞真是孝顺呀！别人对于他的父母兄弟称赞他的话从来没有什么异议。"

【原文】

南容三复白圭①，孔子以其兄之子妻②之。

【注释】

①白圭：白玉。这里指代《诗经》上的四句诗。②妻：音 qì，用作动词，嫁。

【译文】

南容反复诵读"白圭之玷，尚可磨也；斯言不玷，不可为也。"的诗句。孔子把自己的侄女嫁给了他。

【原文】

季康子问："弟子孰为好学？"孔子对曰："有颜回者好学，不幸短命死

矣，今也则亡。”

【译文】

季康子问孔子：“你的学生中谁是爱好学习的？”孔子回答说：“有一个叫颜回的学生很好学，不幸短命死了。现在再也没有像他那样的了。”

【原文】

颜渊死，颜路[①]请子之车以为之椁[②]。子曰：“才不才，亦各言其子也。鲤[③]也死，有棺而无椁。吾不徒行以为之椁。以吾从大夫之后，不可徒行也。”

【注释】

①颜路：颜无繇（yóu），字路，颜渊的父亲，也是孔子的学生。②椁：音 guǒ，古人所用棺材，内为棺，外为椁。③鲤：孔子的儿子，字伯鲁，死时五十岁，孔子七十岁。

【译文】

颜渊死了，（他的父亲）颜路请求孔子卖掉自己的车子，给颜渊买个外椁。孔子说：“（虽然颜渊和鲤）一个有才一个无才，但各自都是自己的儿子。我的儿子孔鲤死的时候，只有内棺没有外棺。我没有卖掉的车子，来帮他购置外棺。因为我曾经做过大夫，按照礼节是不能徒步行走的。”

【原文】

颜渊死，子曰：“噫！天丧予！天丧予！”

【译文】

颜渊死了，孔子说：“唉！是老天爷要我的命呀！老天爷真要我的命呀！”

【原文】

颜渊死，子哭之恸[①]。从者曰：“子恸矣。”曰：“有恸乎？非夫[②]人之为

恸而谁为？”

【注释】

①恸：哀伤过度，过于悲痛。②夫：音 fú，指示代词，此处指颜渊。

【译文】

颜渊死了，孔子哭得很悲痛。随从的人说：“夫子，您悲痛过度了！”孔子说：“是太哀痛了吗？我不为这样的人哀痛，又为谁呢？”

【原文】

颜渊死，门人欲厚葬之，子曰：“不可。”门人厚葬之。子曰：“回也视予犹父也，予不得视犹子也。非我也，夫二三子也。”

【译文】

颜渊死了，孔子的学生们想要隆重地安葬他。孔子说：“不能这样做。”学生们仍然隆重地埋葬了他。孔子说：“颜回把我当父亲一样看待，我却不能把他当亲生儿子一样看待。这不是我的主意呀，是你那些学生们干的呀。”

【原文】

季路问事鬼神。子曰：“未能事人，焉能事鬼？”曰：“敢问死。”曰：“未知生，焉知死？”

【译文】

季路问怎样侍奉鬼神。孔子说：“还不能把人侍奉好，怎能侍奉鬼呢？”季路说：“我大胆地问，死是怎么回事？”（孔子回答）说：“生的道理还没明白，怎能懂得死呢？”

【原文】

闵子侍侧，訚訚[1]如也；子路，行行[2]如也；冉有、子贡，侃侃如也。子乐。“若由也，不得其死然。”

【注释】

①訚訚：音 yín，和颜悦色的样子。②行行：音 hàng，刚强的样子。

【译文】

闵子骞立在孔子身旁，一派和悦而温顺的样子；子路呢，是很刚强的样子；冉有、子贡呢，则是温和快乐的样子。孔子很高兴了。但孔子又说：“像仲由这样，只怕不得好死吧！”

【原文】

鲁人[①]为长府[②]。闵子骞曰：“仍旧贯，如之何？何必改作？”子曰：“夫人不言，言必有中。”

【注释】

①鲁人：这里指鲁国的当权者。这就是人和民的区别。②长府：旧时藏财货、兵器等的仓库叫“府”，长府是鲁国的国库名。

【译文】

鲁国的当政者要翻修库房。闵子骞道：“原来的样子不好吗？何必翻修改建呢？”孔子道：“这个人不太爱讲话，但说的话都很符合道理。”

【原文】

子曰：“由之瑟[①]奚为于丘之门？”门人不敬子路。子曰：“由也升堂矣，未入于室也。”

【注释】

①瑟：音 sè，一种古乐器，与古琴相似。

【译文】

孔子说：“仲由弹瑟，为什么在我这里弹呢？”孔子的学生们因此都不尊敬子路。孔子便解释说：“仲由嘛，他在学习上已经达到升堂的程度了，只是还没有入室罢了。”

【原文】

子贡问：“师与商[①]也孰贤？”子曰：“师也过，商也不及。”曰：“然则师愈与？”子曰：“过犹不及。”

【注释】

①师与商：师，颛孙师，即子张。商，卜商，即子夏。

【译文】

子贡问孔子："子张和子夏二人哪个做事好一些呢？"孔子回答说："子张过分了些，子夏似乎有些拘谨。"子贡说："那么是子张好一些吗？"孔子说："过分和拘谨都是一样的。"

【原文】

季氏富于周公[①]，而求也为之聚敛[②]而附益[③]之。子曰："非吾徒也。小子鸣鼓而攻之[④]可也。"

【注释】

①周公：有两种解释，一种是周公旦；另一种则泛指周天子的王卿大夫。

【译文】

季氏比周朝的公侯还要富有，而冉求还帮他搜刮民财来增加财富。孔子说："冉求不是我的学生了，你们可以大张旗鼓地去指责他吧！"

【原文】

柴[①]也愚，参也鲁，师也辟，由也喭。

【注释】

①柴：高柴，字子羔，孔子学生。

【译文】

高柴愚笨，曾参迟钝，颛孙师偏激，仲由鲁莽。

【原文】

子曰："回也其庶乎，屡空。赐不受命，而货殖[①]焉，亿[②]则屡中。"

【注释】

①货殖：做买卖。②亿：同"臆"，猜测，估计。

【译文】

孔子说："颜回呀，学问道德都差不多了吧，可是他常常贫困。端木赐不安本分，去做买卖，猜测行情，却往往猜中了。"

【原文】

子张问善人之道，子曰："不践迹，亦不入于室。"

【译文】

子张问怎样做一个善人。孔子说："如果不按前人的积善之道走下去，善人是不会做到家的。"

【原文】

子曰："论笃是与①，君子者乎？色庄者乎？"

【注释】

①论笃是与：论，言论。笃，诚恳。与，赞许。意思是对说话笃实诚恳的人表示赞许。

【译文】

孔子说："我称赞言论笃实的人，但要考察一下，这种人是真正德君子呢，还是伪装庄重的人呢？"

【原文】

子路问："闻斯行诸①？"子曰："有父兄在，如之何其闻斯行之？"冉有问："闻斯行诸？"子曰："闻斯行之。"公西华曰："由也问闻斯行诸，子曰，'有父兄在'；求也问闻斯行诸，子曰，'闻斯行之'。赤也惑，敢问。"子曰："求也退，故进之；由也兼人，故退之。"

【注释】

①诸："之乎"二字的合音。

【译文】

子路问："听到了就干起来吗？"孔子说："有爸爸哥哥活着，怎么能听到就干起来呢？"冉有问："听到了就干起来吗？"孔子说："听到了就干起来。"公西华说："仲由问'听到了就干起来吗？'你回答说'有爸爸哥哥健在（不能这样做）’，冉求问‘听到了就干起来吗？’你回答‘听到了就干起来’。（两个人问题相同，而您的答案相反）我被弄糊涂了，大胆地来问问。”孔子说：“冉求平日做事总是退缩，所以我鼓励他；仲由的胆量却有两个人的大，勇于作为，所以我约束他。”

【原文】

子畏于匡，颜渊后。子曰：“吾以女为死矣。”曰：“子在，回何敢死？”

【译文】

孔子被囚禁在匡地之后，颜渊在散失之后最后来到。孔子说：“我以为你已经死了呢。”颜渊说：“您还活着，我怎么敢死呢？”

【原文】

季子然[1]问：“仲由、冉求可谓大臣与？”子曰：“吾以子为异之问，曾[2]由与求之间。所谓大臣者，以道事君，不可则止。今由与求也，可谓具臣矣。”曰：“然则从之者与？”子曰：“弑父与君，亦不从也。”

【注释】

①季子然：鲁国季氏的同族人。②曾：乃。

【译文】

季子然问：“仲由和冉求可以算是大臣吗？”孔子说：“我以为你是问其他人呢，原来是问由和求呀。所谓大臣是能够用周公之道来侍奉君主的，如果不能这样，他宁肯辞职不干。现在由和求这两个人，只可以说是有处理具体事务能力的臣属。”季子然说：“那么他们会事事顺从季氏吗？”孔子说：“杀父亲、杀君主的事，他们也不会跟从的。”

【原文】

子路使子羔为费宰。子曰：“贼[1]夫人之子。”子路曰：“有民人焉，有社稷焉，何必读书，然后为学？”子曰：“是故恶夫佞者。”

【注释】

①贼：害。

【译文】

子路让子羔去作费县的县长。孔子说：“这是残害那里的子弟。”子路说：“那里有老百姓，有政府机关，为什么一定要读书才算作学习呢？”孔子说：“所以我讨厌那种狡辩的人。”

【原文】

子路、曾皙[①]、冉有、公西华侍坐。子曰：“以吾一日长乎尔，毋吾以也。居则曰：‘不吾知也！’如或知尔，则何以哉？”子路率尔[②]而对曰：“千乘之国，摄乎大国之间，加之以师旅，因之以饥馑，由也为之，比及三年，可使有勇，且知方也。”夫子哂[③]之。“求，尔何如？”对曰：“方六七十，如五六十，求也为之，比及三年，可使足民。如其礼乐，以俟君子。”“赤，尔何如？”对曰：“非曰能之，愿学焉。宗庙之事，如会同，端章甫[④]，愿为小相焉。”“点，尔何如？”鼓瑟希[⑤]，铿尔，舍瑟而作，对曰：“异乎三子者之撰。”子曰：“何伤乎？亦各言其志也。”曰：“莫[⑥]春者，春服既成，冠者五六人，童子六七人，浴乎沂[⑦]，风乎舞雩[⑧]，咏而归。”夫子喟然叹曰：“吾与点也！”三子者出，曾皙后。曾皙曰：“夫三子者之言何如？”子曰：“亦各言其志也已矣。”曰：“夫子何哂由也？”曰：“为国以礼。其言不让，是故哂之。”唯求则非邦也与？“安见方六七十如五六十而非邦也者？”“唯赤则非邦也与？”“宗庙会同，非诸侯而何？赤也为之小，孰能为。

【注释】

①曾皙：名点，字子皙，曾参的父亲，也是孔子的学生。②率尔：轻率、急切。③哂：音 shěn，讥讽地微笑。④瑞章甫：端，古代礼服的名称。章甫，古代礼帽的名称。⑤希：同“稀”，指弹瑟的速度放慢，节奏逐渐稀疏。⑥莫：同“暮”。⑦浴乎沂：沂，水名，发源于山东南部。⑧舞雩：雩，音 yú。地名，原是祭天求雨的地方，在今山东曲阜。

【译文】

子路、曾皙、冉有、公西华陪孔子坐着。孔子说：“我年龄比你们大一些，不要因为我年长而不敢说。你们平时经常说：‘没有人了解我呀！’假如有人了解赏识你们，那你们要怎样办呢？”子路赶忙回答：“如果有一个拥有一千辆兵车的国家，夹在大国中间，外面有军队的侵犯威胁，又发生了饥荒，假如让我去治理，只要三年的时间，我就可以让那里的百姓勇敢善战，而且懂得礼仪。”孔子听了，朝他笑了笑。孔子又问：“冉求，那你呢？”冉求答道：“有一个方圆六七十里或五六十里的小国，我去治理，只用三年的时间，就可以使百姓衣食充足。至于道义的教导，就要等有德的君子来施行了。”孔子又问：“公西赤，你又怎么样？”公西赤答道：“我不敢说自己已经行了，只是愿意学习而已。在宗庙祭祀的时候，或者诸侯约会相见时，我穿着礼服，戴着礼帽，做国君的随从帮助活动的进行。”孔子又问：“曾点，你又怎么样呢？”曾点正在弹瑟将近结束，“铿”的一声将瑟放下，离开瑟站起来，回答说：“我的志向和他们三位说的不一样。”孔子说：“这又有什么关系呢？也就是各人讲自己的志向而已。”曾皙说：“暮春三月，穿上了春天的衣服，约上五六位朋友，带上六七个孩子，在家乡沂河边上洗洗澡，在舞雩台上吹吹风，一路唱着歌走回去。”孔子长叹一声说：“我是赞成曾皙的志向的。”子路、冉有、公西华三个人的都出去了，曾皙走在后面。他问孔子说：“他们三人的话怎么样？”孔子说：“只不过是各自谈谈自己的志向罢了。”曾皙又问：“老师为什么要笑仲由呢？”孔子说：“治理国家应当讲求礼让，可是他说话一点也不谦虚，所以我笑他。”曾皙又问：“那么冉求难道不是治理国家吗？”孔子说：“哪能说方圆六七十里或五六十里见方的地方就不是一个国家呢？”曾皙又问：“公西赤讲的不是国家吗？”孔子说：“祭祀宗庙、诸侯会盟等都存在，不是国家是什么呢？假如说公西赤这样的人只执掌小事，那么谁来执掌大事呢？”

【故事】

为官清廉，厉行节俭

每个为政者“宁公而贫”，政事才能“公生明”，以至于“王道荡荡”。然而“人心之病，莫甚于一私”，即说一个人的毛病，没有比自私更大的了。私心则生贪。贪赃枉法者不绝于史事，如蔡京、贾似道、和珅，但他们也得到最严厉的惩罚，留下千古骂名。由此可见，清廉与否是善政与恶政的分水岭。勇于为公，为政清廉，努力为百姓做好事，则于国于家都有好处，同时也得到了“千古美名”和赞誉。如此大的反差难道不正是呼唤清廉的最真切之声吗？为政清正廉明，实为从政之要端。

鄂尔泰

鄂尔泰，字毅庵，满洲镶蓝旗人，西林觉罗氏。康熙三十八年举人，雍正时升云贵总督，后任武英殿大学士。鄂尔泰身居高官，但生活俭朴，他曾多次告诫自己的子女及家属万不可奢侈享受，否则祸必从侈起。其戒弟奢侈一事一直为后人所称道。

鄂尔泰的弟弟鄂尔奇从小和哥哥一起长大，但是二人性格、品质却大不相同。鄂尔泰做官之后，一如既往；而鄂尔奇做官之后便开始讲排场，追求享受。鄂尔泰曾多次告诫弟弟，不可以一时得志而忘乎所以，鄂尔奇出于对哥哥的尊重，总是口头上答应，而行动上并未有所收敛。雍正五年，雍正帝提拔鄂尔奇为提督九门步军统领兼兵部尚书。鄂尔泰得知此讯，深感不安。他知道弟弟虽有才，但并不能以国事为重，而步军统领、兵部尚书均为掌握兵权之要职，这样一来，很可能会使鄂尔奇更加忘乎所以，这对他的前途是不利的。于是，鄂尔泰面见雍正帝，“力争不可”。雍正帝笑曰：“卿虑尔弟反耶?”鄂尔泰回答曰：“兵权归一，不可启后世。”雍正帝不以为然，仍坚持己见，其实，他并不了解鄂尔泰的真实想法。

鄂尔奇升官之后，果然不出鄂尔泰所料，生活更加腐化。对此，鄂尔泰有所察觉，也有所耳闻。一次，鄂尔泰退朝之后，路过鄂尔奇家，便想了解一下弟弟的情况。当他走进弟弟的宅院之后，立刻感到这里豪华过度，心中十分不安。他来到鄂尔奇的书斋，掀开门帘，正要迈进，“见陈设都丽，宾从豪雄”，于是，一怒之下，“不入而去”。鄂尔奇发现哥哥掀帘不入，立即追了上去，“急诣兄问故”。鄂尔泰站在庭院当中，当着众人的面，严厉斥责说：“汝记我兄弟无屋，居祠堂时耶？今甫得志，而侈陈若此！吾知祸不旋踵矣。”鄂尔奇听罢，痛哭不已，并跪在鄂尔泰面前，请求宽恕。看到弟弟有悔改的愿望，鄂尔泰才算作罢。

以后，鄂尔奇每当听说哥哥要来，总要先将珍宝收藏起来才敢相见。然而，他并没有真正听进哥哥的告诫，虽然一时骗过了哥哥，但终于在雍正十一年因贪赃枉法被治罪。

凡事莫问鬼神

西门豹是战国时期魏国人，著名的无神论者。魏文侯时期，西门豹被派到邺县做县令。西门豹到了邺县，看到那里人烟稀少，满目荒凉，就询问当地老百姓为什么会这样。

一位老大爷说：“都是河伯娶媳给闹的。河伯是漳河的神，每年都要娶一个年轻漂亮的姑娘，要不给他送去，漳河就要发大水，把田地、村庄全淹了。”老大爷边说边摇头。

西门豹问：“这话是谁说的？”

老大爷说：“巫婆说的。地方上的管事人每年借着给河伯办喜事，硬逼着我们出钱。他们每年都要敛几百万钱，用二三十万办喜事，剩下的就跟巫婆分了，放自己腰包了。”

西门豹问：“新娘子是哪儿来的？”

老大爷说：“哪家的闺女年轻，长得漂亮，巫婆就带人到哪家去选。有钱的人家花点钱就过去了，没钱的人家可就倒霉了。到了河伯娶媳的那天，他们在漳河边上放一张苇席，给姑娘打扮一番，让她坐在苇席上，放到河里，顺水漂去。苇席开始还在水上飘着，过了一会就沉下去了。所以，有闺女的人家都跑到外地去了，这里的人口就越来越少，地方也越来越穷。”

西门豹问：“河伯娶了媳妇，是不是漳河就不发大水了？”

老大爷说：“还是发。巫婆说幸亏每年给河伯送媳妇，要不漳河发水会多得。”

西门豹说："巫婆这么说，河伯还是灵啊！下一回他娶媳妇，告诉我一声，我也去送送新娘。"

到了河伯娶媳妇那天，河边上站满了人。西门豹真的带着卫士来了。巫婆和地方上管事人急忙迎接。那巫婆已经七十多岁了，背后跟着十来个穿着妖艳的女徒弟。

西门豹祠

西门豹说："把新娘领来让我看看她长得俊不俊。"一会儿姑娘被领来了。西门豹一看女孩满脸泪水，回头对巫婆说："不行，这姑娘不漂亮，麻烦巫婆到河里对河伯说一声，另外选个漂亮的，过几天再送去。"说完，叫卫士抱起巫婆，把她投进了漳河。等了一会儿，西门豹说："巫婆怎么还不回来？让她徒弟去催一催。"又将她一徒弟投进河里。等了一会儿，又将她另一徒弟投进河里。又等了一会儿，西门豹说："看来女人办不了这事儿，麻烦地方上的管事去给河伯说说吧！"说着又要叫卫士把管事的扔进漳河。这些地方上的管事人，一个个吓得面如土色，连忙跪地求饶，头都磕破了。西门豹说："好吧，再等一会儿看看。"过了一会儿，他才说："起来吧！看样子是河伯把她们留下了。你们都回去吧！"

这一下老百姓都恍然大悟了。原来巫婆和地方的管事人都是害人骗钱的。从此，谁也不敢再提给河伯娶媳妇的事了。西门豹发动老百姓开凿了12条大渠，把漳河水引到田里，灌溉庄稼。从此，漳河两岸年年丰收。老百姓因此而家给户足，生活富裕。

善于学习前人的经验

无论做什么事情，我们都要善于向别人学习。沿着前人的脚印前进，就会少失误、少碰钉子。因为我们是站在前人的肩膀上前进的。我们身边的任何一个人都是我们的老师，都有我们学习的经验。

有些人认为，同事是自己在公司里的竞争对手，是职场上互有戒心的同行者，是对外保持一致而对内各怀心事的搭档，唯独是不值得信赖和学习的伙伴及不可以推心置腹互相借鉴的知己。

如果同事也这样认为的话，那么在职场中，你就不会有和谐、舒心的感受，有的只是怀疑、不安、紧张和愤懑的情绪。

其实，“三人行，必有我师”，同事就是你身边最好的老师，也是让工作变得美好的关键人物。你为何不转变姿态，将同事视为“良师益友”呢？

在公司里，要想做事少碰钉子、失误少，最聪明的办法也是多参考同事的意见，因为这些意见常常是他们付出代价换来的经验之谈。

比如，在一家公司市场营销部工作的李强工作了一段时间后，感觉到工作很不顺畅，为什么？公司连着四个月的业绩评比表中，李强都在女同事萧萧之下，屈居第二，他很不服气。他以为自己工夫下得不比萧萧少，资历也比她老，怎么可能落在她后面呢？萧萧这个进公司不到三年的小妮子，所掌握的客户资源竟然比他这个元老的多一半。好胜心强的李强决定与萧萧一拼高低。

于是，李强想方设法进入萧萧的电脑系统，查看到她的客户分布，冒险去挖她的客源。萧萧知道此事后非常恼火，当面指责李强“恶性竞争”、“挖别人的墙角”，并对他提出严重警告：再这样下去，就别怪我不顾你这位老前辈的面子，把真相告诉老板。因此两人的关系闹得很僵。

李强经过两人唇枪舌剑后的反思，心头豁然开朗：现在的“新新人类”还是性格直爽，只要我放得下老前辈的架子不耻下问，她一定会尽释前嫌，并把盘活客户资源的技巧告诉我。问题一想通，李强的心头轻松多了，他特意邀请萧萧去健身，并诚恳地请教一些问题。这次倒是萧萧不好意思了，她说："以前我对你的态度有些过分，请多谅解。"并讲了一些自己做营销的心得："其实也没什么，只不过是我看书多、上网多、领悟快，进步大一些罢了。做营销，发展新客户是一条路，而盘活老客户更重要。如果老客户感觉到你的诚信和友善、你的信誉和热情，他可能就会把他的亲朋好友介绍给你，成为你的新客户。我特别准备了一个笔记本，记录客户的特殊情况，以便在细微处做文章。比如出差时顺便看望客户刚刚考入该地大学的孩子，比如在特殊的日子里，替当日有重要会议的人送一束鲜花给他的家人……我从不以为这是工作以外的琐事，相反，干这些工作就要有'功夫在诗外'的精神。我为每位老客户都设立了生日档案，他们过生日，我会亲自做一张精致的贺卡，并配上小礼物邮寄给他们，很多客户收到时都深受感动，特地打电话表示感谢……"

李强听了这些恍然大悟，原来如此。在以后的工作中，他也用起了这几招，果然业绩迅速攀升，与萧萧旗鼓相当了。更为可喜的是，他与萧萧的关系更和谐，合作起来也更愉快了。

这就是求教于人的好处，不但能让你在迷途中找到方向更快地前进，还能改善与同事的人际关系，工作起来更加舒心快乐。

如果你的身边有几个可以为师的同事，那么你的进步也是显而易见的，这必然使你的职场竞争多加了一个砝码。永远都不要怀疑，同事就是你身边最好的老师。许多学有专长的同事其实很愿意与你分享他们的知识和经验。那你就根据自己的目标与时间的不同，随时找寻可以指导你的良师益友吧。只要你摆正心态，放低姿态，一定可以学到更多的东西，获得更多的收益。

颜渊篇第十二

【原文】

颜渊问仁。子曰："克己①复礼②为仁。一日克己复礼，天下归仁焉。为仁由己，而由人乎哉？"颜渊曰："请问其目。"子曰："非礼勿视，非礼勿听，非礼勿言，非礼勿动。"颜渊曰："回虽不敏，请事斯语矣。"

【注释】

①克己：克制自己。②复礼：使言语行动都符合礼。

【译文】

颜渊问孔子什么是仁德。孔子说："克制自己的欲望，使自己的言语行动都符合礼，这就是仁了。只要有一天能做到这样，天下的人就认为你是个有仁德的人。一个人要达到仁的目标只能靠自己，怎么能靠别人帮助呢？"颜渊又问："请问什么是达到仁的具体条件呢。"孔子说："不合乎于礼的事情不要看，不合于礼的话不要听，不合于礼的不要说，不合于礼的不要做。"颜渊说："我虽然愚笨，也要照先生的话实在的去做。"

【原文】

仲弓问仁。子曰："出门如见大宾，使民如承大祭；己所不欲，勿施于人；在邦无怨，在家无怨。"仲弓曰："雍虽不敏，请事斯语矣。"

【译文】

仲弓问什么是仁。孔子说："出门去工作如同去接待贵宾一样认真，役使老百姓如同去进行重大的祭祀一样谨慎，自己不想得到的，不要强加于别人；在诸侯的国家没有人怨恨（自己）；在卿大夫的封地里也没人对自己有怨恨。"仲弓说："我虽然不才，让我照您的话去实行吧。"

【原文】

司马牛[1]问仁。子曰："仁者，其言也讱[2]。"曰："其言也讱，斯谓之仁已乎？"子曰："为之难，言之得无讱乎？"

【注释】

①司马牛：姓司马，名耕，字子牛，孔子的学生。②讱：音 rèn，话难说出口。这里引申为说话谨慎。

【译文】

司马牛问怎样做才是仁。孔子说："仁人说话是慎重的。"司马牛说："说话慎重，这就叫做仁了吗？"孔子说："做起来很困难，说起来能不慎重吗？"

【原文】

司马牛问君子。子曰："君子不忧不惧。"曰："不忧不惧，斯谓之君子已乎？"子曰："内省不疚，夫何忧何惧？"

【译文】

司马牛问君子是什么样的。孔子说："君子不忧愁，不恐惧。"司马牛说："不忧愁，不恐惧，就称为君子了吗？"孔子说："自己反省而问心无愧，那还有什么忧愁和恐惧呢？"

【原文】

司马牛忧曰："人皆有兄弟，我独亡。"子夏曰："商闻之矣：死生有命，富贵在天。君子敬而无失，与人恭而有礼，四海之内，皆兄弟也。君子何患乎无兄弟也？"

【译文】

司马牛很忧愁地说："人人都有兄弟，只有我自己没有。"子夏劝他说："我曾经听别人说过：'死生有命，富贵在天。'一个有道德的人做事认真，不出差错，对人恭敬有礼，那么，天下虽大，但到处都是自己的兄弟了。君子为什么要为没有兄弟而担忧呢？"

【原文】

子张问明。子曰："浸润之谮[1]，肤受之愬[2]，不行焉，可谓明也已矣。浸润之谮，肤受之愬，不行焉，可谓远也已矣。"

【注释】

①浸润之谮，谮（音 zèn），谗言。这是说像水那样一点一滴地渗进来的谗言，不易觉察。②肤受之愬：愬（音 sù），诬告。这是说像皮肤感觉到疼痛那样的诬告，即直接的诽谤。

【译文】

子张问怎样做才算是遇事明白的。孔子说："像水润物那样慢慢积累起来的诽谤，像切肤之痛那样的诬告，在你那里都行不通，那你可以算是明白人了。像水浸润那样慢慢积累起来的诽谤，像切肤之痛那样的诬告，在你那里行不通，你可以说是看得远了。"

【原文】

子贡问政。子曰："足食，足兵，民信之矣。"子贡曰："必不得已而去，于斯三者何先？"曰："去兵。"子贡曰："必不得已而去，于期二者何先？"曰："去食。自古皆有死，民无信不立。"

【译文】

子贡问怎样治理政事。孔子说："粮食充足，军备充足，老百姓信任政府。"子贡又问："如果不得不去掉一项，在这三项中先去掉哪一项呢？"孔子说："去掉军备。"子贡说："如果迫不得已还要去掉一项，那么这两项中去掉哪一项呢？"孔子说："去掉粮食。自古以来，人都会死的，失去人民的信任，国家就站不住了。"

【原文】

棘子成[1]曰："君子质而已矣，何以文为？"子贡曰："惜乎夫子之说君子也！驷不及舌。文犹质也，质犹文也，虎豹之鞟[2]犹犬羊之鞟。"

【注释】

①棘子成：卫国大夫。古代大夫都可以被尊称为夫子，所以子贡这样称呼他。②鞟：音 kuò，去掉毛的皮，即革。

【译文】

棘子成说："君子只要具有好的品质便够了，要那些文采（那些礼仪、那些形式）干什么呢？"子贡说："真遗憾，夫子您这样谈论君子。一言既出，驷马难追。本质和文采是同等重要的。假若把虎、豹皮，和犬羊两类兽皮拔去有文采的毛，那这两类皮革就很少区别了。"

【原文】

哀公问于有若曰："年饥，用不足，如之何？"有若对曰："盍彻乎？"曰："二①，吾犹不足，如之何其彻也？"对曰："百姓足，君孰与不足？百姓不足，君孰与足？"

【注释】

①二：抽取十分之二的税。

【译文】

鲁哀公问有若说："如果遇到年成不好，国家开销困难，应该怎么办？"有若回答说："为什么不实行十成抽一的田税制呢？"哀公说："十成抽二，我还不够，怎么能十抽一呢？"有若回答说："如果百姓的用度够，您怎么会不够呢？如果百姓的用度不够，您又怎么会够呢？"

【原文】

子张问崇德辨惑。子曰："主忠信，徙义，崇德也。爱之欲其生，恶之欲其死，既欲其生，又欲其死，是惑也。'诚不以富，亦祇以异。'"

【译文】

子张问怎样提高道德修养水平和辨别是非迷惑的能力呢。孔子说："以忠诚信实为主，努力做到义，就是提高品德。喜爱一个人，就希望他永远活着，厌恶起来就恨不得他立刻死去，既要他活，又要他死，这就是迷惑。（正如《诗》所说的）'这样，的确对自己毫无好处，只是使人奇怪罢了。'"

【原文】

齐景公[①]问政于孔子。孔子对曰："君君、臣臣、父父、子子。"公曰："善哉！信如君不君，臣不臣，父不父，子不子，虽有粟，吾得而食诸?"

【注释】

①齐景公：名杵臼（音 chǔjiù），齐国国君，公元前 547 年－公元前 490 年在位。

【译文】

齐景公问孔子，如何治理国家。孔子回答说："做君主的要像君的样子，做臣子的要像臣的样子，做父亲的要像父亲的样子，做儿子的要像儿子的样子。"齐景公说："讲得好呀！如果君不像君，臣不像臣，父不像父，子不像子，即使粮食多了，我能吃得着吗?"

【原文】

子曰："片言[①]可以折狱者，其由也与?"子路无宿诺[②]。

【注释】

①片言：诉讼双方中一方的言辞，即片面之词，古时也叫"单辞"。②宿诺：宿，久。拖了很久而没有兑现的诺言。

【译文】

孔子说："只根据单方面的供词就可以判决案件的，大概只有仲由吧。"子路从不拖延实现承诺。

【原文】

子曰："听讼[①]，吾犹人也。必也使无讼乎!"

【注释】

①听讼：讼（音 sòng），诉讼。审理诉讼案件。

【译文】

孔子说："审理诉讼案件，我同别人差不多。一定要使诉讼的事件完全消灭才好!"

【原文】

子张问政。子曰："居之无倦，行之以忠。"

【译文】

子张问如何治理政事。孔子说："居于官位不懈怠，执行君令要忠实。"

【原文】

子曰："博学于文，约之以礼，亦可以弗畔[①]矣夫！"

【注释】

①畔：同"判"。背离，违背，背叛。

【译文】

孔子说："（君子）广泛地学习文献，用礼来约束自己，也就可以不至于背离正道了吧！"

【原文】

子曰："君子成人之美，不成人之恶。小人反是。"

【译文】

孔子说："君子成全别人的好事，而不助长别人的恶处。小人则与此相反。"

【原文】

季康子问政于孔子。孔子对曰："政者正也。子帅以正，孰敢不正？"

【译文】

季康子问孔子如何治理国家。孔子回答说："政就是正的意思。您带头走正路，那么还有谁敢不走正道呢？"

【原文】

季康子患盗，问于孔子。孔子对曰："苟子之不欲，虽赏之不窃。"

【译文】

季康子苦于盗窃太多，向孔子请教。孔子回答说："假如你不贪图太多的财利，就是奖励偷抢，他们也不会干。"

【原文】

季康子问政于孔子曰："如杀无道，以就有道，何如?"孔子对曰："子为政，焉用杀？子欲善而民善矣。君子之德风，人小之德草，草上之风，必偃[①]。"

【注释】

①偃：仆，倒。

【译文】

季康子想孔子请教如何治理政事，说："如果杀掉无道的人亲近有道的人，怎么样?"孔子说："您治理政事，何必要杀人呢？您自己想做好事，老百姓也会跟着做好事。君子的品德好比风，小人的品德好比草，风吹到草上，草就跟着倒。"

【原文】

子张问："士何如斯可谓之达矣?"子曰："何哉，尔所谓达者?"子张对曰："在邦必闻，在家必闻。"子曰："是闻也，非达也。夫达也者，质直而好义，察言而观色，虑以下人[①]。在邦必达，在家必达。夫闻也者，色取仁而行违，居之不疑。在邦必闻，在家必闻。"

【注释】

①下人：下，动词。对人谦恭有礼。

【译文】

子张问："读书人怎样才可以通达呢?"孔子说："你说的通达是什么意思?"子张答道："通达，就是在诸侯国家一定有名望，在卿大夫封地里也必定名声在外。"孔子说："这只是虚假的名声，并不是通达。所谓显达，那是要质朴正直，内心喜爱道义，善于对察别人的神色，揣摩别人的言语，从内心愿意处在别人之下。这样的人在诸侯国家必定通达。至于有名声的人，外表上装得很有仁德，而行动上却与此相反，他自己以仁人自居而毫不怀疑。

这种人，在诸侯国必定能骗取名誉，在卿大夫封地也必定能骗取名誉。”

【原文】

樊迟从游于舞雩之下，曰：“敢问崇德、修慝①、辨惑。”子曰：“善哉问！先事后得，非崇德与？攻其恶，无攻人之恶，非修慝与？一朝之忿，忘其身，以及其亲，非惑与？”

【注释】

①修慝：修，改正；慝（音 tè），邪恶的念头。这里是指改正邪恶的念头。

【译文】

樊迟陪着孔子在舞雩台下散步，他说：“请问怎样提高自己的品德修养？怎样消除邪念？怎样辨别迷惑？”孔子说：“问得好！首先付出劳动，然后收获，不就是提高品德了吗？批判自己的坏处，不去批判别人的坏处，不就消除邪念了吗？由于一时的气愤，便忘记自己，甚至忘记了爹娘，这不就是迷惑吗？”

【原文】

攀迟问仁。子曰：“爱人。”问知。子曰：“知人。”樊迟未达。子曰：“举直错诸枉①，能使枉者直。”樊迟退，见子夏曰：“乡②也吾见于夫子而问知，子曰‘举直错诸枉，能使枉者直’，何谓也？”子夏曰：“富哉言乎！舜有天下，选于众，举皋陶③，不仁者远矣。汤有天下，选于众，举伊尹，不仁者远矣。”

【注释】

①举直错诸枉：错，同“措”，放置。诸，这是“之于”二字的合音。枉，不正直，邪恶。意为选拔直者，罢黜枉者。②乡：音 xiàng，同“向”，过去。③皋陶：音 gāo yáo，传说中舜时掌握刑法的大臣。

【译文】

樊迟问什么是仁德。孔子说：“爱人。”樊迟又问什么是智，孔子说：“善于鉴别人、物。”樊迟还不明白。孔子说：“选拔正直的人，罢黜邪恶的人，这样就能使邪者归正。”樊迟退出来，找到子夏说：“刚才我见到老师，问他什么是智，他说‘选拔正直的人，罢黜邪恶的人，这样就能使邪者归正。这是什么意思?”子夏说：“这话说得多么深刻呀！舜有了天下，在众人中挑选，把皋陶选拔出来，不仁的人就被疏远了。汤有了天下，在众人中选拔，把伊尹选拔出来，不仁的人也就难以存在了。”

【原文】

子贡问友。子曰：“忠告而善道之，不可则止，毋自辱也。”

【译文】

子贡问孔子怎样对待朋友。孔子说：“忠诚地劝告他，委婉恰当地引导他，他如果不听也就罢了，不要自取其辱。”

【原文】

曾子曰：“君子以文会友，以友辅仁。”

【译文】

曾子说：“君子用文章学问来结交朋友，依靠朋友间互相帮助来提高仁德。”

【故事】

人与人交往要讲究礼仪

《鲁论》中孔子说：“一出门就像去拜见贵宾，治理人民就像是身临祭祀。”这是回答仲弓询问仁的话。所谓贵宾，不是指爵位高的人，而是说德高望重的长辈、尊者，按礼都是应当尊敬的。大祭，不是祭祀祖宗社稷的祭礼，是祭、尝祭的祭礼，按礼来说也都是应当恭敬的。

《孝经》里说：“要使上面的人安稳。人民治理得好，没有比礼更好的了。礼就是恭敬。”《曲礼》中说：“不可不恭敬。”《乐记》说：“礼乐不可以有片刻离开我们。”所以说“礼不是一朝就可以废除的”。

礼可以驱赶邪恶。《左传》记载宣公二年，晋灵公不像个君主，赵宣子多次进谏，灵公便认为他是个心腹之患，派人去杀他。这个人早晨去时，宣子已经起床，屋门大开。宣子穿好衣服正要去早朝，时间还早，就坐下来养了一会儿神。这个人退下去叹息着说："他不忘记对君主的恭敬，是人民的主人。杀了人民的主人，是不忠，但违背君主的命令，是不信，出现任何一种情况，都不如死掉。"于是这个人就撞槐树而死。汉高祖五年，天下基本平定，只有鲁国还没有降服，高祖想去屠杀鲁国；兵临城下，城内仍传出秦乐朗诵的声音。因为它是遵守礼义的国家，现在正为他们的君主守节，于是汉军拿着项羽的头给他们看，鲁才投降。也许遵守礼义就能消除战争吧。

礼可以让人高尚。东汉的茅容，字季伟，是陈留人，年过四十，还在田里耕种。一天遇上下雨，他和同辈人在树下避雨，其他人都歪坐着，只有茅容独自正襟危坐，态度非常恭敬。太原的郭泰，字林宗，正从这里路过，看见后认为他非同寻常，于是同他相识。茅容请他住到家里，早上，茅容杀鸡做饭，林宗想这是为自己做的。做好以后他却送给了他母亲，自己和客人只用蔬菜喝酒，郭泰站起来向茅容行礼说："你真是贤明啊！我郭泰招待宾客，只是减少牛羊猪三种肉菜，你能这样做，真是我的朋友。"他劝茅容去读书，最后终于把他培养成了大德之人。

其实，礼就是超乎常人的德行。《左传》中说：僖公三十三年，晋国缺俘获了白狄的儿子。当初，晋胥臣臼季，奉使经过翼城，看见缺在耕田，他的妻子给他送饭，十分尊敬，两人互相像客人一样对待。臼季和他一起回到晋国，告诉晋文公说："对别人尊敬，这是积德，如果能尊敬别人，一定有德。德是用来治理人民的，你一定要任用他。我听说过，出门像迎接宾客，做事像去祭祀。"文公于是任用他为大夫。到这一年襄公派他讨伐白狄的首领，俘获了他。

许多青年人交友处世常常步入这样一个误区：好朋友之间无须讲究礼仪。他们认为，好朋友彼此熟悉了解，亲如兄弟，财物不分，有福共享，讲究礼仪太拘束也太外道了。其实，他们没有意识到，朋友关系的存续是以相互尊重为前提的，容不得半点强求、干涉和控制。彼此之间，情趣相投、脾气对味则合、则交，反之，则离、则绝。朋友之间再熟悉，再亲密，也不能随便过头，不讲礼仪，这样，默契和平衡将被打破，友好关系将不复存在。

和谐深沉的交往，需要充沛的感情为纽带，这种感情不是矫揉造作的，而是真诚的自然流露。中国素称礼仪之邦，用礼仪来维护和表达感情是人之常情。当然，我们说好朋友之间讲究礼仪，并不是说在一切情况下都要恪守不必要的繁琐的客套和热情，而是强调好友之间相互尊重，不能跨越对方的禁区。

每个人都希望拥有自己的一片小天地，朋友之间过于随便，就容易侵入这片禁区，从而引起隔阂冲突。譬如，不问对方是否空闲，愿意与否，任意支配或占用对方已有安排的宝贵时间，一坐下来就“屁股沉”，全然没有意识到对方的难处与不便；一意追问对方深藏心底的不愿启齿的秘密，一味探听对方秘而不宣的私事；忘记了“人亲财不亲”的古训，忽视朋友是感情一体而不是经济一体的事实，花钱不记你我，用物不分彼此。凡此等等，都是不尊重朋友，侵犯、干涉他人的坏毛病。偶然疏忽，可以理解，可以宽容，可以忍受。长此以往，必生间隙，导致朋友的疏远或厌恶，友谊的淡化和恶化。因此，好朋友之间也应讲究礼仪，恪守交友之道。

民无信不立

治理国家，孔子认为首要的原则就是要“敬事而信”，对待一件事情只要接受了就认真地去做。做领导的人要使下面的人信服，就必须做到言而有信，说了的话一定要兑现。像好的将军身先士卒就是“敬事”，令行禁止就是有“信”，士兵们就会因此受到感动而自动地服从。

在战国七雄中，秦国在政治、经济、文化各方面都比中原各诸侯国落后。相邻的魏国就比秦国强，还从秦国夺去了河西一大片地方。

周显王八年，秦国的新君秦孝公即位。他下决心发愤图强，首先搜罗人才。他下了一道命令，说：“不论是秦国人或者外来的客人，谁要是能想办法使秦国富强起来，就封他做官。”

秦孝公这样一号召，果然吸引了不少有才干的人。有一个卫国的贵族公孙鞅（就是后来的商鞅），在卫国得不到重用，跑到秦国，托人引见，得到秦孝公的接见。

商鞅对秦孝公说：“一个国家要富强，必须注意农业，奖励将士；要打算把国家治好，必须有赏有罚。有赏有罚，朝廷有了威信，一切改革也就容易进行了。”

秦孝公完全同意商鞅的主张。可是秦国的一些贵族和大臣却竭力反对。秦孝公一看反对的人这么多，自己刚刚即位，怕闹出乱子来，就把改革的事暂时搁了下来。

商鞅

过了两年，秦孝公的君位坐稳了，就拜商鞅为左庶长（秦国的官名），说：“从今天起，改革制度的事全由左庶长拿主意。”

商鞅起草了一个改革的法令，但是怕老百姓不信任他，不按照新法令去做。他就先叫人在都城的南门竖了一根三丈高的木头，下命令说：“谁能把这根木头扛到北门去，就赏十两金子。”

不一会，南门口围了一大堆人，大家议论纷纷。有的说：“这根木头谁都拿得动，哪儿用得着十两赏金？”有的说：“这大概是左庶长成心开玩笑吧。”

大伙儿你瞧我，我瞧你，就是没有一个敢上去扛木头的。

商鞅知道老百姓还不相信他下的命令，就把赏金提到五十两。没有想到赏金越高，看热闹的人越觉得不近情理，仍旧没人敢去扛。

正在大伙儿议论纷纷的时候，人群中有一个人跑出来，说：“我来试试。”他说着，真的把木头扛起来就走，一直搬到北门。

商鞅立刻派人传出话来，赏给扛木头的人五十两黄澄澄的金子，一两也不能少。

这件事立即传开去，一下子轰动了秦国。老百姓说：“左庶长的命令不含糊。”

商鞅知道，他的命令已经起了作用，就把他起草的新法令公布了出去。新法令赏罚分明，规定官职的大小和爵位的高低以打仗立功为标准。贵族没有军功的就没有爵位；多生产粮食和布帛的，免除官差；凡是为了做买卖和因为懒惰而贫穷的，连同妻子儿女都罚作官府的奴婢。

秦国自从商鞅变法以后，农业生产增加了，军事力量也强大了。不久，秦国进攻魏国的西部，从河西打到河东，把魏国的都城安邑也打了下来。

商鞅的这段故事正说明了“民无信不立”的道理，只有在民众中树立了威信，才可能更好地统治民众，使民众信服。

做官要尽职尽责

俗言道：“处处留心皆学问。”任何事情都怕用心的人，有心者事竟成，做官也是如此。不用心做官，怎能一心为民，造福为民，功扬天下呢？中国古代杰出的帝王康熙帝曾论治政九要，首要就是“为政必须兢兢业业”，这让“做一天和尚敲一天钟”的为“官”者要好好反思了。

顺治十年五月，福临为治理好国家，整顿朝纲，特请范文程研究治国安邦之道。范文程坦诚地说：“大凡行善合天者，必君明臣良，交相释回，始克荷天休而济国事。若人主愎谏自用，谁复进言？”这番话，实际上是要福临以过去多尔衮重用冯铨等亲信，独专朝政而引发内部派斗为教训，要善纳群言，能听进不同意见，使君主的决策能顺乎民心民意，合乎潮流。在此之前，他还向福临建议：多尔衮在时，那些疏远他的大臣或因反对他而受到排挤的官员，都是爱国忠君有正义感的人才，皇上要“当思所爱惜之”。福临接受了他的意见，“原任科道官许作梅、李森先、桑芸、向玉轩、庄宪祖诸人内，系参冯铨降革者，俱起用。”

在此之后，范文程又提出了兴屯田，招抚流民；举人才，不论满汉新旧，不拘资格大小，不避亲疏恩怨等重要建议，多被采纳并实行。不仅如此，他还对朝中那些敢于直言不苟、秉公不阿的臣僚给以爱护。当时著名谏臣魏象枢，因在朝中“与诸大臣抗辩是非无少诎”，而常常遭到权贵们的攻击。独范文程“心识之，曰：‘直哉，此我国家任事之臣也。”由于魏象枢得到范的支持，使之在朝内声望日高，顺治帝因此受益匪浅。所以，李蔚曾称道范文程是培养人才、爱护人才的伯乐。

顺治十一年八月，范文程晋秩少保兼太子太保。但他此时已年老体衰，力不从心，多次上疏乞休。福临不愿失去这样一位谋士和得力助手，命他“暂令解任”，一俟病愈，“以需台用”，还特别加封太傅兼太子太师。然而，明智而又深谋远虑的范文程，就此谢政隐退，安度晚年。到康熙五年八月，年至70岁的范文程结束了他一生从政50年的谋略生涯。康熙五十二年，玄烨亲笔书写“元辅高风”于其祠，对其在清初统治时期的作用做出了评价。

范文程

尽职尽责，尽心尽力，这是为官的基本原则。谨守这个原则的人，总能够彪秉史册。三国魏太和年间，仓慈调任敦煌太守。当时，这里有几家大姓豪族，骄横霸道，胡作非为。以前的太守就是因为惧怕大族势力，不敢革除弊政，无所作为才被免职的。仓慈上任后，便对敦煌的弊政进行了大刀阔斧的改革。他首先抑制权贵，抚恤百姓，将大姓豪族们的土地予以没收，并按照人口分给贫苦的百姓。与此同时，他还仔细审阅每一宗积压的案件，权衡轻重，判断是非，不敢有丝毫懈怠。定案后，涉案人员该释放的释放，该关押的关押。不出一年，就把敦煌地区治理得井然有序，当地的百姓都称赞他是难得的父母官。

当时，西域（指现在玉门关以西的新疆和中亚细亚等地区）的少数民族为了建立双方的友好关系，几次前来向仓慈进献礼品。不料，几家大姓贵族竟乘机将来人所带的礼品抢劫一空。不仅如此，这些豪强大族还通过欺诈行为与少数民族进行贸易，获取暴利。对此，少数民族百姓一直心怀怨恨。得知这种情况后，仓慈十分恼火，下令将肇事的豪强绳之以法。事后，他又亲自前往西域，向当地少数民族百姓表达了诚挚的歉意，并专门派人修筑了便于双方贸易往来的通道。此时，少数民族百姓满怀深情地称赞他是有“德惠”的好官。

仓慈在敦煌任官多年，兢兢业业，勤勤恳恳，后来终因操劳过度，累死在任上。当地的百姓听说后，如同失去了父母，悲痛欲绝。为了表达对仓慈的感激和怀念之情，百姓们不约而同地出钱出力为他建石碑、修祠堂。

一个有德之官，一个为百姓之事尽心尽力的官员，人民是不会忘记他的。

子路篇第十三

【原文】

子路问政。子曰："先之劳之。"[①]请益。曰："无倦。"

【注释】

①先之劳之：先，引导，先导，即教化。之，指老百姓。做在老百姓之前，使老百姓勤劳。

【译文】

子路问孔子怎样治理国家。孔子回答说："要带头去干，带动老百姓勤劳地干。"子路请求他讲得再详细一点。孔子说："永远不要懈怠。"

【原文】

仲弓为季氏宰，问政。子曰："先有司[①]，赦小过，举贤才。"曰："焉知贤才而举之？"曰："举尔所知。尔所不知，人其舍诸？"

【注释】

①有司：古代负责具体事务的官吏。

【译文】

仲弓做了季氏的家臣，向孔子问政治。孔子说："给工作人员做榜样，不计较别人的小过失，提拔优秀人才。"仲弓又问："怎样去识别优秀人才而把他们选拔出来呢？"孔子说："选拔你所知道的，那些你不知道的贤才，别人难道会埋没他们吗？"

【原文】

子路曰："卫君[①]待子为政，子将奚先？"子曰："必也正名乎！"子路

曰：“有是哉，子之迂也！奚其正？”子曰：“野哉，由也！君子于其所不知，盖阙[2]如也。名不正则言不顺，言不顺则事不成，事不成则礼乐不兴，礼乐不兴则刑罚不中，刑罚不中，则民无所措手足。故君子名之必可言也，言之必可行也。君子于其言，无所苟而已矣。”

【注释】

①卫君：卫出公，名辄，卫灵公之孙。其父蒯聩被卫灵公驱逐出国，卫灵公死后，蒯辄继位。蒯聩要回国争夺君位，遭到蒯辄拒绝。这里，孔子对此事提出了自己的看法。②阙：同“缺”，存疑的意思。

【译文】

子路（对孔子）说：“卫国国君等着您去治理政事，您打算先干什么呢？”孔子说：“首先必须纠正名分不当。”子路说：“您的迂腐竟到了如此地步了。这又何必纠正呢？”孔子说：“仲由，你怎么这样粗野啊。君子对于他所不知道的事情，总是采取存疑的态度。用词不当，言辞就不能顺理成章，言语不顺当合理，事情就办不成。事情办不成，礼乐也就不能兴盛。礼乐不能兴盛，刑罚的执行就不会得当。刑罚不得当，百姓就坐立不安。所以，君子一定要定下一个名分，必须能够说得通。君子对于自己所说的话，不能有一点随随便便呀。”

【原文】

樊迟请学稼。子曰：“吾不如老农。”请学为圃[1]。曰：“吾不如老圃。”樊迟出。子曰：“小人哉，樊须也！上好礼，则民莫敢不敬，上好义，则民莫敢不服；上好信，则民莫敢不用情。夫如是，则四方之民襁[2]负其子而至矣，焉用稼？”

【注释】

①圃：音pǔ，菜地，引申为种菜。②襁：音qiǎng，背婴孩的背篓。

【译文】

樊迟请教如何种庄稼。孔子说："我不如老农民。"他又请教如何种菜。孔子说："我不如老菜农。"樊迟退了出来，孔子说："樊迟真是小人。统治者重视礼节，老百姓就没有人不敢不敬畏；统治者行为正当，老百姓就没有人敢不服从；统治者诚恳信实，老百姓就没人敢不说真话。要是这样，四面八方的老百姓就会背着自己的小儿女来投奔，哪里用得着自己去种庄稼呢？"

【原文】

子曰："诵诗三百①，授之以政，不达；使于四方，不能专对。虽多，亦奚以为？"

【注释】

①诗三百：指《诗经》。

【译文】

孔子说："熟读了《诗》三百篇，让他处理政务，却办不通；让他出使外国，又不能独立地办交涉；虽然学了很多，又有什么用呢？"

【原文】

子曰："其身正，不令而行；其身不正，虽令不从。"

【译文】

孔子说："当权者本身品行端正，即使不下命令，百姓也会执行；当权者本身行为不正，即使下命令，百姓也不会服从。"

【原文】

子曰："鲁卫之政，兄弟也。"

【译文】

孔子说："鲁和卫两国的政事，就像兄弟（的政事）一样。"

【原文】

子谓卫公子荆[①]："善居室。始有，曰：'苟[②]合矣'。少有，曰：'苟完矣。'富有，曰：'苟美矣。'"

【注释】

①卫公子荆：卫国大夫，字南楚，卫献公的儿子。②苟：差不多。

【译文】

孔子谈到卫国的公子荆时说："他善于管理家业。开始有些钱财时，他说：'差不多合于我的要求了。'再增加一些财产时，他说：'差不多完备了。'到财产富足时，他说：'差不多算是完美了'。"

【原文】

子适卫，冉有仆[①]。子曰："庶矣哉！"冉有曰："既庶[②]矣，又何加焉？"曰："富之。"曰："既富矣，又何加焉？"曰："教之。"

【注释】

①仆：驾车。②庶：众多，这里指人口众多。

【译文】

孔子到卫国去，冉有驾车。孔子说："（这儿）人真多呀！"冉有说："人口已经够多了，又该怎么办呢？"孔子说："让他们富起来。"冉有说："富了以后又该怎么办呢？"孔子说："教育他们。"

【原文】

子曰："苟有用我者，期月而已可也，三年有成。"

【译文】

孔子说："如果用我主持国家政事的，一年便差不多了，三年就会很有成效。"

【原文】

子曰："善人为邦百年，亦可以胜残去杀矣。诚哉是言也！"

【译文】

孔子说："善人治理国家，经过一百年，就能将残暴凶恶之人化为善良，不必用杀戮重刑了。这话真对呀！”

【原文】

子曰：“如有王者，必世而后仁。”

【译文】

孔子说：“如果有王者兴起，也一定要三十年才能使仁政大行。”

【原文】

子曰：“苟正其身矣，于从政乎何有？不能正其身，如正人何？”

【译文】

孔子说：“假使让自己的品行端正了，那么处理政事又什么困难呢？如果不能端正自身的品行，那又怎能使别人品行端正呢？”

【原文】

冉子退朝。子曰：“何晏也？”对曰：“有政。”子曰：“其事也？如有政，虽不吾以，吾其与闻之。”

【译文】

冉求退朝回来，孔子说：“今天为什么回来得这么晚呀？”冉求回答说：“有政事。”孔子说：“那只是事务罢了？若真有政务，虽然国君不用我了，我也会知道的。”

【原文】

定公问：“一言而可以兴邦，有诸？”孔子对曰：“言不可以若是其几也。人之言曰：‘为君难，为臣不易。’如知为君之难也，不几乎一言而兴邦乎？”曰：“一言而丧邦，有诸？”孔子对曰：“言不可以若是其几也。人之言曰：‘予无乐乎为君，唯其言而莫予违也。’如其善而莫之违也，不亦善乎？如不善而莫之违也，不几乎一言而丧邦乎？”

【译文】

鲁定公问："一句话可以使国家兴盛，有这样的话吗？"孔子答道："话不可以说得这样绝对。有人说：'做君难，做臣不易。'如果知道了做君的难，那不近乎于一句话可以使国家兴盛吗？"鲁定公又问："一句话可以亡国，有这样的事吗？"孔子回答说："话不可以说得这样绝对。有人说过：'我对做君主不觉得有什么可高兴的，我所高兴的只在于我所说的话没有人敢于违抗。'如果说得对而没有人违抗，不也好吗？如果说得不对而没有人违抗，那不就近乎于一句话可以亡国吗？"

【原文】

叶公问政。子曰："近者悦，远者来。"

【译文】

叶公问孔子怎样管理政事。孔子说："使在您统治下的百姓感到高兴，使在您统治地域外的百姓前来投奔。"

【原文】

子夏为莒父①宰，问政。子曰："无欲速，无见小利。欲速则不达，见小利则大事不成。"

【注释】

①莒父：莒（音jǔ），鲁国的一个城邑，在今山东省莒县境内。

【译文】

子夏做莒父这个地方的总管，他向孔子询问有关管理政事的方法。孔子说："不要只求快，不要贪求小利。求快反而达不到目的，贪求小利就做不成大事。"

【原文】

叶公语孔子曰："吾党①有直躬者，其父攘羊②，而子证之。"孔子曰："吾党之直者异于是：父为子隐，子为父隐，直在其中矣。"

【注释】

①党：乡党，古代以五百户为一党。②攘羊：偷羊。

【译文】

叶公告诉孔子说："我们乡党有个正直的人，他的父亲偷了人家的羊，他告发了父亲。"孔子说："我们乡党正直的人不是这样：父亲为儿子隐瞒，儿子为父亲隐瞒。正直就在其中了。"

【原文】

樊迟问仁。子曰："居处恭，执事敬，与人忠。虽之夷狄，不可弃也。"

【译文】

樊迟问什么是仁。孔子说："平常在家态度恭敬，办事严肃认真，对人忠心诚意。即使到了夷狄之地，这三种品德也不可背弃。"

【原文】

子贡问曰："何如斯可谓之士[①]矣？"子曰："行已有耻，使于四方，不辱君命，可谓士矣。"曰："敢问其次。"曰："宗族称孝焉，乡党称弟焉。"曰"敢问其次。"曰："言必信，行必果，硁硁[②]然小人哉！抑亦可以为次矣。"曰："今之从政者何如？"子曰："噫！斗筲之人[③]，何足算也？"

【注释】

①士：士在周代贵族中位于最低层。此后，士成为古代社会知识分子的通称。②硁硁：音 kēng，象声词，敲击石头的声音。这里引申为像石块那样坚硬。③斗筲之人：筲（音 shāo），竹器，容一斗二升。比喻浅薄固执的小人。

【译文】

子贡问道："怎样才可以叫做士？"孔子说："能用羞耻之心约束自己的行为，出使外国，能够很好地完成君主交付的任务，这样就可以叫做士。"子贡又问："请问次一等的是什么呢？"孔子说："宗族中的人称赞他孝顺父母，乡党们称他尊敬兄长。"子贡又问："请问再次一等的是什么呢？"孔子说："说话必须讲信用，做事必须果断，这本是浅薄固执的小人啊。但也可以说是再次一等的士了。”子贡说：“现在的执政者，您看怎么样？”孔子说：“唉！这些器量狭小的人，哪里值得一提呢？”

【原文】

子曰：“不得中行而与之，必也狂狷[①]乎！狂者进取，狷者有所不为也。”

【注释】

①狷：音juàn，拘谨，有所不为。

【译文】

孔子说：“我找不到奉行中庸之道的人和他交往，只能与狂者、狷者相交往了。狂者有进取心，敢作敢为；狷者拘谨，洁身自好，决不肯做坏事的。”

【原文】

子曰：“南人有言曰：‘人而无恒，不可以作巫医[①]。’善夫！”“不恒其德，或承之羞。”[②]子曰：“不占而已矣。”

【注释】

①巫医：用卜筮为人治病的人。②不恒其德，或承之羞：此二句引自《易经·恒卦·爻辞》。

【译文】

孔子说：“南方人有句话说：‘人如果做事没有恒心，连巫医也不能做。’这句话说得真好啊！”“人要是不能长久地保持德行，就会遭来耻辱。”孔子又说：“（这句话是说，没有恒心的人）就用不着去占卦了。”

【原文】

子曰：“君子和[①]而不同[②]，小人同而不和。”

【注释】

①和：和谐、协调。②同：指人云亦云，盲目附和。

【译文】

孔子说：“君子讲协调而不盲目附和，小人盲目附和，而不讲求协调。”

【原文】

子贡问曰："乡人皆好之，何如?"子曰："未可也。""乡人皆恶之，何如?"子曰："未可也。不如乡人之善者好之，其不善者恶之。"

【译文】

子贡问孔子说："全乡的人都喜欢、赞扬他，这个人怎么样?"孔子说："这还不能肯定。"子贡又问孔子说："一乡的人都厌恶他，这个人怎么样?"孔子说："这还不行。最好是全乡的好人都喜欢他，全乡的坏人都厌恶他。"

【原文】

子曰："君子易事①而难说也。说之不以道，不说也；及其使人也，器之。小人难事而易说也。说之虽不以道，说也；及其使人也，求备焉。"

【注释】

①易事：易于与人相处共事。

【译文】

孔子说："在君子手下工作容易而讨好他的喜欢很难。不是用正道去讨他的喜欢，他是不会喜欢的。但是，当他使用人的时候，他能够按照个人的才能加以合理的使用；在小人手下工作很难，但要取得他的欢喜则是很容易的。即使不按正道去讨他的喜欢，也会得到他的喜欢。但等到他使用人的时候，却往往求全责备。"

【原文】

子曰："君子泰而不骄，小人骄而不泰。"

【译文】

孔子说："君子安详舒泰，而不骄傲放肆，小人骄傲放肆，而不安详舒泰。"

【原文】

子曰："刚、毅、木、讷近仁。"

【译文】

孔子说："刚强、果敢、朴实、谨慎，这四种品德的人就接近于仁。"

【原文】

子路问曰："何如斯可谓之士矣？"子曰："切切偲偲①，怡怡②如也，可谓士矣。朋友切切偲偲，兄弟怡怡。"

【注释】

①偲偲：音 sī，勉励、诚恳的样子。②怡怡：音 yí，和顺的样子。

【译文】

子路问孔子道："怎样才可以称为士呢？"孔子说："互相批评又能和睦相处，就可以算是士了。朋友之间互相督促勉励，兄弟之间亲切和气。"

【原文】

子曰："善人教民七年，亦可以即戎矣。"

【译文】

孔子说："善人用七年的时间教导民众，也就可以叫他们当兵打仗了。"

【原文】

子曰："以不教民战，是谓弃之。"

【译文】

孔子说："如果让没有受过训练的人民去作战，这就等于让他们白白送死。"

【故事】

正人先正己

孔子认为作为君子必须端正自己的行为，这样才能有资格来端正别人。正人先正己，以身作则这样才能管理好政事。

曹操，东汉末年的丞相，后被封为魏王，是三国时期著名的政治家、军事家。曹操带兵军纪十分严明，并且自己也以身作则，带头遵守，因此，他的军队很有战斗力，很快就消灭了多股强大的军阀割据势力，统一了中国北方。

曹操看到中原一带，由于多年战乱，人民四处流散，田地荒芜，就采纳部将的建议，下令让军队的士兵和老百姓实行屯田。很快，荒芜的土地种上了庄稼，收获了大批的粮食。有了粮食，老百姓安居乐业了，军队也有了充足的军粮，为进一步统一全国打下了物质基础。看到这一切，大家都很高兴。

曹操

可是，有些士兵不懂得爱护庄稼，常有人在庄稼地里乱跑，踩坏庄稼。曹操知道后很生气，他下了一道极其严厉的命令：全军将士，一律不得践踏庄稼，违令者斩！

将士们都知道曹操一向军令如山，令出必行，令禁必止，决不姑息宽容。所以此令一下，将士们小心谨慎，唯恐犯了军纪。将士们操练，行军经过庄稼地旁边的时候，总是小心翼翼地通过。有时，将士们看到路旁有倒伏的庄稼，还会过去把它扶起来。

有一次，曹操率领士兵们去打仗。那时候正好是小麦快成熟的季节。曹操骑在马上，望着一望无际的金黄色的麦浪，心里十分高兴。

正当曹操骑在马上边走边想问题的时候，突然“扑棱棱”的一声，从路旁的草丛里窜出几只野鸡，从曹操的马头上飞过。曹操的马没有防备，被这突如其来的情况吓惊了。它嘶叫着狂奔起来，跑进了附近的麦子地。等到曹操使劲勒住了惊马，地里的麦子已经被踩倒了一大片。

看到眼前的情景，曹操把执法官叫了来，十分认真地对他说：“今天，我的马踩坏了麦田，违犯了军纪，请你按照军法给我治罪吧！”

听了曹操的话，执法官犯了难。按照曹操制定的军纪，踩坏了庄稼，是要治死罪的。可是，曹操是主帅，军纪也是他制定的，怎么能治他的罪呢？

想到这，执法官对曹操说：“丞相，按照古制‘刑不上大夫’，您是不必领罪的。”

“这怎么能行？”曹操说，“如果大夫以上的高官都可以不受法令的约束，那法令还有什么用处？何况这糟蹋了庄稼要治死罪的军令是我下的，如果我自己不执行，怎么能让将士们去执行呢？”

“这……”执法官迟疑了一下，又说：“丞相，您的马是受到惊吓才冲入麦田的，并不是您有意违犯军纪，踩坏庄稼的，我看还是免于处罚吧！”

“不！你的理不通。军令就是军令，不能分什么有意无意，如果大家违犯了军纪，都去找一些理由来免于处罚，那军令不就成了一纸空文了吗？军纪人人都得遵守，我怎么能例外呢？”

执法官头上冒出了汗，他想了想又说：“丞相，您是全军的主帅，如果按军令从事，那谁来指挥打仗呢？再说，朝廷不能没有丞相，老百姓也不能没有您呐！”众将官见执法官这样说，也纷纷上前哀求，请曹操不要处罚自己。

曹操见大家求情，沉思了一会说：“我是主帅，治死罪是不适宜。不过，不治死罪，也要治罪，那就用我的头发来代替我的首级吧！”说完他拔出了宝剑，割下了自己的一把头发。

正是因为曹操能够做到正人先正己，以身作则，才使得他的军队纪律严明，战斗力强，从而统一天下。

选拔人才要以贤之道

选拔重用人才，才能不可不虑，但德行、人品则居其一。有才无德不能得人心。所谓“贤人”其实就是德才兼备之人。诸葛亮对于贤人的“德才兼备”的要求，事实上是由于他对人的德才两方面与治国的关系认识得深刻，具有大智者的眼光。刘备死后，诸葛亮执政，他十分注意物色后起之秀，并加以培养和大力提拔。他选拔人才不仅重视才干，也极重视德行，如他在《前出师表》里推荐董允等人时，特别强调他们为人“良实，志虑忠纯”，并告诫后主刘禅要“亲贤臣，远小人”。

古人所谓的“贤臣”，一般是指德行高尚、有济世之才的人。诸葛亮认为“治国之道，务在举贤”，又说：“夫失贤而不危，得贤而不安，未之有也。为人择官则乱，为官择人则治，是以聘求贤士。”

诸葛亮把择贤作为其重要职责，把德才兼备作为其选拔人才的准则。他培养和提拔的后继者蒋琬、董允和姜维都是德才兼备之士，为时人所推崇。

诸葛亮用蒋琬作为继承人，而不用时人认为“必代亮”的魏延，便是个很典型的例子。魏延是蜀汉一员猛将，其武艺和才能都不在“五虎将”之下。刘备在世时对他是很重视的，如他从曹操手里夺取汉中后，需大将镇守，众人以为必用张飞，张飞也认为非己莫属。不料刘备却破格选用魏延，把他从牙门将军提升为督汉中镇远将军，领汉中太守，使“一军尽惊”。刘备死后，诸葛亮执政时倚他为军中支柱。由于他屡立战功，又被提升为前军师征西大将军，进封南郑侯。时人都认为他是诸葛亮的当然后继者，可是事情却出乎人们的意料之外，诸葛亮早就选定蒋琬为他的后继者了。

他在给后主的密信中说：“臣若不幸，后事宜以付琬。”这是什么原因呢？原来，诸葛亮选拔后继者是根据其德才而定的。魏延虽有才干又勇猛过人，但“秉性矜高，当时下皆避之”，不能团结人。如他与杨仪是诸葛亮军中的左右手，却闹得水火不容，甚至与杨仪争论时，举起刀要杀杨仪。显然，不能团结人的人，是不可能把一国治理好的。

魏延

诸葛亮只用魏延的才能而没有托之以重任，这说明他是善于用人的。后来的事实也证明了诸葛亮不把后事托付与魏延是正确的。诸葛亮一死，魏延就不顾大局，为个人私怨和权力与杨仪火并，结果被其部属马岱所杀。所以说，诸葛亮把后事托付给蒋琬是非常明智的。

蒋琬，字公琰，零陵湘乡人。他随刘备入蜀，任广都长。刘备因事到广都，误以为他不理事，当时又恰逢他酩酊大醉，心里很火，准备加罪把他杀掉。

诸葛亮对刘备说：“蒋琬，社稷之器，非百里之才也。其为政以安民为本，不以修饰为先，愿主公重加察之。”

刘备听信诸葛亮，便不加死罪，仅把他撤职。后来，由于诸葛亮的推荐和提拔，蒋琬由尚书郎至参军，后又升为长史兼抚军将军。诸葛亮率军出征，他都能做到足兵足食以相供给，对支持诸葛亮北伐起了十分重要的作用。因此，诸葛亮很赞赏他。

诸葛亮病逝，后主遵其所嘱，任蒋琬为尚书令，主持国政。当时，蜀国新丧元帅，远近危悚，可是蒋琬既无戚容，又无喜色，日理万机，镇静如常，因此深得众望。蒋琬为人度量宽宏，肯纳忠言，秉公办事，不计恩怨。在他执政期间，做到人和国安，没有辜负诸葛亮的重任，诸葛亮逝世后，蜀国军国大政先后由蒋琬、姜维主管，时间长达29年，比之刘备、诸葛亮两人治蜀时间还多九年。

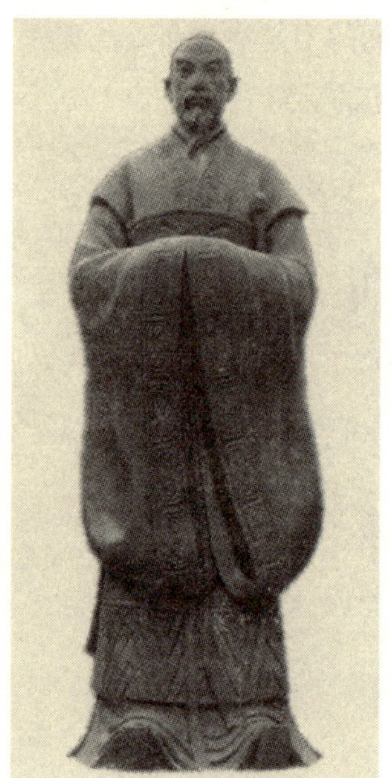

蒋琬

在蜀、魏对峙中，蜀弱魏强，对手又都是杰出的人才，客观上不存在蜀胜的形势。诸葛亮曾竭尽全力，也劳而无功，单靠姜维等人的主观努力是不可能扭转这种局面的，而蒋琬、姜维等竟能保卫蜀国达29年之久，倘他们没有非凡的才能和无限的忠心，何能如此！

这不仅说明诸葛亮善于“任贤举能”，也证明了诸葛亮以德才兼备作为选拔人才的准则是完全正确的。

诸葛亮重用之人皆德才兼备，这与他个人风格有关。诸葛亮本人就是个德隆才高的大贤人，他未出草庐已预见天下三分，为刘备制订正确的战略决策——“隆中对”；为北图中原，统一中国，他做到“鞠躬尽瘁，死而后已”。他具有如此崇高风格是由于他公而忘私、不谋私利，他病危时自表后主说：“臣家有桑八百株，田五十顷，子弟衣食，自有余饶。至于臣在外任，随身所需，悉仰于官，不别治生产。臣死之日，不使内有余帛，外有余财，以负陛下也。”

在诸葛亮以身作则的影响下，其僚属大都清廉自持。如蒋琬“雅性谦素，家不积财。儿子皆令布衣素食，出入不从车骑，无异凡人。”姜维也是

“宅舍弊薄，资财无饰，侧室无妾媵之亵，后庭无声乐之娱。”

在中国古代的杰出政治家中，就选拔培养德才兼备的继承人来说，诸葛亮所收到的实效可能是独一无二的。

百姓对历史人物的评判最具权威性。诸葛亮死后“百姓巷祭，戎夷野祀。”诸葛亮为历代百姓所怀念，是由于他的高风亮节，他的伟大的人格。而他对于历代治国者的启迪，就不独是一种人格，而且是一种智慧了！

以柔道治理国家

施之以德、取之以信的怀柔政策是比在战场上战胜敌人更有效的方式。羊祜凭借着对敌军施以礼义、安抚，获得了敌国的民心，为最后的胜利铺平了道路。

司马炎

晋武帝司马炎称帝以后，有灭吴的打算。他任命羊祜为都督，治理荆州军事，统率大兵镇守，与东吴隔江相望。

羊祜到了南方后，没有急于加强军事措施，而是实行怀柔政策，开设学校，安抚远近地区，很快得到江汉一带百姓的拥护。他还对吴国人开诚布公，凡是来投降的人，想要离开荆州，决不阻拦，去哪儿都可以。吴国的石城守备距离襄阳七十多里，常常来侵扰，羊祜用计使吴国撤销了石城的守备，使两地能够和平共处。这样他就可以减少一半戍兵，分出来去开垦了八百余顷田地，大获收益。羊祜刚到的时候，军队没有百日的存粮；后来，经过他的治理，居然积蓄了可供十年之用的储粮。皇帝下令撤销江北都督，设置南中郎将，把他们所属的在汉东和江夏的各军都归羊祜统领。

羊祜后来进一步占据险要地区，建造了五座城，收取大批肥沃的土地，夺得了吴国人的资产，石城以西，尽归晋国所有。从此，吴国来投降的人络绎不绝。羊祜就更加提倡实施恩德信义，用怀柔政策来笼络刚刚归附的人。

羊祜每次和吴军交战，总是先约定好日期才开战，不搞突然袭击。吴国的将领陈尚、潘景带兵进犯，羊祜追杀了他们。但又称赞、宣扬他们的气节，厚加殡殓。羊祜的军队出行，经过吴国的地段，收割地里的稻谷作为粮食，都计算好收割稻谷的数量，用绢偿还。每次会集部队在江沔一带游猎时，一般总是在晋国境内。如果禽兽为吴国人所伤而后被晋兵所得，他就让人送还给吴国人。于是，吴国人都对他心悦诚服，尊称他为羊公。

羊祜

羊祜和吴国的将领陆抗相对垒。两军使者常有来往。陆抗十分称赞羊祜的德行和度量，认为即使乐毅、诸葛亮也不能与他相比。陆抗有次生病，羊祜了解了他的病情后，就派人给他送药去。陆抗高兴地服下，一点儿也没疑心。有人怕药里有毒，进行劝阻，陆抗批评说："羊祜哪里是个会害人的人！"

陆抗自然也清楚羊祜实行的是怀柔政策。因此，他常常告诫他的部下："如果羊祜他们专门施德，而我们专用暴力，这就会不战自败啊！现在只要各保自己的疆界就可以了，不要去追求小利。"吴国的皇帝孙皓听说吴晋边境和好，便责问陆抗。陆抗回答说："一个小镇、小乡，尚且不可以没有信义，何况泱泱大国！我如果不这么做，就只会使羊祜的名声更大，对他毫无损伤。"

羊祜在对吴国军民实行怀柔政策的同时，修缮盔甲，训练士兵，作了广泛的军事准备。他上书给晋武帝司马炎说：现在吴国的孙皓暴虐无道，吴国的百姓困苦不堪，而我们晋军的力量比过去更加强大，应该抓住时机，平定东吴，统一天下，使天下安宁。

后来羊祜卧病，回到洛阳。他又抱病向晋武帝当面陈述伐吴大计。此后，晋武帝还派中书令张华去询问他的筹划和策略。

宪问篇第十四

【原文】

宪[①]问耻。子曰："邦有道，谷[②]；邦无道，谷，耻也。""克、伐、怨、欲不行焉，可以为仁矣?"子曰："可以为难矣，仁则吾不知也。"

【注释】

①宪：姓原，名宪，孔子的学生。②谷：俸禄。

【译文】

原宪问什么是可耻。孔子说："国家政治清明，可以做官拿俸禄；国家政治黑暗，也去做官拿俸禄，那就是可耻。"原宪又问："好胜、自夸、怨恨、贪欲这四种毛病都没有表现过的人，可以算做到仁了吧?"孔子说："这可以说是难能可贵，但至于是否做到了仁，那我就不知道了。"

【原文】

子曰："士而怀居，不足以为士矣。"

【译文】

孔子说："读书人如果留恋家庭的安逸生活，就不配称作读书人了。"

【原文】

子曰："邦有道，危言危行；邦无道，危行言孙[①]。"

【注释】

①孙：同“逊”。

【译文】

孔子说：“国家政治清明时，便直言直行；国家政治昏暗时，便行为正直，但说话要卑顺些，不要过于直率。”

【原文】

子曰：“有德者必有言，有言者不必有德。仁者必有勇，勇者不必有仁。”

【译文】

孔子说：“有道德的人，一定能说出有道理的言论，但是能说出有道理的话的人，不一定有道德。仁人一定勇敢，但是勇敢的人不一定有仁德。”

【原文】

南宫适[①]问于孔子曰：“羿[②]善射，奡荡[③]舟，俱不得其死然。禹稷躬稼而有天下。”夫子不答。南宫适出。子曰：“君子哉若人！尚德哉若人！”

【注释】

①南宫适：适（音kuò），同“括”，即南容。②羿：音yì，传说中夏代有穷国的国君，善于射箭，曾夺夏太康的王位，后被其臣寒浞所杀。③奡：音ào，传说中寒浞的儿子，后来为夏少康所杀。

【译文】

南宫适问孔子：“羿善于射箭，奡善于水战，最后没有得到好死。禹和稷都亲自种植庄稼，却得到了天下。”孔子没有回答，南宫适出去了，孔子说：“这个人真是个君子呀！这个人真崇尚道德呀。”

【原文】

子曰：“君子而不仁者有矣夫，未有小人而仁者也。”

【译文】

孔子说：“君子里面不仁的人是有的，小人里面却没有仁人。”

【原文】

子曰："爱之，能勿劳乎？忠焉，能勿诲乎？"

【译文】

孔子说："爱一个人，能不为他操劳吗？诚心对待一个人，能不教诲他道理吗？"

【原文】

子曰："为命，裨谌[①]草创之，世叔[②]讨论之，行人[③]子羽[④]修饰之，东里[⑤]子产润色之。"

【注释】

①裨谌：音 bìchén，人名，郑国的大夫。②世叔：即子太叔，名游吉，郑国的大夫。子产死后，继子产为郑国宰相。③行人：官名，掌管朝觐聘问，即外交事务。④子羽：郑国大夫公孙挥的字。⑤东里：地名，郑国大夫子产居住的地方。

【译文】

孔子说："郑国制定政策法令，是由裨谌起草的，世叔提出意见，外交官子羽进行修饰，由东里子产加工完成。"

【原文】

或问子产。子曰："惠人也。"问子西[①]。曰："彼哉！彼哉！"问管仲。曰："人也。夺伯氏[②]骈邑[③]三百，饭疏食，没齿[④]无怨言。"

【注释】

①子西：这里的子西指楚国的令尹，名申。②伯氏：齐国的大夫。③骈邑：地名，伯氏的采邑。④没齿：死。

【译文】

有人问子产是个怎样的人。孔子说："是个有恩惠于人的人。"又问子西。孔子说："他呀！他呀！"又问管仲。孔子说："他是个有才干的人，他剥夺了伯氏骈邑的三百户采地，使伯氏只得吃粗茶淡饭，直到老死，也没有怨言。"

【原文】

子曰："贫而无怨难，富而无骄易。"

【译文】

孔子说："贫穷而没有怨恨很难做到，富裕而不骄傲容易做到。"

【原文】

子曰："孟公绰[①]为赵魏老则优，不可以为滕薛[②]大夫。"

【注释】

①孟公绰：鲁国大夫，属于孟孙氏家族。②滕薛：滕，诸侯国家，在今山东滕县。薛，诸侯国家，在今山东滕县东南一带。

【译文】

孔子说："孟公绰，让他做晋国卿大夫越氏、魏氏的家臣，是能胜任愉快的，但不能做滕、薛这样小国的大夫。"

【原文】

子路问成人[①]。子曰："若臧武仲[②]之知，公绰之不欲，卞庄子[③]之勇，冉求之艺，文之以礼乐，亦可以为成人矣。"曰："今之成人者何必然？见利思义，见危授命，久要不忘平生之言，亦可以为成人矣。"

【注释】

①成人：人格完备的完人。②臧武仲：鲁国大夫臧孙纥。③卞庄子：鲁国卞邑大夫。

【译文】

子路问怎样才是一个全人。孔子说："如果具有臧武仲的智慧，孟公绰的廉洁，卞庄子的勇敢，冉求那样才艺，用礼乐加以修饰，也就可以算是一个德才兼备的人了。"孔子又说："现在德才兼备的完人何必如此呢？见到财利想到义的要求，遇到危险就能献出生命，相隔很久不忘记过去的诺言，也算是德才兼备的人了。"

【原文】

子问公叔文子[①]于公明贾[②]曰："信乎，夫子[③]不言，不笑，不取乎？"公

明贾对曰："以告者过也。夫子时然后言，人不厌其言；乐然后笑，人不厌其笑；义然后取，人不厌其取。"子曰："其然？岂其然乎？"

【注释】

①公叔文子：卫国大夫公孙拔，卫献公之子。谥号"文"。②公明贾：姓公明字贾。卫国人。③夫子：文中指公叔文子。

【译文】

孔子向公明贾问到公叔文子，说："是真的吗？老先生他不说、不笑、不取钱财。"公明贾回答道："这是传话的人说得太过分了。先生他到了适当时才说，因此别人不厌恶他说话；快乐了才笑，因此别人不厌恶他笑；符合于礼要求的财利他才取，因此别人不厌恶他的取。"孔子说："原来这样，怎么会传成那样呢？"

【原文】

子曰："臧武仲以防求为后于鲁，虽曰不要君，吾不信也。"

【译文】

孔子说："臧武仲凭借防邑请求鲁君立他的后代为卿大夫氏，虽然有人说他不是要挟君主，我可不相信。"

【原文】

子曰："晋文公[1]谲[2]而不正，齐桓公正而不谲。"

【注释】

①晋文公：姓姬名重耳，春秋时期有作为的政治家，著名的霸主之一。②谲：音 jué，欺诈，玩弄手段。

【译文】

孔子说："晋文公诡诈而好耍手段，作风不正派，齐桓公作风正派，不用诡诈。"

【原文】

子路曰："桓公杀公子纠，召忽[1]死之，管仲不死。"曰："未仁乎？"子曰："桓公九合诸侯[2]，不以兵车，管仲之力也。如其仁，如其仁。"

【注释】

①召忽：管仲和召忽都是公子纠的家臣。②九合诸侯：指齐桓公多次召集诸侯盟会。

【译文】

子路说："齐桓公杀了他的哥哥公子纠，公子纠的家臣召忽因此自杀以殉，但他的另一位家臣管仲却没有自杀。管仲不能算是仁人吧?"孔子说："桓公多次召集各诸侯国的盟会，并说不依仗武力，都是管仲的力量啊。这就是管仲的仁德，这就是他的仁德了。"

【原文】

子贡曰："管仲非仁者与？桓公杀公子纠，不能死，又相之。"子曰："管仲相桓公，霸诸侯，一匡天下，民到于今受其赐。微管仲，吾其被发左衽[①]矣。岂若匹夫匹妇之为谅[②]也，自经于沟渎[③]而莫之知也?"

【注释】

①被发左衽：被，同"披"。衽，衣襟。"被发左衽"是当时的夷狄之俗。②谅：遵守信用。这里指小节小信。③渎：小沟渠。

【译文】

子贡问："管仲不是仁人吧？桓公杀掉了公子纠，他不但不为公子纠殉死，反而做了齐桓公的宰相。"孔子说："管仲辅佐桓公，称霸诸侯，使天下得到了匡正，老百姓到了今天还享受到他的好处。如果没有管仲，恐怕我们也要披散着头发，衣襟向左开了（沦为落后民族了）。他难道要像普通百姓那样恪守小节，自杀在小山沟里，而没有人知道吗?"

【原文】

公叔文子之臣大夫僎[①]与文子同升诸公[②]。子闻之，曰："可以为文矣。"

【注释】

①僎：音 xún，人名。公叔文子的家臣。②升诸公：公，公室。这是说僎由家臣升为大夫，与公叔文子同位。

【译文】

公叔文子的家臣大夫僎。由于文子的推荐，与文子同时升为卫国的大臣。孔子听到了这件事以后说："（他死后）可以给他'文'的谥号了。"

【原文】

子言卫灵公之无道也，康子曰："夫如是，奚而不丧？"孔子曰："仲叔圉[①]治宾客，祝鮀治宗庙，王孙贾治军旅，夫如是，奚其丧？"

【注释】

①仲叔圉：圉（音 yǔ），即孔文子。他与后面提到的祝鮀、王孙贾都是卫国的大夫。

【译文】

孔子讲到卫灵公的无道，季康子说："既然如此，为什么他没有败亡呢？"孔子说："因为他有仲叔圉接待宾客，祝鮀管理宗庙祭祀，王孙贾统率军队，像这样，怎么会败亡呢？"

【原文】

子曰："其言之不怍[①]，则为之也难。"

【注释】

①怍：音 zuò，惭愧的意思。

【译文】

孔子说："他说起来大言不惭，那么他做起来就不容易了。"

【原文】

陈成子[①]弑简公[②]。孔子沐浴而朝，告于哀公曰："陈恒弑其君，请讨之。"公曰："告夫三子[③]。"孔子曰："以吾从大夫之后，不敢不告也。君曰'告夫三子'者。"之三子告，不可。孔子曰："以吾从大夫之后，不敢不告也。"

【注释】

①陈成子：即陈恒，齐国大夫，又叫田成子。②简公：齐简公，姓姜名壬。③三子：指季孙、孟孙、叔孙三家。

【译文】

陈成子杀了齐简公。孔子（得知）马上沐浴上朝，向鲁哀公说："陈恒把他的君主杀了，请出兵讨伐。”哀公说：“去报告三位大夫吧。”孔子说：“因为我曾经做过大夫，不敢不来报告。君主却说‘去报告三位大夫吧’！”孔子去三位大夫那里报告，他们表示不可以出兵，孔子（从三位大夫那里回来）又说：“因为我曾经做过大夫，所以不敢不来报告呀！”

【原文】

子路问事君。子曰：“勿欺也，而犯之。”

【译文】

子路问怎样事奉君主。孔子说：“不要欺骗他，但可冒犯他。”

【原文】

子曰：“君子上达，小人下达。”

【译文】

孔子说：“君子好好学习，天天向上；小人浑浑噩噩，日日沉沦。”

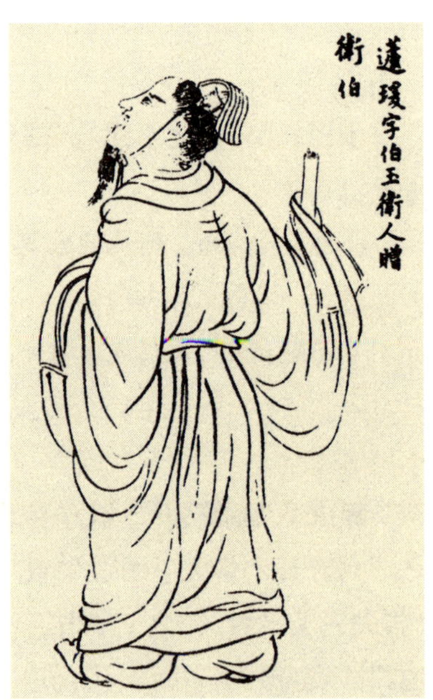

【原文】

子曰：“古之学者为己，今之学者为人。”

【译文】

孔子说：“古代的人学习是为了提高自己，而现在的人学习是为了表现自己。”

【原文】

蘧伯玉[①]使人于孔子，孔子与之坐而问焉。曰：“夫子何为？”对曰：“夫子欲寡其过而未能也。”使者出，子曰：“使乎！使乎！”

【注释】

①蘧伯玉：蘧，音 qú。人名，卫国的大夫，名瑗，孔子到卫国时曾住在他的家里。

【译文】

蘧伯玉派一位使者去拜访孔子。孔子请他坐下，然后问道：“先生最近在做什么？”使者回答说：“先生想要减少过错，但未能做到。”使者走了以后，孔子说：“好使者啊，真是好使者啊！”

【原文】

子曰：“不在其位，不谋其政。”曾子曰：“君子思不出其位。”

【译文】

孔子说：“不在那个职位，就不要过问那方面的政事。”曾子说：“君子考虑事情，不超出他职位的范围。”

【原文】

子曰：“君子耻其言而过其行。”

【译文】

孔子说：“君子以说得多而做得少为可耻。”

【原文】

子曰：“君子道者三，我无能焉：仁者不忧，知者不惑，勇者不惧。”子贡曰：“夫子自道也。”

【译文】

孔子说：“君子所行的三件事，我都未能做到：仁德的人不忧愁，聪明的人不迷惑，勇敢的人不畏惧。”子贡说：“这正是老师的自我表述啊！”

【原文】

子贡方人①。子曰：“赐也贤乎哉？夫我则不暇。”

【注释】

①方人：评论、诽谤别人。

【译文】

子贡讥评别人。孔子对他说：“赐啊，你真的就那么贤良吗？我可没有闲工夫去评论别人。”

【原文】

子曰："不患人之不己知，患其不能也。"

【译文】

孔子说："不忧虑别人不了解自己，只担心自己没有本事。"

【原文】

子曰："不逆[①]诈，不亿[②]不信，抑亦先觉者，是贤乎！"

【注释】

①逆：迎。预先猜测。②亿：同"臆"，猜测的意思。

【译文】

孔子说："不事先猜疑别人的欺诈，也不不无根据地猜测别人不诚实，但对别人的欺诈和不诚实，却能事先觉察，这就是贤人了。"

【原文】

微生亩[①]谓孔子曰："丘，何为是栖栖[②]者与？无乃为佞乎？"孔子曰："非敢为佞也，疾固也。"

【注释】

①微生亩：姓微生，名亩，大概是个隐士。②栖栖：音 xī，忙碌不安、不安定的样子。

【译文】

微生亩对孔子说："孔丘，你为什么总是这样四处奔波游说呢？这不就是要显示自己的口才吧？"孔子说："我不敢显示口才呵，只是痛恨那些顽固不化的人。"

【原文】

子曰："骥[①]不称其力，称其德也。"

【注释】

①骥：千里马。古代称善跑的马为骥。

【译文】

孔子说："千里马值得称赞的不是它（善跑）的气力，而是称赞它的品德。"

【原文】

或曰："以德报怨，何如？"子曰："何以报德？以直报怨，以德报德。"

【译文】

有人说："用恩德来报答怨恨怎么样？"孔子说："那又用什么来报答恩德呢？应该用公平无私来报答怨恨，用恩德来报答恩德。"

【原文】

子曰："莫我知也夫！"子贡曰："何为其莫知子也？"子曰："不怨天，不尤[①]人。下学而上达[②]，知我者其天乎！"

【译文】

孔子说："没有人了解我啊！"子贡说："为什么说没有人了解您呢？"孔子说："不抱怨上天，也不责备他人，学习切身的知识而通达天理，了解我的大概是上天了！"

【原文】

公伯寮[①]愬[②]子路于季孙。子服景伯[③]以告，曰："夫子固有惑志于公伯寮，吾力犹能肆诸市朝。"子曰："道之将行也与，命也；道之将废也与，命也。公伯寮其如命何！"

【注释】

①公伯寮：姓公伯，名寮，字子周，孔子的学生。②愬：音 sù，同"诉"，告发，诽谤。③子服景伯：鲁国大夫，姓子服，名伯，景是他的谥号。

【译文】

公伯寮在季孙面前告发子路。子服景伯告诉了孔子，并且说："他老人家已经被公伯寮迷惑了，可是我还有力量杀了他陈尸于市。"孔子说："我的主张将要实行，是天命决定的；我的主张将被废除，也决定于天命。公伯寮又能把天命怎么样呢？"

【原文】

子曰："贤者辟[1]世，其次辟地，其次辟色，其次辟言。"子曰："作者七人[2]矣。"

【注释】

①辟：同"避"，逃避。②七人：即伯夷、叔齐、虞仲、夷逸、朱张、柳下惠、少连。

【译文】

孔子说："贤人避世隐居，其次是避开地方，再次是避开见面，再其次是避开言谈。"孔子又说："这样做的已经有七个人了。"

【原文】

子路宿于石门[1]。晨门曰："奚自？"子路曰："自孔氏。"曰："是知其不可而为之者与？"

【注释】

①石门：地名。鲁国都城的外门。

【译文】

子路在石门住了一晚，（第二天清早进城）司徒者问："从哪里来？"子路说："从孔子那里来。"看门的人说："是那个明知做不到却还要去做的人吗？"

【原文】

子击磬[1]于卫，有荷蒉[2]而过孔氏之门者，曰："有心哉，击磬乎！"既而曰："鄙哉！硁硁[3]乎！莫己知也，斯己而已矣。深则厉，浅则揭[4]。"子曰："果哉！末之难矣。"

【注释】

①磬：音 qìng，一种打击乐器的名称。②荷蒉：荷，肩扛。蒉，音 kuì，草筐，肩背着草筐。③硁硁：音 kēng，击磬的声音。④浅则揭：提起衣襟涉水过河。"深则厉，浅出揭"是《诗经·卫风·匏有苦叶》的诗句。

【译文】

孔子在卫国，一次正在敲击磬，有一位背扛草筐的人从门前走过说：

“这个击磬的人有心思啊！”一会儿又说：“声音硁硁的，真可鄙呀，没有人了解自己，就只为自己就是了。（好像涉水一样）水深就穿着衣服趟过去，水浅就撩起衣服趟过去。”孔子说：“说得真干脆，没有什么可以责问他了。”

【原文】

子张曰：“书云：‘高宗[①]谅阴[②]，三年不言。’何谓也？”子曰：“何必高宗？古之人皆然。君薨[③]，百官总己以听于冢宰三年。”

【注释】

①高宗：商王武宗。②谅阴：古时天子守丧之称。③薨：音 hōng，周代时诸侯死称此。

【译文】

子张说：“《尚书》上说，‘殷高宗居丧守丧，住在凶庐，三年不谈政事。’为何这样呢？”孔子说：“不仅是高宗，古人都是这样。国君死了，朝廷百官总摄自己的职事都要听命于冢宰三年之久。”

【原文】

子曰：“上好礼，则民易使也。”

【译文】

孔子说：“在上位的人喜好礼，那么百姓就容易听从役使了。”

【原文】

子路问君子。子曰：“修己以敬。”曰：“如斯而已乎？”曰：“修己以安人[①]。”曰：“如斯而已乎？”曰：“修己以安百姓。修己以安百姓，尧舜其犹病诸？”

【注释】

①安人：使上层人物安乐。

【译文】

子路问怎样才能成为君子。孔子说：“修养自己，保持严肃恭敬的态度。”子路说：“这样就够了吗？”孔子说：“修养自己，使上层人士安乐。”子路说：“这样就够了吗？”孔子说：“修养自己，使所有百姓都安乐。修养自己使所有百姓都安乐，尧舜还担心不能完全做到呢？”

【原文】

原壤[1]夷俟[2]。子曰：“幼而不孙弟[3]，长而无述焉，老而不死，是为贼。”以杖叩其胫。

【注释】

①原壤：鲁国人，孔子的旧友。②夷俟：夷，双腿分开而坐。俟，音sì，等待。③孙弟：同逊悌。

【译文】

原壤叉开双腿坐着等待孔子。孔子骂他说：“年幼的时候，你不讲孝悌，长大了又没有什么可说的成就，老而不死，真是害人精。”说着，用手杖敲他的小腿。

【原文】

阙党[1]童子将命。或问之曰：“益者与？”子曰：“吾其居于位也，见其与先生并行也。非求益者也，欲速成者也。”

【注释】

①阙党：即阙里，孔子家住的地方。

【译文】

阙里的一个童子，来向孔子传话。有人问孔子：“这是个求上进的孩子吗？”孔子说：“我看见他坐在成年人的位子上，又见他和长辈并肩而行，他不是要求上进的人，而是一个急于求成的人。”

【故事】

仁者必有勇

一个仁者必然有大勇，这个勇不是会打架的勇，而是勇于坚持自己的信念和仁道精神；而一个勇者，却不一定有仁，或许仅仅是一介武夫。

在孔子弟子当中，子夏的勇武是与子路齐名的。孔子曾经说过："天下道德不能盛行、行为刻薄而不敦厚的时候，则要颜回、闵子骞陪伴我；当志向不能实现，经常遭遇世人冷眼和威胁时，则要子路和子夏陪伴我左右。"

子夏在卫国的时候，一天下午正在赶路，忽然看见迎面飞奔来一辆马车，驾车人是王宫使者，子夏高声问道："为什么跑这么快？"使者满脸是汗，气喘吁吁地说："大王午睡起来，要我去召勇士公孙悁。"子夏一听有了兴致，原来卫灵公要请勇士，他说："如果不是公孙悁，但是其勇武和公孙悁一样的人可以吗？"

使者定眼细看子夏，见他长得身材高大，虎背熊腰，浓眉大眼，全身上下透出一种英武之气，决不在公孙悁之下，便说："可以。"子夏轻轻一跳跃上马车，说道："拉我回王宫。"

使者领着子夏去见卫灵公，卫灵公见公孙悁没有来，生气地问道："我命令你去召勇士，为什么召来一个儒生？"使者回答说："回大王，我去召公孙悁，路上遇见此人，他说自己与公孙悁一样地勇武，所以就把他带来了。"

卫灵公说："原来如此，请先生坐下，再去召公孙悁来！"

一会儿，公孙悁来了，人未进门，便闻其声，只听见他大声叫道："子夏快快跪在我脚下！我才留下你的人头！"

子夏寻声望去，只见公孙悁手持长剑，一脸杀气，气势汹汹地站在门口。子夏面不改色，端坐不动，对公孙悁说："收起你的剑来，我要和你谈谈勇武。"

卫灵公说："公孙悁，收起长剑来进来，我要听你们二人谈论勇武。"

子夏说："如果我和你一起跟随大王西行会见晋国的赵简子，赵简子披头散发，手持长矛，见此情景，我急速走到赵简子面前，对他说：'诸侯相见，不穿朝服不合乎礼节。您若不换上朝服，子夏将割下头颅把血溅满你全身。'赵简子听罢，便会回去换上朝服会见我们大王。在这件事上，是你勇敢还是我勇敢？"

公孙悁面有惧色，回答道："你勇敢。"

子夏接着说："你输给我一次了。我又和你跟随大王向东走到齐国，会见齐国君主，齐国君主坐椅上有双重褥垫，而只给我们大王一个褥垫，我大步向前，对齐国国君说：‘按照礼节，诸侯见面，不可居高临下地观看。’说罢，我上前从齐国君主身下抽出一个褥垫，使他与大王平起平坐。在这种情况下，你将怎么样？”

公孙悁沉默片刻，脸色变红，说道：“我不如你勇敢。”

子夏此刻如身临沙场一样，双眼炯炯放光，一脸英武之气。他继续说道：“你不如我勇敢两次了。我又与你一起随大王走到野兽出没的旷野，有两头野猪猛冲过来追赶大王，我拔出长矛与野猪搏斗，刺杀野猪后回到大王身边，你将如何？”

子夏

公孙悁此刻满脸是汗，深深地低着头，不敢正眼看子夏，半晌才说：“我之勇敢不如你。”这时，公孙悁显得不知所措，完全被吓住了。可见他不过是一个以暴凌弱的乡野村夫而已。

子夏说道：“你之勇敢不如我三次了。所谓高贵的君子，上不惧怕拥有万辆兵车的大国君主，下不欺侮平民百姓，对外保持节操人格，庄重而高傲使敌人不敢侵犯；对内经得起威胁迫害而使君主不受危害。这是君子的长处，也是君子最可宝贵的品质。那种以自己的长处掩盖短处，以多欺少，欺凌无辜百姓、横行于街巷之间的人，是君子最深恶痛绝而民众要共同讨伐的。《诗经》上说：‘人没有仁义，还活着干什么？’这种人怎么有颜面在君王面前讨论勇武呢？”

公孙悁听到这里，脸色由红变黄，羞愧得无地自容。

卫灵公在二人论勇时一直沉默不语，仔细地察言观色，他见子夏如此大义凛然，刚勇而智慧，相形之下，公孙悁则表现出粗野无知、欺软怕硬而不通仁义的本性来。卫灵公对子夏说：“寡人虽然不聪敏，但我愿意选择先生的勇武精神。《诗经》上说：‘不侮辱弱小，不畏惧强暴。’正是先生所说的意思啊。”

做人要以宽大为怀

宽容、大度是一个人应具备的良好品德，面对以前那些得罪过自己的，君子以德报怨，不计前嫌，而小人却打击报复，以加倍的力量打击那些人。所以孔子提倡做人要襟怀宽广，要有宽容的精神，对人之过，不记于心。

北宋的吕蒙正是个襟怀博大、度量如海的人，对人之过，不记于心。《宋史》说他“质厚宽简，有重望，以正道自持。凡事敢言，每论时政，有未允者，必固称不可，上嘉其无隐。”吕蒙正初入朝堂为相参政的时候，朝中有一官员指着他嘲笑道：“此子也配参政啊？”吕蒙正佯装没听见，看都没看他一眼就过去了。同朝官僚为之不平，就说：“你想知道那官员的名字吗？”吕蒙正急忙止住说：“不，我不想知道！若一知道其姓名，则终身不能忘却，这一定是一件痛苦的事，不如不知为好。”知道这事的人，没有不佩服他的气量的。

吕蒙正

吕蒙正对涉及自己的是非，从不争辩，他希望让事实来澄清。吕蒙正做了宰相还没多久，有人揭发蔡州知州张绅贪赃枉法，吕蒙正就把他免了职。朝中有人对太宗说：“张绅家里富足，有的是钱，哪里能把钱看在眼里呢？是当初吕蒙正在贫寒之时，曾向张绅要钱，张绅没给他，今天做了宰相就报复人家罢了。”这样的事怎能辨清，吕蒙正对此事什么也没说。太宗就恢复了张绅的官职。后来其他官员在审案时又得到张绅受贿的证据，又被免了职，太宗这才知道冤枉了吕蒙正，就对他说：“张绅果然是贪污受贿。”吕蒙正只说：“知道了。”

不辩亦不谢，真是宠辱不惊啊！

做宰相，手中有用人的大权，吕蒙正的同窗好友温仲舒，两人同年中举，在任上温仲舒因犯案被贬多年，吕蒙正当宰相后，怜惜他的才能，就向皇上举荐了他。后来温仲舒为了显示自己，竟常常在皇上面前贬低吕蒙正，甚至在吕蒙正触逆了“龙颜”之时，他还落井下石，当时人们都非常看不起他。有一次，吕蒙正在夸赞温仲舒的才能时，太宗说：“你总是夸奖他，可他却常常把你说的一钱不值啊！”吕蒙正笑了笑说：“陛下把我安置在这个职位上，就是深知我知道怎样欣赏别人的才能，并能让他人当其任。至于别人怎么说我，这哪里是我职权之内所管的事呢？”太宗听后大笑不止，从此更加敬重他的为人。

吕蒙正对于个人是非从不计较，但对于有关国家和人民的大事，就很认真，一点不马虎。有一次，太宗让吕蒙正选一个人出使辽国，吕蒙正觉得一个姓陈的官员最称职，就把名字呈上，太宗竟不同意。第二天，太宗问人选好了吗？吕蒙正又以此人呈上，太宗还是不同意。当第三次问及时，他仍以此人呈上，气得太宗把呈上的文书掷到地上，愤愤地说：“你为什么如此固执呢！”吕蒙正拾起文书平静地说：“哪里是臣固执呢？明明是陛下对这个人有偏见吗。出使辽国，只有这个人最称职，其余的人都不如他，臣不敢为了讨好陛下而误了国家大事。”看到吕蒙正顶撞太宗，满朝大臣都吓得连大气都不敢出。太宗气冲冲走下朝堂后，又回过头来说：“罢罢罢，吕蒙正的气量，我不如也，就依你的吧！”陈姓官员出使辽国，果然出色地完成了使命。

在生活中，难免碰到口吐恶言之人。对待他们，最好的办法就是装聋作哑，不予理睬，不要与之斤斤计较。用你高贵的人格来修正“坏话”对你的歪曲。但对别人说你的“坏话”也要辩证分析，有则改之，无则加勉。

贤人不为权名所累

孔子主张“贤者辟世”，真正的贤人，对于官场，社会的险恶，有着清醒的认识。与其为名为利互相争斗，不如归隐山林，做一个山野村夫反而悠然自得。这才是真正地悟透了人生的真谛。

严子陵与光武帝刘秀是老同学，但他却不攀附于这个老同学，而是继续过着自己清贫的生活，对名利没有丝毫的向往，俨然一位雅士的风范。

严子陵，有很高的名望。刘秀称帝后，告示天下，令人寻找严子陵。但是光有名字不好找，于是光武帝召集宫廷的一流画家，描绘出严子陵的容貌，直到画得形神毕肖后，便复制了许许多多份，颁发天下，让各地官吏负责寻找严子陵。过了许久仍杳无音信，汉光武帝十分焦虑。

有人冒充严子陵，刘秀召见后，一一否决。时间过了许久，严子陵仍然没有一点儿消息，刘秀忧心忡忡。

严子陵

严子陵到底在哪里呢？

严子陵看到刘秀打得天下，知道定会封他做官，可他生来厌恶官场，不愿意享受朝廷俸禄。于是，他隐姓埋名，在齐县境内富春山中过起了隐士的生活。一天到晚，垂钓于溪水之中，怡然自得。

有一天，一个农夫上山砍柴，又累又渴，便到河边喝水，看见一人独自坐在河边钓鱼。他越看越觉得这个钓鱼人面熟，回到镇上，看到集市上张贴的画像，农夫才明白，山中的钓鱼人就是刘秀下重金寻找的严子陵。农夫顾不得一天劳累，扔下柴火，飞一样跑到衙门，把此事报告了县令，农夫也因此得到了一份儿奖赏。

齐县县令上书光武帝："有一个人，身披着羊皮大衣，在富春山溪水边钓鱼，很像严子陵。"

刘秀立即命官吏备好车马，装上优厚俸禄，想把严子陵请出富春山。然而官车去了又回，均无收获。这天，官吏又一次来到富春山，严子陵说："你们认错人了，我只是普通打鱼人。"使者不管他怎么解释，硬是把他推进了官车，快马加鞭，送他到了京城。严子陵住进了刘秀特意为他安排的房子，每日饭菜相当可口，数十名仆人为他效劳，然而对于这些他不屑一顾。

侯霸与严子陵也是旧时好友。此时的侯霸已今非昔比，他接替伏湛做了汉朝的大司徒。侯霸听说严子陵已到皇宫，就让臣下侯子道给严子陵送去一封书信，表示对严子陵的问候。一见严子陵，侯子道恭恭敬敬地把信递了过去。此刻，严子陵正斜倚在床上，听到是大司徒侯霸派人送信，仍然面无喜色。接过信，大概一看，便放在了桌子上。侯子道以为严子陵因为侯霸没有亲自看望而不愉快，忙又说："大司徒本想亲自迎接您，因为公事繁忙，一刻也脱不开身，晚上，他一定抽空登门拜访，请严先生写个回信儿，也好让我有个交代。"

刘秀

严子陵想了片刻，命仆人拿出笔墨，他说，让侯子道写。信中写道："君房（侯霸字君房）先生，你做了汉朝大司徒，这很好。如果你帮助君王为人民做了好事，大家都高兴，如果你只知道奉承君王，而不顾人民死活，那可千万要不得。"他说到这儿停了下来，侯子道请他再说些什么，严子陵没有吭气儿，侯子道讨了个没趣回到了侯霸那里。

侯霸听完侯子道的话，面有怒色，觉得严子陵不把他这个大司徒放在眼里。于是把严子陵的一番话，报告了刘秀，谁知刘秀却说："我了解他，就这倔脾气。"

当天，刘秀去看望严子陵。皇帝亲自登门，这可是件大事儿，得远迎才对。可严子陵根本不理，躺在床上养神。刘秀进来后，看到他这副情景，并不恼火，走过去用手轻轻地拍了拍严子陵的肚子，亲切地说："老同学，你难道不念旧情，帮我一把吗？"严子陵说："人各有志，你为什么一定要逼我做官呢？"刘秀听后长长地叹了口气失望地走了。

有一晚，刘秀与严子陵叙旧。刘秀问："我比从前怎么样？"

"嗯，有点儿进步。"严子陵大模大样地回答道。

那晚，两人睡在一起，严子陵故意大声打呼噜，并把腿压在刘秀身上，刘秀毫不介意。第二天早上，太史惊慌地来汇报："皇上，昨晚微臣观察天象，发现有一客星冲犯帝星。"刘秀轻描淡写地说："没啥大不了，昨晚我和严子陵在一起。"

刘秀封严子陵为谏议大夫，他不肯上任，仍旧回到富春山中过他的隐士生活，种种地，钓钓鱼。富春山边有条富春江，江上有个台子，据说是当年严子陵钓鱼的地方，称为"严子陵钓台"。

建武十七年，刘秀又召严子陵入宫，严子陵又拒绝了。

严子陵无意仕途，寄情于山水间，这也是一种人生的乐趣。事实上，他的无意仕途也是对自己最好的保护。

卫灵公篇第十五

【原文】

卫灵公问陈[①]于孔子。孔子对曰：“俎豆[②]之事，则尝闻之矣；军旅之事，未之学也。”明日遂行。

【注释】

①陈：同“阵”，军队作战时，布列的阵势。②俎豆：俎，音 zǔ。俎豆是古代盛食物的器皿，被用作祭祀时的礼器。

【译文】

卫灵公向孔子问军队列阵之法。孔子回答说：“祭祀礼仪方面的事情，我还听说过；用兵打仗的事，从来没有学过。”第二天，孔子便离开了卫国。

【原文】

在陈绝粮，从者病，莫能兴。子路愠[①]见曰：“君子亦有穷乎？”子曰：“君子固穷，小人穷斯滥矣。”

【注释】

①愠：音 yùn，怒，怨恨。

【译文】

（孔子一行）在陈国断绝了粮食，随从的人饿得起不了身。子路很不高兴地来见孔子，说道：“君子也有穷困的时候吗？”孔子说：“君子能安守贫困，小人贫困就胡作非为了。”

【原文】

子曰：“赐也！女以予为多学而识之者与？”对曰：“然，非与？”曰：

“非也。予一以贯之。”

【译文】

孔子说：“赐啊！你以为我是学习了很多东西而又一一记住的吗？”子贡答道：“是啊，难道不是这样吗？”孔子说：“不是的。我是用一个基本的思想观念来贯穿他们的。”

【原文】

子曰：“由！知德者鲜矣。”

【译文】

孔子说：“由啊！懂得‘德’的人太少了。”

【原文】

子曰：“无为而治者，其舜也与？夫[①]何为哉？恭己正南面而已矣。”

【注释】

①夫：代词，他。

【译文】

孔子说：“能够使自己没做什么就能使天下太平的人，大概只有舜吧？他做了些什么呢？他只是恭敬、端正地坐在王位上罢了。”

【原文】

子张问行。子曰“言忠信，行笃敬，虽蛮貊[①]之邦，行矣。言不忠信，行不笃敬，虽州里[②]，行乎哉？立则见其参于前也，在舆则见其倚于衡也，夫然后行。”子张书诸绅[③]。

【注释】

①蛮貊：古人对少数民族的贬称，蛮在南，貊，音 mò，在北方。②州里：五家为邻，五邻为里。五党为州，二千五百家。州里指近处。③绅：贵族系在腰间的大带。

【译文】

子张问一个人的主张如何才能行得通。孔子说：“说话要讲忠诚守信，行为敦厚恭敬，即使到了蛮貊地区，也可以行得通。说话不忠信，行事不笃敬，即使在自己的家乡，难道能行得通吗？站着的时候，忠信笃敬这几个字好像立在面前，坐车的时候，这几个字好像刻在车辕前的横木上，自己的主张才行得通。”子张把这些话写在腰间的大带上。

【原文】

子曰：“直哉史鱼[①]！邦有道，如矢；邦无道，如矢。君子哉蘧伯玉！邦有道，则仕；邦无道，则可卷[②]而怀之。”

【注释】

①史鱼：卫国大夫，名鳍，字子鱼，他多次向卫灵公推荐蘧伯玉。②卷：同“捲”。

【译文】

孔子说：“史鱼是多么正直啊！国家政治清明时，他像箭一样直，国家政治黑暗他也像箭一样直。蘧伯玉，好一位君子啊！国家政治清明，他就出来做官，国家政治黑暗，他就（辞退官职）退隐起来。”

【原文】

子曰：“可与言而不与之言，失人；不可与言而与言，失言。知[①]者不失人，亦不失言。”

【注释】

①知：通“智”，聪明。

【译文】

孔子说：“可以同他谈话，却不同他谈，这就会失掉人才；不可以同他谈，却同他谈了，这就是白费口舌。有智慧的人既不损失人才，又不白费口舌。”

【原文】

子曰：“志士仁人，无求生以害仁，有杀身以成仁。”

【译文】

孔子说：“有志之士，仁义之人，不贪生怕死而损害仁德，只有牺牲性命来成全仁德。”

【原文】

子贡问为仁。子曰：“工欲善其事，必先利其器。居是邦也，事其大夫之贤者，友其士之仁者。”

【译文】

子贡问怎样实行仁德。孔子说：“工匠想把活儿做好，必须先把工具弄得精良合用。［要实行仁德］住在一个国家，就要事奉大夫中有贤德得人，与士中有仁德的人交朋友。”

【原文】

颜渊问为邦。子曰：“行夏之时①，乘殷之辂②，服周之冕，乐则韶舞。放郑声③，远佞人。郑声淫，佞人殆④。”

【注释】

①夏之时：夏代的历法，便于农业生产。②殷之辂：辂，音 lù，天子所乘的车。殷代的车是木制成，比较朴实。③郑声：郑国的乐曲，孔子认为是淫声。④殆：危险。

【译文】

颜渊问怎样治理国家。孔子说：“用夏代的历法，坐殷代的车子，戴周代的礼帽，奏《韶》乐，舍弃郑国的乐曲，斥退小人，郑国的乐曲浮靡淫秽，小人危险。”

【原文】

子曰：“人无远虑，必有近忧。”

【译文】

孔子说：“人没有长远的考虑，一定会有眼前的忧患。”

【原文】

子曰："已矣乎！吾未见好德如好色者也。"

【译文】

孔子说："罢了，我从来没有见过像爱好女色那样爱好美德的人。"

【原文】

子曰："臧文仲其窃位者与！知柳下惠[1]之贤而不与立也。"

【注释】

①柳下惠：春秋中期鲁国大夫，姓展，名获，又名禽，他受封的地名是柳下，惠是他的私谥，所以，人称其为柳下惠。

【译文】

孔子说："臧文仲大概是一个窃居官位的人吧！他明知道柳下惠是个贤人，却不举荐他一起做官。"

【原文】

子曰："躬自厚而薄责于人，则远怨矣。"

【译文】

孔子说："多责备自己而少责备别人，怨恨自然不会来了。"

【原文】

子曰："不曰'如之何[1]，如之何'者，吾末[2]如之何也已矣。"

【注释】

①如之何：怎么办的意思。②末：这里指没有办法。

【译文】

孔子说："从来遇事不说'怎么办，怎么办'的人，我对他也不知怎么办才好。"

【原文】

子曰："群居终日，言不及义，好行小慧，难矣哉！"

【译文】

孔子说："众人整天聚在一块，说的话从不涉及义理，还好卖弄一点小聪明，这种人真难教育啊。"

【原文】

子曰："君子义以为质，礼以行之，孙[1]以出之，信以成之。君子哉！"

【注释】

①孙，同"逊"。

【译文】

孔子说："君子以义作为根本，用礼加以推行，用谦逊的语言来表达，用忠诚的态度来完成，这就是君子了。"

【原文】

子曰："君子病无能焉，不病人之不己知也。"

【译文】

孔子说："君子只担忧自己没有能力，不担心别人不了解自己。"

【原文】

子曰："君子疾没世[1]而名不称焉。"

【注释】

①没世：死亡之后。

【译文】

孔子说："君子就怕死后没有好名声被人称颂。"

【原文】

子曰："君子求诸己，小人求诸人。"

【译文】

孔子说："君子对自己严格要求，小人却对他人苛求。"

【原文】

子曰："君子矜[1]而不争，群而不党。"

【注释】

①矜：音 jīn，庄重的意思。

【译文】

孔子说："君子能庄重自守，与人无争；能够合群相处，但是不与人相互勾结。"

【原文】

子曰："君子不以言举人，不以人废言。"

【译文】

孔子说："君子不因为某人讲一两句好话就提拔他，也不因为某些人有错误就不采纳他的好建议。"

【原文】

子贡问曰："有一言而可以终身行之者乎？"子曰："其恕乎！己所不欲，勿施于人。"

【译文】

子贡问孔子问道："有没有一句话可以终身奉行的呢？"孔子回答说："那就是'恕'吧！自己所不希望的，不要强加给别人。"

【原文】

子曰："吾之于人也，谁毁谁誉？如有所誉者，其有所试矣。斯民也，三代之所以直道而行也。"

【译文】

孔子说："我对于别人，诋毁过谁？赞美过谁？如有所赞美的，那一定是经过实践考验过的。夏商周三代的人都是这样（大公无私地）做的，所以能按正直之道行事。"

【原文】

子曰："吾犹及史之阙文[①]也，有马者借人乘之，今亡矣夫。"

【注释】

①阙文：史官记史，遇到有疑问的地方便缺而不记，这叫做阙文。

【译文】

孔子说："（早年）我还能够看到史书存疑的地方，有马的人把马借给别人骑，（这些）今天没有了罢。"

【原文】

子曰："巧言乱德。小不忍，则乱大谋。"

【译文】

孔子说："花言巧语足以败坏道德，小事情不忍耐，就会败坏大事情。"

【原文】

子曰："众恶之，必察焉；众好之，必察焉。"

【译文】

孔子说："大家都厌恶他，我必须考察一下；大家都喜欢他，我也一定要考察一下。"

【原文】

子曰："人能弘道，非道弘人。"

【译文】

孔子说："人能够使道发扬光大，不是道使人的才能扩大。"

【原文】

子曰："过而不改，是谓过矣。"

【译文】

孔子说："有了过错而不改正，那么错误便真的叫错误了。"

【原文】

子曰：“吾尝终日不食，终夜不寝，以思，无益，不如学也。”

【译文】

孔子说：“我曾经整天不吃饭，彻夜不睡觉，去左思右想，结果没有什么好处，还不如去学习为好。”

【原文】

子曰：“君子谋道不谋食。耕也，馁①在其中矣；学也，禄在其中矣。君子忧道不忧贫。”

【注释】

①馁：音 něi，饥饿。

【译文】

孔子说：“我曾经整天的不吃饭，整夜的不睡觉，去冥思苦想，（结果）没有什么益处，还不如去学习呢。”

【原文】

子曰：“知及之①，仁不能守之；虽得之，必失之；知及之，仁能守之，不庄以涖②之，则民不敬。知及之，仁能守之，庄以涖之，动之不以礼，未善也。”

【注释】

①知及之：知，同“智”。②涖：音 lì，临，到的意思。

【译文】

孔子说：“凭借聪明取得了官职，但不能用仁德保持它，即使得到了，也一定会失去。凭借聪明才智取得的官职，能够用仁德保持它，但不能以庄严的态度去治理百姓，那么百姓就会不敬；用聪明取得的官职，能够用仁德保持它，能够以严肃态度来治理百姓，但不能用礼节去治理百姓，那也不是很完善的。”

【原文】

子曰：“君子不可小知而可大受也，小人不可大受而可小知也。”

【译文】

孔子说：“君子不可以用小事情考验他，但可以让他们承担重大的使命。小人不可以承担重大的使命，却可以用小事情考验他。”

【原文】

子曰：“民之于仁也，甚于水火。水火，吾见蹈而死者矣，未见蹈仁而死者也。”

【译文】

孔子说：“人民对于仁德，比对于水火（的需要）更迫切。（但是）我见过溺水蹈火而死的，却没有见过实行仁而死的。”

【原文】

子曰：“当仁，不让于师。”

【译文】

孔子说：“在对仁德这个问题上，可以不必对老师讲谦让。”

【原文】

子曰：“君子贞①而不谅②。”

【注释】

①贞：一说是“正”的意思，一说是“大信”的意思。②谅：信誉的意思。

【译文】

孔子说：“君子执行追求大的信念，而不计较小的信誉。”

【原文】

子曰：“事君，敬其事而后其食①。”

【注释】

①食：食禄，俸禄。

【译文】

孔子说："事奉君主，要认真办事而把领取俸禄的事放在后面。"

【原文】

子曰："有教无类。"

【译文】

孔子说："无论哪一类人，都要给他以教育。"

【原文】

子曰："道不同，不相为谋。"

【译文】

孔子说："追求目标不相同的人，就不必在一块商量事情。"

【原文】

子曰："辞达而已矣。"

【译文】

孔子说："说话只要能表达清楚意思就行了。"

【原文】

"师冕[①]见，及阶，子曰："阶也。"及席，子曰："席也。"皆坐，子告之曰："某在斯，某在斯。"师冕出，子张问曰："与师言之道与?"子曰："然，固相师之道也。"

【注释】

①师冕：乐师，这位乐师的名字是冕。古代乐师一般是盲人。

【译文】

乐师冕来见孔子，走到台阶前，孔子说："这儿是台阶。"走到坐席旁，孔子说："这是坐席。"等大家都坐下来，孔子对他说："某某在这里，某某在那里。"师冕告辞后，子张就问孔子："这也是一种与乐师谈话的方法吗?"孔子说："这就是一种帮助乐师的方法呀!"

【故事】

信守承诺是行事的根本

诚信，就是不欺人，重承诺，不耍花招，敢于负责。作为一种传统美德，诚信不仅是个人道德修养的底线，也是人际交往和各种社会事务顺利进行的基本保证。有多少人信任你，你就拥有多少次成功的机会。

1835 年，摩根先生成为一家名叫“伊特纳火灾”的小保险公司的股东，因为这家公司不用马上拿出现金，只需在股东名册上签上名字就可成为股东。这正符合当时摩根先生没有现金却想获得收益的情况。

很快，有一家在伊特纳火灾险公司投保的客户发生了火灾。按照规定，如果完全付清赔偿金，保险公司就会破产。股东们一个个惊慌失措，纷纷要求退股。

摩根先生斟酌再三，认为自己的信誉比金钱更重要。他四处筹款并卖掉了自己的住房，低价收购了所有要求退股的股份。然后他将赔偿金如数付给了投保的客户。

一时间，伊特纳火灾保险公司声名鹊起。

已经身无分文的摩根先生成为保险公司的所有者，但保险公司已经濒临破产。无奈之中他打出广告，凡是再到伊特纳火灾保险公司投保的客户，保险金一律加倍收取。

不料客户很快蜂拥而至。原来在很多人的心目中，伊特纳公司是最讲信誉的保险公司，这一点使它比许多有名的大保险公司更受欢迎。伊特纳火灾保险公司从此崛起。

许多年后，摩根主宰了美国华尔街金融帝国。而当年的摩根先生，正是他的祖父，是美国亿万富翁摩根家族的创始人。

成就摩根家庭的并不仅仅是一场火灾，而是比金钱更有价值的信誉，还有什么比让别人都信任你更宝贵的呢?

曾子是孔子的得意弟子，他就十分注重诚信，即使是对于年幼不懂事的儿子也不失言。曾子杀猪取信于子的教子故事，在我国广为流传。

有一天，曾参的妻子要到集市上去，小儿子哭闹着要跟着去。曾妻戏哄儿子说："好乖乖，你别哭，你在家里等着，妈妈回来杀猪炒肉给你吃。"儿子听说有肉吃，便答应不随母亲去了。

曾参的妻子从街上回来，只见曾参拿着绳子在捆猪，旁边还放着一把雪亮的尖刀，正在准备杀猪呢！曾参的妻子一见慌了，赶快制止曾参说："我刚才是同孩子说着玩的，并不是真的要杀猪呀！你怎么当真了?"曾参语重心长地对妻子说："你要知道孩子是欺骗不得的。孩子小，什么都不懂，只会学父母的样子听父母的教训。今天你要是这样欺骗了孩子，就等于教他说假话和骗别人。再说，今天你要这样欺骗孩子，孩子觉得母亲的话不可靠，以后你再讲什么话，他就不会相信了，对孩子进行教育也就困难了。你说这猪该不该杀呀?"

曾参

曾妻听了丈夫的一席话，后悔自己不该和孩子开玩笑，更不该欺骗孩子。既然答应杀猪给孩子吃肉，就该说到做到，取信于孩子。于是她和丈夫一起动手磨刀杀猪，为孩子做了一锅香喷喷的猪肉。儿子一边吃肉，一边向父母投去了信任和感激的目光。

父母的言行直接感染了孩子。一天晚上，曾子的小儿子刚睡下又突然起来，从枕头下拿起一把竹简向外跑。曾子问他去干什么？孩子说，这是我从朋友那里借来的书简，说好了，今天还，再晚也要还人家，不能言而无信啊！曾子笑着把儿子送出了门。

曾子不但主张教育孩子要说话算话，而且主张在与朋友交往时更要讲究信用。他说过："吾日三省吾身：为人谋而不忠乎？与朋友交而无信乎?"意思是："我每天再三反省自己，替别人出主意办事情，有没有不忠诚的地方呢？与朋友交往时，有没有不守信用的时候?"曾子是一个对自己要求相当严格的人，他尤其重视自己的道德修养。他所说的"吾日三省吾身"，千百年来，已成为中国广大知识分子的修身格言。

无独有偶，在中国古代历史上采用“言而有信”这一教育方法的还有一位孟轲的母亲。相传，孟子很小的时候，一天他看到邻家杀猪，就问母亲：“邻家杀猪是做什么用的?”孟母回答说：“是给你吃的呀!”她的话脱口而出，原意是同儿子说着玩的，但转而一思索，又感到非常后悔。儿子刚刚懂事，如果自己说的话是假的，那就等于是在欺骗孩子，教孩子不讲信用。她想，决不能让自己的话变成戏言诳语。于是孟母真的去邻家买来猪肉，烧给儿子吃，表明自己讲的不是假话。这就是史书上记载的那个有名的“买肉明不欺子”的故事，是很能发人深省的。

说过的话就一定要兑现，答应了的事情就该尽力去做，这样的人才会被人信赖。

己所不欲，勿施于人

一个有道德修养的人可以通过自己完美的行为，高尚的品格来影响别人，改变社会。而那些自以为是的人，却把自己不愿意的事情强加给别人。

武则天为了除掉那些反对她的大臣，下了一道命令，发动全国告密。这样一来，四面八方告密的人当然越来越多了。

武则天收到许多告密材料，总得有人替她审问。于是出现了许多残酷的官吏，他们是一些极端残忍的家伙，审问案件，不管有没有证据，先用刑罚逼犯人供出同谋。犯人受不住刑，就胡乱招了一些假口供。其中最残酷的是周兴和来俊臣。他们每人手下养了几百个流氓，专门干告密的事。只要他们认为谁有谋反嫌疑，就派人同时在几个地方告密，捏造了许多证据。更奇怪的是，来俊臣还专门编了一本《告密罗织经》，传授怎样罗织罪状的手段。

周兴、来俊臣想出各种各样惨无人道的刑罚，名目繁多，花样百出。他们抓到人，先把各种刑具在“犯人”面前一放，“犯人”一看，往往就被迫招认了。周兴、索元礼前前后后一共杀了几千人，来俊臣毁了一千多个家庭，他们的残酷在当时就出了名。

有个正直的大臣对武则天说：“现在下面告发的谋反案件，多数是冤案、假案，也许有人阴谋离间陛下和大臣之间的关系，陛下可不能不慎重啊！”可是，武则天不愿听这种劝告。告密的风气越来越盛，连她的亲信、掌管禁军的大将军丘神勣，也被人以谋反罪告发，被武则天下令杀了。

有一天，武则天接到告密信，说周兴跟已经处死的丘神勣同谋。武则天一听，大吃一惊，立刻下密旨传来俊臣，叫他负责审理这个案件。

武则天

说巧也巧，太监把武则天的密旨送到来俊臣家，来俊臣正跟周兴在一起，边喝酒，边议论案件。来俊臣看完武则天密旨，不动声色，把密旨往袖子里一放，仍旧回过头来跟周兴谈话。

来俊臣说：“最近抓了一批犯人，大多不肯老实招供，您看该怎么办？”

周兴捻着胡须，微微笑着说：“这还不容易！我最近就想出一个新办法，拿一个大瓮放在炭火上。谁不肯招认，就把他放在大瓮里烤，还怕他不招？”

来俊臣听了，连连称赞说：“好办法，好办法。”他一面说，一面叫公差去搬一口大瓮和一盆炭火到大厅里来，把瓮放在火盆上。盆里炭火熊熊，烤得整个厅堂的人禁不住流汗。

周兴正在奇怪，来俊臣站起来，拉长了脸说：“接太后密旨，有人告发周兄谋反。你如果不老实招供，只好请你进这个瓮了。”

周兴一听，吓得魂飞天外。来俊臣的手段，他是最清楚的。他连忙跪在地上，像捣蒜一样磕响头求饶，表示愿意招认。来俊臣根据周兴的口供，定了他死罪，上报武则天。

武则天想，周兴毕竟为她干了不少事，再说，周兴是不是真的谋反，她也有点怀疑，就赦免了周兴的死罪，把他革职流放到岭南去。

周兴干的坏事多，冤家也多，到了半路上，就被人暗杀了。来俊臣仍旧得到武则天的信任，继续干了五六年诬陷和杀人的事，前前后后不知道杀害了多少官吏和百姓，连宰相狄仁杰也曾经被他诬告谋反，关进牢监，差一点被他整死。

来俊臣的胃口越来越大，他想独掌朝廷大权，嫌武则天的侄儿武三思和女儿太平公主势力大，索性告到他们身上去了。这些人当然也不是好惹的，他们先发制人，把来俊臣平时诬陷好人、滥施刑罚的老底全都揭了出来，并且把来俊臣抓起来，判他死罪。武则天还想庇护他，一看反对来俊臣的人不少，只好批准把他处死。

唐代彩绘文官俑

来俊臣被处死那天，人人称快。大家互相祝贺，说："从现在起，夜里可以安心睡觉了。"一个蓄意害人的人，终究以害己的结果告终。

自己不喜欢做的事，不要加在别人身上。这句话可视做待人处事的基本修养，如能做到这一点，就可以建立良好的人际关系。

战国时，梁国与楚国相界，两国在边境上各设界亭，亭卒们也都在各自的地界里种了西瓜。梁亭的亭卒勤劳，锄草浇水，瓜秧长势很好，而楚亭的亭卒懒惰，不事瓜事，瓜秧又瘦又弱，与对面瓜田的长势简直不能相比。楚亭的人觉得失了面子，有一天乘夜无月色，偷跑过去把梁亭的瓜秧全给扯断了。梁亭的人第二天发现后，气愤难平，报告给边县的县令宋就，说我们也过去把他们的瓜秧扯断好了！宋就说："他们这样做当然是很卑鄙的，可是，我们明明不愿他们扯断我们的瓜秧，那么为什么再反过去扯断人家的瓜秧？别人不对，我们再跟着学，那就太狭隘了。你们听我的话，从今天起，每天晚上去给他们的瓜秧浇水，让他们的瓜秧长得好，而且，你们这样做，一定不可以让他们知道。"梁亭的人听了宋就的话后觉得有道理，于是就照办了。

楚亭的人发现自己的瓜秧长势一天好似一天，仔细观察，发现每天早上地都被人浇过了，而且是梁亭的人在黑夜里悄悄为他们浇的。楚国的边县县令听到亭卒们的报告后，感到十分的惭愧又十分的敬佩，于是把这件事报告了楚王。楚王听说后，也感于梁国人修睦边邻的诚心，特备重礼送梁王，既以示自责，亦以示酬谢，结果这一对敌国成了友好的邻邦。

从这个故事可以看出，用以己度人、推己及人的方式处理问题，可以造成一种重大局、尚信义、不计前嫌、不报私仇的氛围，以及双方宽广而又仁爱的胸怀。应用于日常生活的处理，怎会得不到好的结果呢?

小不忍则乱大谋

身负重大使命，即使是受多大的屈辱也要忍受。如果连一些小事情都不能忍受，又怎么能够成就大事业呢? 有人认为忍受是一种懦夫的行为，殊不知，忍小事情正是为了以后蓄势待发，成就一番大事业、大成就。

楚汉战争之前，高阳人郦食其拜见刘邦，献计献策，一进门看见刘邦坐在床边洗脚，便不高兴地说："假如您要消灭无道暴君，就不应该坐着接见长者。"刘邦听了斥责后，不但没有勃然大怒，而是赶忙起身，整装致歉，请郦食其坐上座，虚心求教，并按郦食其的意见去攻打陈留，将秦积聚的粮食弄到手。刘邦围困宛城时，被困在城里的陈恢溜出来见刘邦，告诉他围城不如对城内的官吏劝降封官，这样化敌为友，就可以放心西进，先入咸阳为王。刘邦采纳了他的意见，使宛城不攻自破。

与刘邦容忍的态度相反，项羽则刚愎自用，自以为是。一个有识之士建议项羽在关中建都以成霸业，项羽不听。那人出来发牢骚："人们说，楚人是沐猴而冠，果然!"结果项羽知道了，大怒，立即将那人杀掉；楚军进攻咸阳时到了新安，只因投降的秦军有议论，项羽就起杀心，一夜之间把十多万秦兵全部活埋，因此残暴名闻天下。他怨恨田荣，因此不封他，而立齐相田都为王，致使田荣反叛。他甚至连身边最忠实的范增也怀疑不用，结果错过了鸿门宴杀刘邦的机会，最后气走范增，成了孤家寡人。

其实刘邦原本不是个好性情的人，在沛县乡里做亭长时，好酒好色。当刘邦军进了咸阳，将士们纷纷争着去找皇宫的仓库，往自己的腰包里揣金银财宝时，刘邦自己也曾被阿房宫的富丽堂皇和美貌如天仙的宫女弄得眼花缭乱，有些迈不动步了。但在部下樊哙“沛公要打天下还是要当富翁”的提醒下，立时醒悟，忍住贪图享乐的念头，吩咐将士们封了仓库和宫殿。他带将士们回到灞上的军营里，并约法三章，对百姓秋毫无犯。这就使他赢得了民心，得到了民众的支持。

刘邦

而项羽一进咸阳，就杀了秦王子婴，烧了阿房宫，收取了秦宫里的金银财宝，掳取宫娥美女，据为己有，并带回关东。相比之下，他怎能不失人心呢？

楚汉战争中，刘邦的实力远不如项羽，当项羽听说刘邦已先入关，怒火冲天，决心要将刘邦的兵力消灭。当时项羽40万兵马驻扎在鸿门，刘邦10万兵马驻扎在灞上，双方只相隔40里，刘邦危在旦夕。在这种情况下，刘邦能做到“得时则行，失时则蟠”。先是请张良陪同去见项羽的叔叔项伯，再三表白自己没有反对项羽和称王的意思，并与之结成儿女亲家，请项伯在项羽面前说句好话。第二天一清早，又带着张良、樊哙和一百多个随从，拿着礼物到鸿门去拜见项羽，低声下气地赔礼道歉，化解了项羽的怒气，缓和了与项羽的关系。

表面上看，刘邦忍气吞声，项羽挣足了面子，实际上刘邦以小忍换来自己和军队的安全，赢得了发展和壮大力量的时间。甚至，当自己胸部受了重伤时，刘邦也能忍着伤痛，在楚军阵前故意弓着腰，摸摸脚，骂道：“贼人射中了我的脚趾。”以麻痹敌人，回到自己大营后，又忍着伤痛巡视军营来稳定军心。他对不利条件的隐忍，对暂时失败的坚忍，这既反映了他对敌斗争的谋略，也体现了他巨大的心理承受力。这是成就大业者必备的一种心理素质。

相比之下，项羽则能伸不能屈，赢得起而输不起，所以连连中计，听到“四面楚歌”就怀疑楚被汉灭，一败涂地，自己先大放悲歌。被刘邦追到乌江时，一亭长要用船送他过河，他却认为“天要亡我，我渡过去有什么用?”自动放弃了重整旗鼓、卷土重来的唯一机会，拔剑自刎而死。可惜的是，他到死也没明白，他首先是输在自己手里。

楚汉相争，刘邦以弱得天下，忍小事而成大业，这种经验是很值得后人思考并加以适当借鉴的。

季氏篇第十六

【原文】

季氏将伐颛臾①。冉有、季路见于孔子曰：“季氏将有事于颛臾。”孔子曰：“求！无乃尔是过与？夫颛臾，昔者先王以为东蒙主②，且在城邦之中矣，是社稷之臣也。何以伐为？”冉有曰：“夫子欲之，吾二臣者皆不欲也。”孔子曰：“求！周任③有言曰：‘陈力就列④，不能者止。’危而不持，颠而不扶，则将焉用彼相矣？且尔言过矣，虎兕⑤出于柙⑥，龟玉毁于椟⑦中，是谁之过与？”冉有曰：“今夫颛臾，固而近于费。今不取，后世必为子孙忧。”孔子曰：“求！君子疾夫舍曰欲之而必为之辞。丘也闻有国有家者，不患寡而患不均，不患贫而患不安。盖均无贫，和无寡，安无倾。夫如是，故远人不服，则修文德以来之。既来之，则安之。今由与求也，相夫子，远人不服而不能来也，邦分崩离析，而不能守也；而谋动干戈于邦内。吾恐季孙之忧，不在颛臾，而在萧墙之内也。”

【注释】

①颛臾：音 zhuān yú，鲁国的附属国，在今山东省费县西。②东蒙主：东蒙，蒙山。主，主持祭祀的人。③周任：人名，周代史官。④陈力就列：陈力，发挥能力，按才力担任适当的职务。⑤兕：音 sì。雌性犀牛。⑥柙：音 xiá，用以关押野兽的木笼。⑦椟：音 dú，匣子。

【译文】

季氏将要讨伐颛臾。冉有、子路去见孔子说：“季氏准备攻打颛臾了。”孔子说：“冉求，这难道不是你的过错吗？颛臾，从前周天子曾让它主持东蒙的祭祀，而且已经在鲁国的疆域之内，是我们鲁国的臣属啊，为什么要讨伐它呢？”冉有说：“季孙大夫想讨伐他，我们两个人都不愿意。”孔子说：

“冉求，周任曾说过：‘能够尽力施展自己的才能，就担任职务。如果不能尽力，就应该辞职。’如果一个盲人遇到危险，他的助手不去搀扶他；要跌倒时，他的助手不去搀扶他，那还用辅助的人干什么呢？况且你的话错了。老虎、犀牛从笼子里跑出来，龟甲、玉器在匣子里毁坏了，这是谁的过错呢？”冉有说：“颛臾的城墙坚固，而且离季氏的采邑城很近。现在不把它夺取过来，将来一定会成为子孙的忧患。”孔子说：“冉求，君子痛恨那种不肯实说自己的欲望，却又另找借口的人。我听说，对于拥有国和家的诸侯、大夫，不愁贫穷，而怕财富不均；不怕人口少，而怕境内不安定。如果财富分配均匀了，也就没有贫穷；境内和平，就不会感到人少；社会安定了，国家也就没有倾覆的危险了。如果这样，远方的人还不归服，就在以仁、义、礼、乐招徕他们；他们既然来了，就让他们安心住下去。现在，仲由和冉求辅助季氏，远方的人不归服，却不能招徕他们；国家分崩离析，却不能保全，反而想在国内使用武力。我担心季孙的忧患不在颛臾，而是在自己的内部呢！”

【原文】

孔子曰：“天下有道，则礼乐征伐自天子出；天下无道，则礼乐征伐自诸侯出。自诸侯出，盖十世希不失矣；自大夫出，五世希不失矣；陪臣执国命，三世希不失矣。天下有道，则政不在大夫。天下有道，则庶人不议。”

【译文】

孔子说：“天下有道，一切礼乐、征战都由天子决定；天下大乱，一切礼乐征战就由诸侯做决定。由诸侯做主决定，大概经过十代，很少没有丧失政权的；由大夫做决定，最多传到五代，很少还能继续的。天下有道，国家政权就不会落在大夫手中。天下有道，老百姓也就不会议论政治了。”

【原文】

孔子曰：“禄之去公室五世①矣，政逮于大夫四世②矣，故夫三桓③之子孙微矣。”

【注释】

①五世：指鲁国宣公、成公、襄公、昭公、定公五世。②四世：指季孙氏文子、武子、平子、桓子四世。③三桓：鲁国仲孙、叔孙、季孙都出于鲁

桓公，所以叫三桓。

【译文】

孔子说：“国家的政权从朝廷官室中丧失，已经有五代了，权力落在大夫之手，已经有四代了，所以桓公的三房子孙也衰微了。”

【原文】

孔子曰：“益者三友，损者三友。友直，友谅，友多闻，益矣。友便辟[①]，友善柔，友便佞[②]，损矣。”

【注释】

①便辟：惯于走邪道。②便佞：惯于花言巧语。

【译文】

孔子说：“有益的朋友有三种，有害的交友有三种。同正直的人交友，同诚信的人交友，同见闻广博的人交友，这是有益的。与习于歪门邪道的人交朋友，与善于阿谀奉承的人交朋友，与惯于花言巧语的人交朋友，是有害的。”

【原文】

孔子曰：“益者三乐，损者三乐。乐节礼乐，乐道人之善，乐多贤友，益矣。乐骄乐，乐佚[①]游，乐晏乐，损矣。”

【注释】

①佚：同“逸”。

【译文】

孔子说：“有益的快乐有三种，有害的快乐有三种。以得到礼乐调节自己为快乐，以宣扬别人的好处为快乐，以交了不少有益的朋友为快乐，这是有益的。以骄傲为快乐，以游荡忘返为快乐，以饮食荒淫为快乐，便是有害的。”

【原文】

孔子曰："侍于君子有三愆[①]：言未及之而言谓之躁，言及之而不言谓之隐，未见颜色而言谓之瞽[②]。"

【注释】

①愆：音qiān，过失。②瞽：音gǔ，盲人。

【译文】

孔子说："侍奉君子容易犯三种过失：君子还没有说到的时候，你却先说，这是急躁；君子已经说到了，你却不说，这叫隐瞒；不看君子的脸色而贸然说话，这叫做瞎子。"

【原文】

孔子曰："君子有三戒：少之时，血气未定，戒之在色；及其壮也，血气方刚，戒之在斗；及其老也，血气既衰，戒之在得。"

【译文】

孔子说："君子有三种事情应警惕戒备：年少的时候，血气未定，要警戒对女色的迷恋；等到身体成熟了，血气正旺盛，便要警戒，莫好胜喜斗；等到年老，血气已经衰弱了，便要警戒，莫贪求无厌。"

【原文】

孔子曰："君子有三畏：畏天命，畏大人，畏圣人之言。小人不知天命而不畏也，狎大人，侮圣人之言。"

【译文】

孔子说："君子有三件敬畏的事情：敬畏天命，敬畏在高位的人，敬畏圣人的话。小人不知天命，所以也不敬畏，不尊重在上位的人，蔑视圣人的话。"

【原文】

孔子曰："生而知之者，上也；学而知之者，次也；困而学之，又其次也；困而不学，民斯为下矣。"

【译文】

孔子说："生来就知道则是上等人；经过学习以后才知道的则是次一等的人；遇到困难然后学习的，是又次一等的人；遇到困难而又不学习的人，这样的百姓就是下等人了。"

【原文】

孔子曰："君子有九思：视思明，听思聪，色思温，貌思恭，言思忠，事思敬，疑思问，忿思难，见得思义。"

【译文】

孔子说："君子在九个方面要考虑清楚：看的时候，要思考是否看明白了；听的时候，要思考是否听清楚了；脸上的表情，考虑是否温和；举止容貌，考虑是否端庄；言语谈吐，考虑是否忠诚老实；工作态度，考虑是否谨慎严肃；遇到疑问，考虑如何向人请教；要愤怒时，考虑有什么后患；看见可得的，要思考自己是否该得。"

【原文】

子曰："见善如不及，见不善如探汤。吾见其人矣，吾闻其语矣。隐居以求其志，行义以达其道。吾闻其语矣，未见其人也。"

【译文】

孔子说："看到善良的（就努力追求），如同怕自己赶不上；看到不善良的行动，如同把手伸到开水中（赶快避开）。我见过这种人，也听过这样的话。以隐居避世来保全自己的志向，以实行仁义来贯彻自己的主张。我听过这种话，却没见过这种人。"

【原文】

齐景公有马千驷，死之日，民无德而称焉。伯夷叔齐饿死于首阳之下，民到于今称之。其斯之谓与？

【译文】

齐景公有马四千匹，死的时候，百姓们觉得他没有什么德行可以称颂。伯夷、叔齐饿死在首阳山下，百姓们到现在还在称颂他们。说的就是这个意思吧。

【原文】

陈亢[1]问于伯鱼曰："子亦有异闻乎？"对曰："未也。尝独立，鲤趋而过庭。曰：'学诗乎？'对曰：'未也'。'不学诗，无以言。'鲤退而学诗。他日又独立，鲤趋而过庭。曰：'学礼乎？'对曰：'未也'。'不学礼，无以立。'鲤退而学礼。闻斯二者。"陈亢退而喜曰："问一得三。闻诗，闻礼，又闻君子之远[2]其子也。"

【注释】

①陈亢：亢，音gāng，即陈子禽。②远：音yuàn，不亲近，不偏爱。

【译文】

陈亢问伯鱼："你在老师那里听到什么特别的教诲吗？"伯鱼回答说："没有呀。我父亲有一天独自站在那里，我快步走过庭院，他说：'学《诗》了吗？'我回答说：'没有。'他说：'不学诗，就不善于说话。'我回去就学《诗》。又有一天，他又独自站在那里，我快步从庭里走过，他说：'学礼没有？'我回答说：'没有。'他说：'不学礼，就不能立身处世。'我回去就学礼。只听到过这两件事。"陈亢回去高兴地说："我问一个问题，却得到三点收获，知道了学《诗》的道理，听了学礼的意义，还知道君子不偏爱自己儿子。"

【原文】

邦君之妻，君称之曰夫人，夫人自称曰小童；邦人称之曰君夫人，称诸异邦曰寡小君；异邦人称之亦曰君夫人。

【译文】

国君的妻子，国君称她为夫人，她自称为小童；国人称她为君夫人，但对别的国家的人则称她为寡小君，别的国家的人也称她为君夫人。

【故事】

交友一定要慎重

人有各种各样的性情，与哪些性情的人交朋友有益，与哪些性情的人交朋友有害呢？

与正直的人交朋友有益。正直的人，不取巧，做事应当怎样就怎样；不说假话，该批评就批评。唐初宰相魏征，就是这样一个秉性耿直的人。他在唐太宗身边工作长达17年，先后提了两百多条意见，言辞切峻，举发了很多弊端，甚至有些当面说出来的话，弄得唐太宗下不来台。但这一切，对李氏江山、对治国治民有好处。所以魏征死后，唐太宗说他失去了一面随时瞧见得失的镜子。

魏征

与讲信义的人交朋友有益。讲信义的人，不会当面一套而背后另搞一套，不会说一套做一套，不会面上笑嘻嘻，心里恶狠狠。交这样的朋友，不会上当，不会学着搞阴谋、盘算人。

与知识广博的人交朋友有益。一个人，学问见识总有所限，交知识广博的朋友，可以扩大眼界，提高自己，补充亲身闻见之不足。

相反，不能与虚伪的人交朋友，不能与谄媚的人交朋友，不能与夸夸其谈的人交朋友。虚伪谄媚之徒，对你好，也只是在应付你；奉承你，是想博你欢心，其实心里在打自己的算盘，想达到某种目的。因为要讨你欢心，所以就投其所好，灌迷魂药，引你离开正道，满足他的愿望。还有一些虚伪之人，貌似正直，实则狡猾，这样的人说出的话常常会妨碍你获得正确的认识，造成错误的判断。

沈约是南北朝齐、梁时期的著名文人，此人在文学史上地位挺高，不仅诗文好，还搞文学理论。只举一个简单的例子，汉语的“平上去人”四声，就是由这位先生最先从理论上总结出来的。不过，在这里，我们不讨论他的学问，而是要说说他的为人。

当时，南齐的大司马萧衍握有实权，他想让齐和帝把江山禅让给他。沈约是萧衍身边的人，跟着萧衍当然更有前途，对萧衍的想法他是心知肚明。有一天，沈约向萧衍进言说：“如今连三岁小孩都知道齐朝的国运不久了，您英明神武，应该挺身而出，接受天命啊。天意不可违，人心不可失。”萧衍听了心里很舒服，说：“我正考虑这事呢。”

沈约

沈约走后，萧衍又召进范云，告诉他自己想让齐帝禅让的打算。范云的回答与沈约一样，萧衍高兴地说：“果然是智谋之士啊，见识如此相通！你明天上午带着沈约一起来！”

范云出门后，告诉了沈约，沈约眼珠子一转，叮嘱范云：“明天上午，您可一定得等着我。咱俩一起去。”范云当即答应了。

但到了第二天上午，沈约却提前去了。萧衍命令沈约起草接受禅让登基的诏书，沈约忙说：“我昨晚早就起草好了。”说着递了上去。萧衍很高兴，连连夸奖沈约会办事，说：“事成之后，这头功是你的。”

不久，范云从外面赶来，到了宫门，却无法进去，只好在寿光阁外焦急万分地走来走去，口里不停地发出“咄咄”的声音，看来急得不行。

等到沈约出门，范云赶忙上去问道：“怎样安排我?”沈约举起手来向左一指，暗示已安排范云为尚书左仆射一职，相当于副总理，范云这才如释重负地说道：“这还差不多。”

沈约可说是一个不折不扣的虚伪之徒，为了个人私利，诳骗同僚，与这样的人交往必要多加小心。

现代社会，这样的人也不在少数，既想得到利益，又不想冒风险，于是出卖朋友、以朋友为垫脚石的事便屡见不鲜。所以交朋友要特别注意。

有一个前提必须记住，不管对方智慧多高或多有钱，一定要是个“好人”才可深交，也就是说，对方和你做朋友的动机必须是纯正的。不过，人常被对方的身份和背景所迷惑，结果把坏人当好人，这是很多人无法避免的错误。

如果你目前平平淡淡或失意不得志，那么不必太急于把朋友分等级，因为不客气地说你这时的朋友不会太多，还能维持感情的朋友应该不会太差。但当你有成就了，手上握有权和钱时，那时你的朋友就非分等级不可了。“贫在街头无人问，富在深山有远亲。”这时的朋友有很多是另有所图的！

作领导要以德服人心

古人有一句名言：“卑让，德之甚。”所谓卑让是压低自己的地位去屈就对方，这便是“德”的根本。刘备本身所具备的德就是这种卑让的态度，其中又可分为两个方面，即谦虚和信赖。《三国演义》中把刘备描写成一个大好人，评价与曹操完全相反。不过，若从个人能力上来观察，刘备是一个无能之辈。曹操参战的获胜率为八成，而刘备只有两成，可以说是败多胜少。结果曹操顺利地扩充势力，而刘备却时沉时浮，举兵 20 年后仍毫无建树，这种结果实属必然，因为刘备不仅作战能力低下，而且政治手腕同样拙劣，故难有成就。

既然如此，曹操为什么会将能力远不如自己的刘备视为最强的对手呢？根本原因就在于刘备拥有一种足以弥补个人能力不足的秘密武器。这种武器不是别的，是“德”。譬如有名的“三顾茅庐”的故事，刘备为了聘请诸葛亮为军师，不惜三次亲自到诸葛亮的茅屋去请他。当时两个人地位相差悬殊，刘备虽然在争霸的过程中不太顺利，但是也颇有名望。而且刘备当时已年近五十，而孔明却是二十岁出头的无名小卒。刘备竟然会特地三次造访孔明，以最崇敬的态度请求孔明做他的军师，及至在孔明，应允之后，又马上将全部作战计划等国家大事都委任于他。这实在是最彻底的谦虚态度以及深切的信赖。

刘备

不仅对孔明一人如此，刘备对其他部下也是这样。

比如，当赵云从敌人重围中冒着性命救危险出太子阿斗之后，刘备不是像常人那样欣喜若狂，而是生气地将阿斗扔到地下，感叹地说："几乎因为你折损了一员大将。"这种故意笼络收买人心之举，又怎能不使部下感动而誓死效忠呢？

与刘备相比，曹操在这方面则不但不仁义，反而大逆不道了。曹操在逃避董卓的追捕时，曾经到一个朋友家去避难，他把朋友两口子为他杀猪接风的话偷听过来，误解为把他捆缚交出去，于是他便一气之下将朋友夫妻两人杀死了。

由此可见，曹操是一个毫无德行，不讲信义的刚愎自用的人，他自己也说过："宁教我负天下人，也不让天下人负我"的话。曹操虽然能力过人，但是却不具备刘备那样的德行，这也正是他把刘备视为头号对手的原因所在。由此观之，我们确实应该向刘备学习以德感人的手段，以此弥补能力上的不足，身为领导者尤其应该如此。

益者三乐，损者三乐

见到利益，人都想得到，而且得到越多越好，这是人们共同的心理。看到别人赚钱，自己也想发财，这也是正常的现象。但是君子爱财，取之有道，又不能贪心太盛。作为国君如果太过贪婪，那么灭亡的日子就不远了；

作为一个官员，如果贪无止境，那么他的政治前途也将要丧失；作为一个商人如果贪心不忍，那么他在商战中很快就会败下阵下。人由于贪欲不止，往往只见利而不见害，结果是利也没有得到，害反而先来临了。

如果一个人眼中只有一己私利，不顾国家、百姓的利益，只盯在钱权上，遇事贪欲过重，则会被人利用这一弱点打败。忍贪是明智的表现。

春秋末年，晋国有一个当权的贵族叫智伯。他名叫智伯，其实一点都不聪明，相反，却是个蛮横不讲道理、贪得无厌的人。他自己本来有很大一块封地，他还嫌不够。有一回，他平白无故地向魏宣子索要土地。

魏宣子也是晋国一个贵族，他很讨厌智伯的这种行为，不肯给他土地。他的一个臣下叫任章，很有心计。任章对宣子说："您不如给智伯土地。"

宣子不理解，问："我凭什么要白白地送给他土地呢？"

任章说："他无理求地，一定会引起邻国的恐惧，邻国都会讨厌他；他如此利欲熏心，一定会不知满足，到处伸手，这样便会引起整个天下的忧虑。您给了他土地，他就会更加骄横起来，以为别人都怕他，他也就更加轻视他的对手，更肆无忌惮地骚扰别人。那么他的邻国就会因为害怕他、讨厌他而联合起来对付他，那他便不能这样长久不去了。"

任章说到这里，顿了一下，见宣子点头称是，似有所悟，便又接着说："《尚书·周书》上说，'将要打败他，一定要暂且给他一点帮助；将要夺取他，一定要暂且给他一点甜心'，就是说的这个道理。所以，我说，您还不如给他一点土地，让他更骄横起来。再说，您现在不给他土地，他就会把您当做他的靶子，向您发动进攻。您还不如让天下人都与他为敌，他便成了众矢之的。"

宣子非常高兴，马上改变了主意，割让了一大块土地给智伯。智伯尝到了不战而获、不劳而获的甜头，接下来，便伸手向赵国要土地。赵国不答应，他便派兵围困晋阳，把赵国包围了。这时，韩、魏联合，趁机从外面打进去，赵在里面接应，里应外合，里外夹攻，智伯便灭亡了，果然如任章所料。贪欲不忍，给自己带来的后果是很可怕的。

阳货篇第十七

【原文】

阳货[1]欲见孔子，孔子不见，归孔子豚[2]。孔子时其亡也，而往拜之，遇诸涂[3]。谓孔子曰："来！予与尔言。"曰："怀其宝而迷其邦，可谓仁乎？"曰："不可。""好从事而亟[4]失时，可谓知乎？"曰："不可。""日月逝矣，岁不我与。"孔子曰："诺，吾将仕矣。"

【注释】

①阳货：又叫阳虎，季氏的家臣。②归孔子豚：归，音 kuì，赠送。豚，音 tún，小猪。③遇诸涂：涂，同"途"，道路。④亟：屡次。

【译文】

阳货想要孔子来拜见他，孔子不去，他便赠送给孔子一只熟小猪，想要孔子来他家道谢。孔子打听到阳货不在家时，去拜谢，两个人在路上遇见了。阳货对孔子说："来，我有话要跟你说。"（孔子走过去）阳货说："自己有一身的本领，却听任国家迷乱，这可以叫做仁吗？"（孔子回答）说："不可以。"（阳货）说："喜欢做官而又屡次错过机会，这可以说是聪明吗？"（孔子回答）说："不可以。"（阳货）说："时间一天天过去了，就不再回来了。"孔子这才答到："好吧，我打算去做官了。"

【原文】

子曰："性相近也，习相远也。"

【译文】

孔子说："人的本性是相近的，由于习染不同才相互远离了。"

【原文】

子曰："唯上知与下愚不移。"

【译文】

孔子说："只有上等的聪明人与下等的愚笨人是无法改变性情的。"

【原文】

子之武城[1]，闻弦歌[2]之声。夫子莞尔而笑，曰："割鸡焉用牛刀？"子游对曰："昔者偃也闻诸夫子曰：'君子学道则爱人，小人学道则易使也。'"子曰："二三子！偃之言是也。前言戏之耳。"

【注释】

①武城：鲁国的一个小城，当时子游是武城宰。②弦歌：弦，指琴瑟。以琴瑟伴奏歌唱。

【译文】

孔子到了武城，听见弹琴唱歌的声音。孔子微笑着说："杀鸡何必用宰牛的刀呢？"子游回答说："以前我听老师说过，'做官的学习了礼乐，就会爱人；老百姓学习了礼乐，就容易使唤了。'"孔子便说："学生们，言偃的话是对的。我刚才的话只是跟他开个玩笑而已。"

【原文】

公山弗扰[1]以费畔，召，子欲往。子路不悦，曰："末之也已，何必公山氏之之也[2]。"子曰："夫召我者，而岂徒哉？如有用我者，吾其为东周乎？"

【注释】

①公山弗扰：人名，又称公山不狃，字子洩，季氏的家臣。②之之也：第一个"之"字是助词，后一个"之"字是动词，去到的意思。

【译文】

公山弗扰盘踞费邑反叛，叫孔子去，孔子打算前去。子路很不高兴地说：“没有地方去就算了，为什么一定要去公山氏那里呢？”孔子说：“那个叫我去的人，难道是白白叫我去吗？如果有人用我，我将使周文王、武王的德政在东方再度兴起。”

【原文】

子张问仁于孔子。孔子曰：“能行五者于天下为仁矣。”“请问之。”曰：“恭、宽、信、敏、惠。恭则不侮，宽则得众，信则人任焉，敏则有功，惠则足以使人。”

【译文】

子张问孔子怎样实行仁德。孔子说：“能够在天下实行五种品德便是仁德了。”子张说：“请问哪五种品德。”孔子说：“庄重、宽厚、诚信、勤敏、慈惠。庄重就不会遭受侮辱，宽厚就会得到众人的拥护，诚信就能得到别人的任用，勤敏做事便有效率，慈惠就能够使唤人。”

【原文】

佛肸[①]召，子欲往。子路曰：“昔者由也闻诸夫子曰：‘亲于其身为不善者，君子不入也。’佛肸以中牟[②]畔，子之往也，如之何？”子曰：“然，有是言也。不曰坚乎，磨而不磷；不曰白乎，涅[③]而不缁[④]。吾岂匏瓜[⑤]也哉？焉能系而不食？”

【注释】

①佛肸：音bìxī，晋国大夫范氏家臣，中牟城地方官。②中牟：地名，在晋国，约在今河北邢台与邯郸之间。③涅：一种矿物质，可用作颜料染衣服。④缁：音zī，黑色。⑤匏瓜：葫芦中的一种，味苦不能吃。

【译文】

佛肸召请，孔子打算前往。子路说："过去我曾听先生说过：'亲自投身做坏事的人那里，君子是不去的。'佛肸据中牟反叛，老师却要去，怎么说得过去呢?"孔子说："是的，我说过这样的话。但是我又说过：'坚硬的东西是磨不薄的'。还说过，'洁白的东西是染不黑的。我难道是葫芦吗？怎么能挂起来不吃呢?'"

【原文】

子曰："由也，女闻六言六蔽矣乎?"对曰："未也。""居[①]，吾语女。好仁不好学，其蔽也愚；好知不好学，其蔽也荡；好信不好学，其蔽也贼；好直不好学，其蔽也绞[②]；好勇不好学，其蔽也乱；好刚不好学，其蔽也狂。"

【注释】

①居：坐。②绞：说话尖刻。

【译文】

孔子说："由呀，你听说过六种德行里面包含六种弊病吗?"子路回答说："没有听说过。"孔子说："你坐下，我告诉你。爱好仁德而不好好学习，它的弊病是容易愚弄；爱好智慧却不努力学习，它的弊病是行为放荡；爱好诚信而不好好学习，它的弊病是是非不分；爱好直率却不努力学习，它的弊病是说话尖刻；爱好勇敢却不努力学习，它的弊病是容易闹事；爱好刚强却不好好学习，其弊病是狂妄自大。"

【原文】

子曰："小子何莫学夫诗。诗，可以兴，可以观，可以群，可以怨。迩[①]之事父，远之事君；多识于鸟兽草木之名。"

【注释】

①迩：音 ěr，近。

【译文】

孔子说："学生们为什么不学《诗》呢？学《诗》，可以培养联想力，可以提高观察力，可以养成合群性，可以学得讽刺方法。近可以用诗中的道理事奉父母，远则可以用诗中的道理事奉君主；还可以多知道一些鸟兽草木的名字。”

【原文】

子谓伯鱼曰：“女为《周南》、《召南》[①]矣乎？人而不为《周南》、《召南》，其犹正墙面而立也与?”

【注释】

①《周南》、《召南》：《诗经·国风》中的第一、二两部分篇名。

【译文】

孔子对伯鱼说：“你学习《周南》、《召南》了吗？人如果不学习《周南》、《召南》，就像面对墙壁站着吧?”

【原文】

子曰：“礼云礼云，玉帛云乎哉？乐云乐云，钟鼓云乎哉?”

【译文】

孔子说：“礼呀礼呀，难道只是说玉帛吗？乐呀乐呀，难道只是指钟鼓之类的乐器吗?”

【原文】

子曰：“色厉而内荏，譬诸小人，其犹穿窬[①]之盗也与?”

【注释】

①窬：音yú，洞。

【译文】

孔子说：“外表刚强而内心虚弱，若用坏人作比喻，可能像是挖墙洞的小偷吧?”

【原文】

子曰：“乡愿，德之贼也。”

【译文】

孔子说：“没有道德修养的伪君子，就是败坏道德的人。”

【原文】

子曰："道听而途说，德之弃也。"

【译文】

孔子说："在路上听到的传言就到处传播，这是道德所抛弃的。"

【原文】

子曰："鄙夫可与事君也与哉？其未得之也，患得之。既得之，患失之。苟患失之，无所不至矣。"

【译文】

孔子说："可以卑鄙恶劣的小人，难道可以与他一起事奉君主吗？他在还没有得到官职时，总担心得不到。已经得到了，又担心失去它。如果担心失掉官职，那他任何极端的手段都会采用的。"

【原文】

子曰："古者民有三疾，今也或是之亡也。古之狂也肆，今之狂也荡；古之矜也廉，今之矜也忿戾[①]；古之愚也直，今之愚也诈而已矣。"

【注释】

①戾：火气太大，蛮横不讲理。

【译文】

孔子说："古时的老百姓有三种偏激的毛病，现在或者没有这三种毛病了。古代的狂者肆意直言，而现在的狂妄者却是放荡不羁；古代自尊自大的人，威不可犯，现在自尊自大的人却是凶恶蛮横；古代愚笨的人直率，现在的愚笨者却是欺诈罢了！"

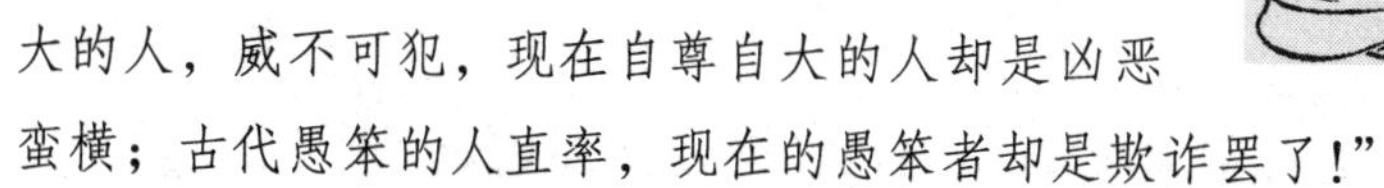

【原文】

子曰："巧言令色[①]，鲜矣仁。"

【注释】

①令色：谄媚的脸色。令，本指美好，如称人之父母曰令尊、令堂；称

人之子女曰令郎、令媛。这里有讨好之意。

【译文】

孔子说："满口说着让人喜欢的话，满脸装着使人喜欢的面色，仁德就很少了。"

【原文】

子曰："恶紫之夺朱也，恶郑声[①]之乱雅乐也，恶利口之覆邦家者。"

【注释】

①郑声：郑国的乐曲。

【译文】

孔子说："我厌恶那紫色取代红色的地位，我厌恶郑国的声乐扰乱典雅正统的音乐，我厌恶颠覆国家的人。"

【原文】

子曰："予欲无言。"子贡曰："子如不言，则小子何述焉？"子曰："天何言哉？四时行焉，百物生焉，天何言哉？"

【译文】

孔子说："我不想再说话了。"子贡说："你如果不说话，那么我们这些学生还传述什么呢？"孔子说："天何尝说话呢？一年四季照常运行，百物照样生长。天说了什么呢？"

【原文】

孺悲[①]欲见孔子，孔子辞以疾。将命者出户，取瑟而歌，使之闻之。

【注释】

①孺悲：鲁国人，鲁哀公曾派他向孔子学礼。

【译文】

孺悲想见孔子，孔子以有病为由推辞不见。传话的人出了门，（孔子）便拿来瑟边弹边唱，（故意）让孺悲听到。

【原文】

宰我问："三年之丧，期已久矣。君子三年不为礼，礼必坏；三年不为乐，乐必崩。旧谷既没，新谷既升，钻燧改火①，期②可已矣。"子曰："食夫稻，衣夫锦，于女安乎？"曰："安。""女安则为之。夫君子之居丧，食旨③不甘，闻乐不乐，居处不安，故不为也。今女安，则为之！"宰我出，子曰："予之不仁也！子生三年，然后免于父母之怀，夫三年之丧，天下之通丧也。予也有三年之爱于其父母乎？"

【注释】

①钻燧改火：古人钻木取火，四季所用木头不同，每年轮一遍，叫改火。②期：音 jī，一年。③旨：美味，指吃好的食物。

【译文】

宰我问："父母去世，子女守孝三年，期限太久了。君子三年不讲究礼仪，礼仪必然毁坏；三年不演奏音乐，音乐必然生疏忘记。旧谷子吃完，新谷已上场，取火用的木头轮过了一遍，守孝一年的时间就可以了。"孔子说："（才一年的时间）你便吃大米饭，穿锦缎衣，你心安吗？"宰我说："我心安。"孔子说："你心安，就那样做吧！君子居丧守孝，吃美味不觉得香甜，听音乐不觉得快乐，住好房不觉得舒服，所以不那样做。如今你觉得心安，就去做吧！"宰我出去后，孔子说："是宰予的不仁啊！小孩生下三年之后，才能脱离父母的怀抱。为父母服丧三年，是天下通行的丧礼。难道宰予没有从他的父母怀抱里得到过三年的爱抚吗？"

【原文】

子曰："饱食终日，无所用心，难矣哉！不有博弈者乎？为之，犹贤乎已。"

【译文】

孔子说："整天吃饱了饭，什么心思也不用，（这种人）真难办呀！不是有掷彩下棋的游戏吗？下下棋，也比什么都不干的要好。"

【原文】

子路曰："君子尚勇乎？"子曰："君子义以为上。君子有勇而无义为乱，小人有勇而无义为盗。"

【译文】

子路说："君子崇尚勇敢吗？"孔子答道："君子以义作为最高尚的品德，君子有勇无义就会作乱，小人有勇无义就会当强盗。"

【原文】

子贡曰："君子亦有恶[1]乎？"子曰："有恶。恶称人之恶者，恶居下流而讪[2]上者，恶勇而无礼者，恶果敢而窒者。"曰："赐也亦有恶乎？""恶徼[3]以为知[4]者，恶不孙[5]以为勇者，恶讦以为直者。"

【注释】

①恶：音 wù，厌恶。②讪：音 shàn，诽谤。③徼：音 jiǎo，窃取，抄袭。④知：同"智"。⑤孙：同"逊"。

【译文】

子贡说："君子可有憎恶吗？"孔子说："有厌恶的事。君子憎恶称颂别人的坏处。憎恶在下者而诽谤在上者，厌恶勇敢而无礼的人，憎恶果敢而固执的人。"孔子又说："赐，你也有厌恶的事吗？"子贡说："我憎恶把剽窃他人作为智的人，憎恶把不谦虚当做勇的人，憎恶把攻讦作为直的人。"

【原文】

子曰："唯女子与小人为难养也，近之则不孙，远之则怨。"

【译文】

孔子说："只有女子和小人是难以相处的，亲近了，他们就会无礼，疏远了，他们就会怨恨。"

【原文】

子曰："年四十而见恶焉，其终也已。"

【译文】

孔子说："活到四十岁的时候还被人厌恶，他这一生也就没有希望了。"

【故事】

环境最能影响人

孔子在教育上，特别注重“性相近也，习相远也”的影响，所学的东西会改变人，环境也会改变人。人在后天环境中，由于所学内容、所处环境的影响，就会离本来的善良、纯洁越来越远，嗜好越来越大。所以对于自己来说，不管是做什么事情、处于什么环境中，都必须谨慎，不断提高自己的修养。

孟子三岁的时候父亲就死了，他是在寡母的抚养教育下长大成人的。孟子的母亲是一位极有见地的妇女，她一心想把他培养成一个好读书有学问的人，因此十分重视对小孟轲的教育。

孟子

孟母独自拉扯孩子不容易，加上邻家痞子的经常欺凌，思前想后，觉得都城繁华，帮人做工赚钱的机会较多，便带着孟轲到鲁国都城去了。孟母初到京城，人地两生，听说城外坟地附近房价便宜，便带着孟轲在坟地附近租了间农民的房子。

因为地处坟地附近，隔三差五城中便有人抬着死人来下葬，哭哭啼啼，抛撒纸钱，甚是热闹。孟母白天帮人做工挣钱，年幼的孟轲便和附近的孩子一起玩耍，每天都玩送葬游戏，由不同的人扮演不同的角色，哭的哭，抬的抬，撒纸钱的撒纸钱，玩得不亦乐乎。

孟母看到这种现象后，十分痛心，觉得这样不适宜孩子的成长，无奈之中，不得不带着孟轲前往房租较贵的闹市居住。

当时鲁国正是全民经商的时候，集市如牛毛，竞争十分激烈。孟家所租住之集市尤其热闹，房子旁边有一长排肉摊子，光着膀子的屠夫们，每天都白刀子进，红刀子出，街上的杀猪声不绝于耳。孟轲被杀猪声所吸引，每天都跑去观看屠夫们杀猪，没出几日，便拿着自制的小竹刀，和其他的小孩玩起杀猪游戏来。

一日，孟母做工归来，突见孟轲浑身是血地倒于家门口，马上大惊失色。原来当天集市上有人打架，孟轲像往常一样挤在旁边看热闹，一秤砣突然飞至，恰好砸在他头上，孟轲险些当场倒毙。孟母急忙找医生给他医治。心想：这个地方再也不能住下去了。无奈之下的孟母，举家又迁到书院附近居住。

孟家离书院很近，每天都能听到从书院中传来的琅琅读书声，好奇的孟轲便到书院窗台上，坐在窗台上模仿其他人读书写字。没下几天，孟轲跑回家中，抱着正做家务的孟母的大腿，说自己也要上书院读书。孟母听后，又惊又喜，手中的木瓢“啪”的掉落在地，因为小孟轲的要求正中她下怀，但没有想到他会转变得如此之快。

当天晚上，孟母拿出了家中所有的积蓄，并向邻居东拼西凑，终于凑足了学费，第二天一大早，便领着孟轲上书院去了。

进了书院后的孟轲勤奋好学，善于思考，最终成为战国时期杰出的思想家，儒家学派的代表人物。这就是著名的“孟母三迁”的故事。孟子的母亲深知：孟子处于幼年时期，对于外界环境没有辨别的能力。外界不好的环境会使其染上不好的习惯。所以她费尽心思为孟子提供一个良好的环境。

凡事切莫道听途说

道听途说是一种背离道德准则的行为。有些人不仅爱道听途说，而且四处打听别人的隐私，然后到处传，以此作为生活的乐趣，实乃卑鄙之小人。道听途说的人是愚蠢的，而那些没有坚定立场，对于那些道听途说的消息采取信任态度的人，更是愚人。

战国时期，魏国的太子要被送往赵国去做人质，魏王不放心太子在赵国独自一人生活，思来想去，决定派身边的大臣庞恭陪太子同去，并定于某日启程赴赵都邯郸。

庞恭得知了这个消息以后，心想，我陪太子去了赵国，就会长期远离魏王身边，那样在魏国就有很多人会在魏王面前诋毁我，我必须向大王提个醒才能够放心地走。在临行时，庞恭进宫向魏王告别，对魏王说："大王，如果有一个人对您说，我看见闹市熙熙攘攘的人群中有一只老虎，您相信吗?"魏王说："我当然不信。"庞恭又问："如果第二个人跑来说市场上有只老虎，正在伤人。大王您相信吗?"魏王说："寡人虽然有些疑惑，但是我仍然不信。"庞恭紧接着追问了一句道："如果第三个人跑来向您说他亲眼看见了闹市中的老虎，君王是否还不相信?"魏王说道："既然这么多人都说看见了老虎，肯定确有其事，所以我不能不信。"

庞恭听了这话以后，深有感触地说："果然不出我的所料，问题就出在这里：事实上，人虎相怕，各占几分。具体地说，某一次究竟是人怕虎还是虎怕人，要根据力量对比来论。众所周知，一只老虎是决不敢闯入闹市之中的。然而经过三个人的谣传，就让人相信真的有老虎了。如今君王不顾及情理、不深入调查，只凭三人说虎即肯定有虎，实在是让庞恭我放心不下。现在，赵国的都城邯郸距离魏国的都城大梁，比市场离大王远很多，背后说我坏话，恶意诽谤我的人也一定会不止三个人，您要是听见三个或更多不喜欢我的人说我的坏话，岂不是要断言我是坏人吗？临别之前，我向您说出这点疑虑，希望君王听到关于我的谣传，要明察真假，一定不要轻信人言。只有这样我才能放心地服侍太子。"

魏王听到这里才明白庞恭是担心他遭到他人的陷害，才对他讲了这个故事的。魏王心里想，庞恭的顾虑也是可以理解的，至少表现他对魏国的一片忠心。于是，魏王就安慰她说："你放心去吧！我心里自然有数，我是不会轻易相信别人的谣传的。"

就这样，庞恭告别了魏王，上车陪着魏国太子到赵国的都城邯郸去了。

可是，情况真的如庞恭所料想的那样，在他们走后不久，一些平时对他心怀不满的人开始在魏王面前说他的坏话。时间一长，魏王果然听信了这些谗言。当庞恭从邯郸回魏国时，魏王再也不愿意召见他了。

看起来，妖言惑众，流言飞语多了，的确足以毁掉一个人。随声附和的人一多，白的也会被说成黑的，真是叫做“众口铄金，积毁销骨”。所以我们对待任何事情都要有自己的分析，不要人云亦云，被假象所蒙蔽。特别是作为一个领导，对来自下面的意见，要进行细致的调查研究，不能道听途说，力争做到明察秋毫，以免违反了政策，办错了事情。

要学会与人周旋

历史上，权臣把持朝政，皇帝只是傀儡的政治现象屡见不鲜。并不是这些皇帝甘当傀儡，而是他们或有的昏庸无能，或有的有勇无谋，或有的实力不足，所以才使得权奸当道，为所欲为。但真正有智谋的皇帝在与权奸的博弈过程中却是知道如何保护自己的，他们经常采取周旋的态度，以此迷惑政敌，在适当的时候瞅准机会，一跃而起，除灭权奸，从而继续维持自己的统治。

三国时期的吴国，在孙权去世后，就陷入了权臣相争的内部倾轧中。继孙峻诛诸葛恪之后，吴国朝政又为孙峻所把持。孙峻素无名望，且骄矜残暴，招致朝臣与百姓的极大怨愤，不断有人试图谋杀他，都被他发觉处死。他在擅权三年之后，于吴太平元年中历九月病卒，临死将大权交给其从弟孙林。

孙林与孙峻同祖，受命之时只有 34 岁，又无战功，所以当时在外征讨魏国的吕据等大将很不服气，曾与诸葛恪同受孙权辅政遗诏的滕胤更不甘心受孙林节制。吴太平元年中历九月和十月，吕据和滕胤先后举兵讨孙林，孙林派从兄孙虑迎击吕据和滕胤，后因吕、滕二人配合不好，被孙虑钻了空子，兵败，被夷三族。

铲除了朝中的政治敌手，孙林遂无所顾忌，把谁都不放在眼里。他自任大将军，封永宁侯，总揽政纲。

吴主孙亮这时已年满 16 岁，于诸葛诞叛魏前即已亲政。他对孙林擅权的不满日益显露出来，对孙林所奏表章，常常不客气地质问不休；他还简选

15 至 18 岁的士卒子弟 3000 人，令大将子弟为将帅，在皇家林苑中终日操练。当孙林救诸葛诞未成，大失民心之时，孙亮觉得时机已经成熟，遂与太常全尚、将军刘承等人共谋诛除孙林。

孙亮之妃是孙林的外甥女，她听到孙亮等人的密谋，就使人告诉给孙林。孙林先发制人，于吴太平三年中历九月，带兵逼宫，宣布废孙亮之帝位，降之为会稽王。

孙林在废黜孙亮后，很想自己即位称帝，左思右想，唯恐诸臣不服，只得派人将孙权的第六子孙休从会稽接来，拥之为帝。

其实，孙休对孙林家族权势过盛早心存不满，他也不愿做傀儡皇帝，只是不敢贸然行事，以免重蹈孙亮的覆辙。然而孙林的嚣张跋扈使矛盾渐渐激化。一次孙林向孙休进献牛和酒，孙休拒绝了。孙林大为恼怒，乘酒酣之时，故意对孙休的近臣张布说："初废少主时，多劝吾自为之者。吾以陛下贤明，故迎之。帝非我不立，今上礼见拒，是与凡臣无异，当复改图耳。"这是对孙休的公然威胁恫吓。孙休听了张布的汇报，一面对孙林屡加赏赐，表面对孙林也很顺从，以稳住其心；一面将孙恩加侍中之职，与孙林分掌其原来独揽的职权。当时有人告孙林欲谋反，孙休不加审讯，就将其交给孙林处理，弄得孙林很尴尬。

孙林感到孙休不像孙亮那么好对付，就想到地方发展自己的势力。吴太平三年中历十一月，孙林正式提出到武昌屯兵，孙休满口答应。他又请求将他以前统领的中营精兵万余人带往武昌，并要求取走武库中的兵器，孙休也一一应允。

当时，朝中大臣看到孙休对孙林如此不加防备，暗暗为之担忧。事实上，在麻痹孙林的同时，孙休已与近臣张布、左将军丁奉密议诛除孙林之策。当年十二月戊辰日，朝中按例举行腊会，孙林似已感到将起变故，称病不赴会。孙休连续派了十几个人去请他，孙林不愧为诡计多端之人，他整装准备赴会，又暗嘱家人说："速将应付事变的兵卒集合好，待我一入宫，你们就在府中放火，我可以借口回府灭火，尽快离开皇宫。"

果然，孙林入宫不久，就传来其府内起火的消息。孙林请求回府，孙休说："外面兵卒那么多，何劳丞相亲自操劳此事？"孙林还是要强行离去，丁奉和张布忙向左右亲信使眼色，大家一齐上前，将孙林牢牢地捆绑起来。

此后，孙休令将孙林夷灭三族。其弟孙闿闻讯欲乘船逃奔曹魏，途中被追杀。其从兄孙峻虽早已死去，也被掘出棺材，将其所佩印绶取走，豪华的棺材被砍得七零八落，才重新埋葬。

孙峻和孙林这一对专权欺主的兄弟，最后落了个夷族灭门的下场。

我们每个人在生活中都会遇到各种各样的人，处理各种各样的事，如果一味地刚直，一味地守信，一味地疾恶如仇，不仅待不好人，处不好事，自己也将受到伤害。所以，有时候采取周旋的态度应付也未必就是老于世故，圆滑取巧。关键是要看你对什么人，处什么事。如果毫无原则地一律采取周旋的态度，那当然就是另外一回事了。而如果我们像孔子和孙休那样，运用周旋的智谋去对付邪恶者，并保全自己，那可就是令人赞赏的事了。

微子篇第十八

【原文】

微子①去之，箕子②为之奴，比干③谏而死。孔子曰："殷有三仁焉。"

【注释】

①微子：殷纣王的同母兄长，见纣王无道，劝他不听，遂离开纣王。②箕子：箕，音jī。殷纣王的叔父。③比干：殷纣王的叔父，屡次强谏，激怒纣王而被杀。

【译文】

（殷纣无道不听劝谏）微子弃官而去，箕子被降为奴隶，比干进谏被杀死了。孔子说："这是殷朝的三位仁人啊！"

【原文】

柳下惠为士师①，三黜。人曰："子未可以去乎？"曰："直道而事人，焉往而不三黜？枉道而事人，何必去父母之邦？"

【注释】

①士师：典狱官，掌管刑狱。

【译文】

柳下惠担任狱官，多次被罢免。有人对他说："你不可以离开鲁国吗？"柳下惠说："我正直的工作，当然容易得罪人，到哪里去都可能被撤职，如果不正直的工作，为什么一定要离开祖国呢？"

【原文】

齐景公待孔子曰："若季氏，则吾不能；以季、孟之间待之。"曰："吾

老矣，不能用也。”孔子行。

【译文】

齐景公在谈到对待孔子的问题时，说：“若要像鲁君对待季氏那样对待孔子，那我是做不到的，我要用介于季氏孟氏之间的礼节对待他。”又说：“我已经老了，已不能用他了。”于是孔子就离开了齐国。

【原文】

齐人归①女乐，季桓子②受之，三日不朝。孔子行。

【注释】

①归：同馈，赠送。②季桓子：鲁国宰相季孙斯。

【译文】

齐国人赠送了一些歌姬舞女给鲁国，季桓子接受了，三天不问政事。孔子于是离开了鲁国。

【原文】

楚狂接舆①歌而过孔子曰：“凤兮凤兮！何德之衰？往者不可谏，来者犹可追。已而已而！今之从政者殆而！”孔子下，欲与之言。趋而避之，不得与之言。

【注释】

①楚狂接舆：楚国叫接舆的狂人。

【译文】

楚国的狂人接舆唱着歌从孔子的车旁走过，他唱道：“凤凰啊，凤凰啊，为什么这么倒霉呢？过去的不能再挽回，未来的还可不在着迷。算了吧，算了吧。今天的执政者危乎其危！”孔子下车，想同他谈谈，他却赶快避开，孔子没法和他交谈。

【原文】

长沮、桀溺①耦而耕。孔子过之，使子路问津焉。长沮曰：“夫执舆者为谁？”子路曰：“为孔丘。”曰：“是鲁孔丘与？”曰：“是也。”曰：“是知津矣。”问于桀溺。桀溺曰：“子为谁？”曰：“为仲由。”曰：“是孔丘之徒

与?”对曰:“然。”曰:“滔滔者天下皆是也,而谁以易之?且而与其从辟[②]人之士也,岂若从辟世之士哉?”耰[③]而不辍。子路行以告。夫子怃然曰:“鸟兽不可与同群,吾非斯人之徒与而谁与?天下有道,丘不与易也。”

【注释】

①长沮、桀溺:两位隐士,真实姓名和身世不详。②辟:同“避”。③耰:音 yōu,用土覆盖种子。

【译文】

长沮、桀溺在田里一起劳动,孔子经过那里,让子路去询问渡口。长沮问子路:“那个驾车的人是谁?”子路说:“是孔丘。”长沮说;“是鲁国的孔丘吗?”子路说:“是的。”长沮说:“那他该知道渡口的位置了。”子路又去问桀溺。桀溺说:“你是谁?”子路说:“我是仲由。”桀溺说:“你是鲁国孔丘的门徒吗?”子路说:“是的。”桀溺又说:“现在天下如滔滔大水般弥乱,你们同谁去改变现状呢?而且你与其跟随像孔丘那样躲避别人的人,还不如跟着我们躲避整个社会的人呢?”一边说,一边不停地翻土种地。子路回来后把情况报告给孔子。孔子长叹说:“人是不能与鸟兽生活在一起的,我不是人的同伴,又是谁的同伴呢?(不就是因为天下无道,才要我们来努力治理吗?)如果天下太平,我就不会再来改变它。”

【原文】

子路从而后,遇丈人,以杖荷蓧[①]。子路问曰:“子见夫子乎?”丈人曰:“四体不勤,五谷不分,孰为夫子?”植其杖而芸。子路拱而立。止子路宿,杀鸡为黍而食[②]之。见其二子焉。明日,子路行以告。子曰:“隐者也。”使子路反见之。至,则行矣。子路曰:“不仕无义。长幼之节,不可废也;君臣之义,如之何其废之?欲洁其身,而乱大伦。君子之仕也,行其义也。道之不行,已知之矣。”

【注释】

①蓧:音 diào,古代耘田所用的竹器。②食:音 sì,拿东西给人吃。

【译文】

子路跟随孔子出行,落在了后面,遇到一位老人,用拐杖挑着除草的工具。子路问道:“您看到我的老师吗?”老丈说:“我手脚不停地劳作,五谷还来不及播种，谁知道哪个是您的老师？”说完，将木杖插在地上去除草去了。子路拱着手恭敬地站在一旁。（老人见子路懂礼貌）便留子路过夜，杀了鸡，做了小米饭款待他，又叫两个儿子出来与子路见面。第二天，子路上路，（赶上孔子后）把这件事告诉了孔子。孔子说：“这是个隐士啊。”叫子路回见他。子路到了那里，老丈已经出门了。子路说：“不去做官是不符合义的。长幼间的礼节不能废弃；君臣间的正常关系，又怎么能废弃呢？想要自身自好（而隐居不仕），却破坏了（君臣之间）大的伦理。君子出来做官，是为了实行君臣之义的。至于我们的政治主张行不通，那是早就知道的了。”

【原文】

逸[1]民：伯夷、叔齐、虞仲[2]、夷逸、朱张、柳下惠、少连。子曰：“不降其志，不辱其身，伯夷、叔齐与？”谓柳下惠、少连，“降志辱身矣，言中伦，行中虑，其斯而已矣。”谓虞仲、夷逸，“隐居放言，身中清，废中权。”“我则异于是，无可无不可。”

【注释】

①逸：同“佚”，散失、遗弃。②虞仲、夷逸、朱张、少连：此四人身世无从考，当是没落贵族。

【译文】

古今隐逸不曾做官的人有：伯夷、叔齐、虞仲、夷逸、朱张、柳下惠、少连。孔子说：“不降低自己的意志，不辱没自己的身份，这要算伯夷叔齐吧。”又说柳下惠、少连是“被迫降低自己的意志，辱没了自己的身份，但说话合乎法度，行为经过考虑。”又讲虞仲、夷逸“过着隐居的生活，放胆直言，保持了自身清白，被废弃的也合乎权宜之理。”“我却和这些人不同，没有什么可以，也没有什么不可以。”

【原文】

大师挚[1]适齐，亚饭[2]干适楚，三饭缭适蔡，四饭缺适秦，鼓方叔入于河，播鼗[3]武入于汉，少师[4]阳、击磬襄[5]入于海。

【注释】

①大师挚：大同“太”。太师是鲁国乐官之长，挚是人名。②亚饭、三饭、四饭：都是乐官名。干、缭、缺是人名。③鼗：音 táo，小鼓。④少师：乐官名，副乐师。⑤击磬襄：击磬的乐师，名襄。

【译文】

太师挚去了齐国，亚饭干去了楚国，三饭乐师缭到蔡国去了，四饭乐师缺到秦国去了，打鼓的方叔到了河内，敲小鼓的武到了汉中，少师阳和击磬的襄到了海滨。

【原文】

周公谓鲁公[①]曰：“君子不施[②]其亲，不使大臣怨乎不以。故旧无大故，则不弃也。无求备于一人。”

【注释】

①鲁公：指周公的儿子伯禽，封于鲁。②施：同“弛”，怠慢、疏远。

【译文】

周公对鲁公说：“君子不能疏远怠慢自己的亲族，不能让大臣们抱怨不任用他们。老臣老友，如果没有重大的过失，不要遗弃他们，不要对一个人求全责备。”

【原文】

周有八士[①]：伯达、伯适、伯突、仲忽、叔夜、叔夏、季随、季騧。

【注释】

①八士：身世生平不详。

【译文】

周代有八位名士：伯达、伯适、伯突、仲忽、叔夜、叔夏、季随、季騧。

正直是君子的立身之本

孔子认为君子做人要正直，柳下惠因为为人正直，尽管多次遭到罢免，也没有因此而改变自己的初衷。这就是孔子所称颂的高贵人格。历史上，有许多人因为为人正直受到别人的尊敬与爱戴。

李膺，字元礼，出身于东汉时的官僚贵族家庭。由于他学问高，为人正直，在社会上的名气很大，一般人都以能与他交往为荣，甚于把攀登李膺的家门，比之为“登龙门”，一旦为李膺所接待，就身价倍增。

李膺

延熹二年，李膺任河南尹。他曾与延熹、冯绲等一起与宦官抗争，惩治为非作歹的宦官势力。如宛陵大姓羊元群由北海郡罢官归。羊元群贪赃枉法，声名狼藉，临走时连厕所里精巧的小玩物，都要带回家。疾恶如仇的李膺如何看得惯呢？他上表皇帝请依法惩治羊元群，而羊元群却用贪污来的钱财买通宦官，反而使正直的李膺受到诬陷，与冯绲等人一同下狱。大臣陈蕃反复援救无效，李膺与冯绲被罚作输作（搬运工）。后来，司隶校尉应奉上疏为之求情，李膺才得免罪。

后来，李膺又被起用为司隶校尉刑，他仍执法不避强暴。当时为桓帝所宠信的宦官张让的弟弟张朔，任野王令，仗着他哥哥的权势，贪暴残忍，无恶不作，乃至杀孕妇取乐。他畏罪潜逃至京师张让家，藏于“合柱”中。李膺闻讯亲自带人迳入张宅，破柱捕张朔，经审讯录供后，立即处死。张让诉冤于桓帝，桓帝质问李膺为什么不先奏而后斩？李膺回答说：“过去孔夫子做鲁国司寇，上任七日就诛少正卯。今天臣到任已十天了，才杀张朔，我还以为会因为我除害不速而有过，想不到会因及时处决张朔而获罪。我深知因此而惹祸了，死期快到，特请求皇上让我再活五日，除掉那祸首，然后皇上再用鼎烹煮我，我也心甘情愿。”李膺一番有智有勇的回答，说得桓帝无以对答，只得对张让说：“这是你弟弟的罪过，司隶有何错呢?”传说自此以后，大小宦官走路不敢伸直腰板，说话不敢粗声大气，假日里也不敢出宫门玩耍。桓帝感到奇怪，宦官叩头向桓帝哭诉说：“畏李校尉。”

李膺坚定不移地打击横行霸道的宦官势力，既招来了宦官深深的嫉恨，也赢得了众多士人和太学生的敬仰和拥护。太学生称道：“天下模楷李元礼。”然而，李膺在士人和太学生中影响愈大，宦官就愈要置李膺于死地。宦官集团指使人诬告李膺等人笼络太学生，交结门徒，结成朋党，毁谤朝政，败坏风俗。在宦官煽动下，桓帝大为震怒，下令布告天下，逮捕党人，除李膺被捕外，还牵连了二百余人。经一些朝廷重臣反复奏请，桓帝不得不释放党人，但规定禁锢终身，不许再做官。这就是东汉时期的第一次“党锢之祸。”

后来宦官势力又兴起第二次“党锢之祸”。当时有人劝李膺逃走，李膺回答说：“临事不怕危难，有罪不避刑罚，这是做臣子的气节。我年已六十，死生听从命运，往哪里逃呢?”他自动赴诏狱，被拷掠而死。妻子徙往边远地区，他的父兄门生故吏均受牵连下狱。虽然如此，李膺的正直名声却在死后越来越大，成为当时人们做人的楷模。

君主要远离女色

在孔子看来，作为君主应该勤政爱民，不应该为女色荒废朝政。然而，历史上，有多少君主因为宠爱女人而导致亡国，正如中国的古话“红颜祸水”、“唯小人与女子难养也”。

夏朝末年，发生了一件怪事。有一天，忽然从天上降下来两条龙，一雌一雄，公开在夏王朝的大殿上交尾，留下一推精液之后就不见了。宫廷里的人不知道如何是好，只得把那些精液收集起来放在一只匣子里，藏在最隐秘的地方。一直到周厉王末年，厉王经不住好奇，竟把匣子打开了，没想到那些精液从匣子里流出来，一直流到大殿上，刚好一个十七八岁的小宫女经过，慌慌张张，一不小心踩了一脚，从此以后就有了身孕。

周厉王

一直怀了四十年，到了周宣王时期，那个宫女才产下一个女婴。宫女很害怕，不知道这个孩子会不会带来灾祸，于是便趁夜黑扔在宫墙外面的水塘里。刚巧那天晚上有一对到城里来做小买卖的夫妇从那边路过，听到水塘里有孩子的哭声，马上跑过去，把孩子救了上来，第二天一早便带着孩子回家了。这对夫妇后来因为生活困苦，去了褒国谋生，孩子便取名叫褒姒。

褒国有一个贵族不知道什么原因触犯了王法，被当时的周幽王抓了起来。周幽王好色，于是这个贵族的家人为了营救他，四处寻找美女。有一天，一个家仆偶然从褒姒家门口路过，看见一个十四五岁的绝色美女正在井边打水，心中狂喜，赶紧回去报告给了主人。于是这个贵族家的人就用重金把褒姒买过来，送给了周幽王。周幽王一见，果然是人间绝色，非常高兴，不仅把这个贵族放了，还给他升了官。

从此，周幽王就专宠褒姒一人。后来褒姒又给他生了一个儿子，名叫伯服。周幽王为了讨好褒姒，不仅把王后废了，立褒姒为后，而且把太子也赶走了，又立伯服为太子。可是，青云直上的褒姒却总是郁郁寡欢，自从进宫之后，从来没有笑过。周幽王看腻了周围大臣、嫔妃谄媚的笑容，于是对这个冷漠淡然的褒姒反而情有独钟。只是日子长了，难免会好奇，不知道摄人魂魄的褒姒笑起来，是不是更美呢？于是周幽王开始千方百计逗她开心，只求美人一笑。但是，几乎所有的方法都试遍了，褒姒仍旧是一副眉目含愁的模样，看得周幽王都心疼了。

终于有一天，周幽王想到了一个自以为很聪明的办法。那时候京城里都设有烽火台，一到军情紧急，需要救援的时候就燃起狼烟，周边的诸侯看见了，就会发兵来救。周幽王为了博美人一笑，竟点燃了烽火台。结果各路诸侯以为京师有难，立刻带领军队急急忙忙跑来救援。哪知道赶到京城一看，才知道上当了，于是又带着愤怒和被戏弄的羞辱离开。各路诸侯在京城里你推我搡，闹得不可开交，乱成一片。周幽王带着褒姒站在城楼上，看着这混乱局面，果然，多少年没笑过的褒姒绽开了比鲜花还美的笑容，周幽王一时之间看得呆住了。

后来，西方的犬戎举兵攻打周幽王，打到京城的时候，从不理朝政的周幽王这才着了急，连忙叫人点起烽火台，可是一而再，再而三受骗上当的诸侯们，以为又是周幽王寻开心，结果一个人也没有来。周幽王带着褒姒向东逃跑，却被杀死在骊山，褒姒也被犬戎俘虏到了西方。从此，周王朝就名存实亡了。

用人不要求全责备

人无完人，用人者如果求全责备，那么没有一个是入眼的人才。赵匡胤爱才、护才，他的理念是：用其所长，避其所短，最大限度地发挥一个人的才能，再用法制、君威等约束限制他们。如果发现了他们的错误，他也会视性质、情节加以忽略，竟因为一些小事而失去辛苦培养起来的人才，对统治是不合算的。

赵匡胤起于草莽，兴于行伍，周围武人居多，身边缺少能规划天下、崇文兴礼的人才。加之五代时期，世风堕落，很少出有品德、有才能、有学识的治世之才，所以赵匡胤初得天下后十分爱才护才，对臣下优厚，绝少滥杀。

赵普是宋初第一文臣，在草创国家方面是赵匡胤的臂膀。但他在金钱方面不够严谨，常有贪小财的行为。为了留下这个难得的人才，赵匡胤对他睁一只眼闭一只眼，认为他贪小财不碍大德。

开宝六年，一天，宋太祖到赵普家中慰问。当时，吴越国王钱俶派遣使者送书信给赵普，还送了十瓶海产品。那些海产品全都放在走廊里，正好宋太祖来探望，赵普仓促之间来不及掩饰。宋太祖看见后问赵普那是什么东西，赵普如实把事情讲了。宋太祖说“海产品一定很好”，就让人立即把瓶子打开，结果瓶中装的全部是金子。赵普很害怕，连忙跪下来叩头说：“我还没有打开书信来读，实在不知瓶中装的是什么。”宋太祖说：“你接受这些金子没有什么不可，这说明送礼的人认为国家大事都是由你来谋划的！”

宋太祖赵匡胤

李汉超任关南巡检使时，平时多有犯法犯禁之事。有一回，一位百姓到京师控告李汉超借贷钱财不还，还抢掠他的女儿做妾。赵匡胤深知“千军易得，一将难求”的道理，但对李汉超的不法行为，也不能不问。

于是，赵匡胤将这个百姓召入便殿，问道：“自从李汉超到关南后，辽军入寇一共有几次？”百姓具实以报：“一次也没有。”

赵匡胤又说：“过去辽军入寇，边将不能率军抵御，河北地区的民众，每年都遭到抢劫，家破人亡的数不胜数。如果是在那时候，你能保住你的家财子女吗？如今李汉超借贷你们的钱财，和辽军抢劫的比起来谁多些呢？”赵匡胤接着再问道：“你一共有几个女儿，嫁给的又都是些什么人？”百姓又一五一十地回答了。赵匡胤说：“她们所嫁的都是些村野莽夫，而李汉超则是我的贵臣，哪样更加富贵呢？”百姓无话可说。

事后，对于李汉超，赵匡胤也没有放任自流，他派人前去警告：“你需要钱，为什么不告诉我而向平民百姓借呢？把钱如数归还给百姓。”他另赐给李汉超几百两银子。李汉超对此感恩戴德，发誓以死相报。

子张篇第十九

【原文】

子张曰："士见危致命，见得思义，祭思敬，丧思哀，其可已矣。"

【译文】

子张说："士在国家危难时能献出自己的生命，有利可得时考虑是否符合义理的要求，祭祀时考虑是否做到了恭敬，居丧时考虑是否做到了哀伤，这样也就可以了。"

【原文】

子张曰："执德不弘，信道不笃，焉能为有？焉能为亡？"

【译文】

子张说："对于道德，行为不坚强，信仰不忠实，（这样的人）怎么才算有他？又怎样才算无他？"

【原文】

子夏之门人问交于子张。子张曰："子夏云何？"对曰："子夏曰：'可者与之，其不可者拒之。'"子张曰："异乎吾所闻：君子尊贤而容众，嘉善而矜不能。我之大贤与，于人何所不容？我之不贤与，人将拒我，如之何其拒人也？"

【译文】

子夏的学生向子张询问怎样交友。子张反问："子夏是怎么说的？"（子夏的门人）答道："子夏说：'可交的就和他交，不可交的就拒绝他。'"子张说："我所听到的和这些不一样：君子既能尊重贤人，又能容纳众人；能够赞美好人，又能同情能力差的人。如果我是很贤明的人，对于别人为何不能容纳的呢？我如果不贤良，别人就会拒绝我，又如何谈得我拒绝人家呢？”

【原文】

子夏曰：“虽小道[1]，必有可观者焉，致远恐泥[2]，是以君子不为也。”

【注释】

①小道：指农、工、商、医、卜之类的技能。②泥：阻滞，妨碍。

【译文】

子夏说：“就算是小小的技艺，也一定有可取的地方，但要想他长远发挥作用，恐怕也是行不通的。所以君子不搞这些小技艺。”

【原文】

子夏曰：“日知其所亡，月无忘其所能，可谓好学也已矣。”

【译文】

子夏说：“每天知道一些过去自己所不知道的，每月不忘记已经能够掌握的东西，这就可以叫做好学了。”

【原文】

子夏曰：“博学而笃志[1]，切问而近思，仁在其中矣。”

【注释】

①笃志：志，意为“识”，此为强记之义。

【译文】

子夏说：“广博的学习，坚定自己的志向，恳切的提问，联系现实多考虑，仁德就在其中了。”

【原文】

子夏曰：“百工居肆[1]以成其事，君子学以致其道。”

【注释】

①肆：古代社会制作物品的作坊。

【译文】

子夏说："工匠们待在工棚里完成他们的工作，君子则通过学习来掌握他所追求的道理。"

【原文】

子夏说："小人之过也必文。"

【译文】

子夏说："小人有了过错，一定加以掩饰。"

【原文】

子夏曰："君子有三变：望之俨然，即之也温，听其言也厉。"

【译文】

子夏说："对君子的印象有三种变化：远远望他感到很庄严，接近他感到很温和，听他说话感到很严肃。"

【原文】

子夏曰："君子信而后劳其民；未信，则以为厉己也，信而后谏；未信，则以为谤己也。"

【译文】

子夏说："君子得到信任才役使他的百姓，没有得到信任，百姓会以为是苛待他们；得到信任才劝谏，没有得到信任；否则（君主）就会以为是诽谤自己。"

【原文】

子夏曰："大德不逾闲[①]，小德出入可也。"

【注释】

①闲：木栏，这里指界限。

【译文】

子夏说："在德操大节上不要超过界限，在细微小节上有点出入是可以的。"

【原文】

子游曰："子夏之门人小子，当洒扫应对进退，则可矣，抑[1]末也。本之则无，如之何？"子夏闻之，曰："噫，言游过矣！君子之道，孰先传焉？孰后倦焉？譬诸草木，区以别矣。君子之道，焉可诬[2]也？有始有卒者，其唯圣人乎？"

【注释】

①抑：但是，不过。转折的意思。②诬：欺骗。

【译文】

子游说："子夏的学生，让他们做些打扫和迎送客人的事情是可以的，但这不过是末节小事，至于那礼乐之道这根本的东西，他却没有学到，这怎么行呢？"子夏听到这些话，说："唉，子游的话可不对了。君子之道，哪些是先传授的，哪些是放在后面传授的，这就像草木一样，是应该分类区别对待的。君子之道，怎么可以随意歪曲呢？至于先浅后深，先末后本，有始有终的教育学生的，恐怕只有圣人吧！"

【原文】

子夏曰："仕而优则学，学而优则仕。"

【译文】

子夏说："做官要做得好就应该学习，学习好了才可以做官。"

【原文】

子游曰："丧致[1]乎哀而止。"

【注释】

①致：极致、竭尽。

【译文】

子游说："居丧期满，内心表现出的悲哀之情，就可以节哀了。"

【原文】

子游曰："吾友张也为难能也，然而未仁。"

【译文】

子游说："我的朋友子张是难能可贵的了，但是还没有达到仁人的境界。"

【原文】

曾子曰："堂堂乎张也，难与并为仁矣。"

【译文】

曾子说："子张表面上显得很有学问，仪表堂堂，其实难以和他一起做到仁。"

【原文】

曾子曰："吾闻诸夫子，人未有自致者也，必也亲丧乎。"

【译文】

曾子说："我听老师说过，人没有自动充分表露内心真情的，（如果有）一定是父母去世了。"

【原文】

曾子曰："吾闻诸夫子，孟庄子①之孝也，其他可能也；其不改父之臣与父之政，是难能也。"

【注释】

①孟庄子：鲁国大夫孟孙速。

【译文】

曾子说："我在先生那里听说，孟庄子的尽孝，别人在其他方面也可以做到，但在不更换他父亲的旧臣及其政治措施，这在别人是难以做到的。"

【原文】

孟氏使阳肤①为士师，问于曾子。曾子曰："上失其道，民散久矣。如得其情，则哀矜而勿喜。"

【注释】

①阳肤：曾子的学生。

【译文】

孟孙氏任命阳肤做典狱官，阳肤向曾子请教。曾子说："当政的人失去正道，百姓早就离心离德了。如果了解了百姓（因受苦、冤屈而犯法的）实情，就应当同情怜悯他们，而不要（因判他们罪）自鸣得意。"

【原文】

子贡曰："纣[①]之不善，不如是之甚也。是以君子恶居下流，天下之恶皆归焉。"

【注释】

①纣：商代最后一个君主，名辛，纣是他的谥号，历来被认为是一个暴君。

【译文】

子贡说："纣王不好的地方，不像人们所说的那样厉害。所以君子要避免处于下等品类，否则，天下一切坏事都会归到他的身上。"

【原文】

子贡曰："君子之过也，如日月之食焉。过也，人皆见之；更也，人皆仰之。"

【译文】

子贡说："君子的过错好比日食月食：他有过错，人们都看得见；他改正了，人们都仰望着他。"

【原文】

卫公孙朝[①]问于子贡曰："仲尼焉学？"子贡曰："文武之道，未坠于地，在人。贤者识其大者，不贤者识其小者，莫不有文武之道焉。夫子焉不学？而亦何常师之有？"

【注释】

①卫公孙朝：卫国的大夫公孙朝。

【译文】

卫国的公孙朝问子贡说："仲尼的学问是从哪里学来的？"子贡说："周文王武王的道，并没有失传，仍旧留在人间。贤能的人知道它的重要方面，不贤的人知道它的次要方面。周文王武王的道是无处不在的。我们老师哪里不能学呢？又何必要有专门的老师传授呢？"

【原文】

叔孙武叔[①]语大夫于朝曰："子贡贤于仲尼。"子服景伯[②]以告子贡。子贡曰；"譬之宫墙，赐之墙也及肩，窥见室家之好。夫子之墙数仞[③]，不得其门而入，不见宗庙之类，百官之富。得其门者或寡矣。夫子之云，不亦宜乎！"

【注释】

①叔孙武叔：鲁国大夫，名州仇，三桓之一。②子服景伯：鲁国大夫。③仞：音 rèn，古时七尺为一仞，一说八尺为一仞，一说五尺六寸为一仞。

【译文】

叔孙武叔在朝廷上对大夫们说："子贡比他的老师仲尼更贤。"子服景伯把这一番话告诉了子贡。子贡说："可以拿围墙来作一个比喻：我的围墙高度只有齐肩高，（站在墙外就能）窥见房舍的美好。而我的老师家的围墙却有几仞高，如果找不到门进去，你就看不见里面宗庙一样的雄伟壮美的各式各样的房屋。能够找到门的人也许是太少了。叔孙武叔那么讲，不也是很正常的吗？"

【原文】

叔孙武叔毁仲尼。子贡曰；"无以为也！仲尼不可毁也。他人之贤者，丘陵也，犹可逾也；仲尼，日月也，无得而逾焉。人虽欲自绝，其何伤于日月乎？多见其不知量也。"

【译文】

叔孙武叔诽谤仲尼。子贡说："不要这样做！仲尼是不可以毁谤的。别人的贤德，好比丘陵，可以翻越过去；仲尼的贤德好比太阳和月亮，是无法超越的。一个人纵使要自绝，对日月又有什么损害呢？只能表现出他的不自量力而已。”

【原文】

陈子禽谓子贡曰：“子为恭也，仲尼岂贤于子乎？”子贡曰：“君子一言以为知，一言以为不知，言不可不慎也。夫子之不可及也，犹天之不可阶而升也。夫子之得邦家者，所谓立之斯立，道之斯行，绥之斯来，动之斯和。其生也荣，其死也哀，如之何其可及也？”

【译文】

陈子禽对子贡说：“你（对孔子）表现出谦恭，难道仲尼真的比你更贤良呢？”子贡说：“君子说一句话就可以表现他的聪明，同样一句话也可以表现他的不智，所以说话不可以不慎重啊。我的老师是无法赶得上的，就像青天无法架了梯子登上去一样。夫子如果做了诸侯或大夫，那就会像人们说的那样，要百姓立于礼，百姓就会立于礼；引导百姓，百姓就会跟他走；安抚百姓，百姓就会来投奔；动员百姓，百姓就会齐心协力。（夫子）活着很光荣，死了会使人悲哀，（这样的老师）我怎么能赶得上他呢？”

【故事】

尊重贤人，容纳众人

宽容是一个有道德的人必备的品德之一。君子既能做到尊重比自己贤德的人，又可以宽容、同情那些能力不够的人。

任延，字长孙，南阳宛人。西汉末，在长安学习儒学，自幼就通晓《诗》、《书》、《礼》、《易》，十分有才能，对于当时的政治和社会情况也多有见解，名显于太学，被人称为“任圣童”。

王莽末年，农民起义军的一支绿林军在长安建立更始政权，任延被拜为会稽都尉，他当时年仅19岁，迎其到任的人都为他如此年轻感到意外。任延到任后，宁静淡泊，无为而治，他这样做，不是没有目的的。时值社会动乱，中原人士多避乱于江南，会稽成为人才聚居地之一。任延一方面赈穷济贫，抚慰郡民，另一方面就是广揽人才。当时的著名隐士董子仪、严子陵等人都被任延敬待，以师友之礼事之。这样一来，他就趁机结识了许多有名气有本领的人物。

任延

会稽有龙丘山，有一号龙丘先生的隐士，长居此山之中，在当地很有声望，但立志不参与人间政事。王莽当政时，地方官曾连连征其入朝，以高官厚禄相许，都被龙丘先生拒绝了。任延到任后，手下人建议他召见龙丘先生，如果他能来的话，会对任延的威信有很大的帮助。

任延与别的官吏不同，他有自己的想法，他说："龙丘先生亲身履行德义，有古代原宪、伯夷那样的高节。我亲自登门，为其洒扫道路，都怕有辱于他，怎能召他前来呢?"于是他亲自写信对他进行慰问，又派下人每天到其住处问候，满足他的需要。龙丘先生有病，任延就派人送医送药。总之，每天来往于府衙与龙丘先生住所的使者从未间断。就这样，一直持续了一年，龙丘终于被任延的至诚所动，就不请自来，亲自乘着辇舆来到任延府中，表示愿意效劳。任延辞让再三，最后让他做了议曹祭酒。不久，龙丘病逝，任延亲自送葬，并为之停止办公三天。

龙丘先生愿意为任延效力的事迅速地传播开来，任延礼贤下士的名声很快传遍郡中，使得他的威望大增，那些贤人士大夫倾慕任延的德行，便争着投到任延门下。一时之间，任延成了当时十分有名的人物。

危急时刻，勇于献身

“见危致命，见得思义”，这是君子之所为，在需要自己献出生命时，他们可以毫不犹豫，勇于献身。同样，在有利可图时，他们会想这样做是否符合义的规定。这是孔子思想的精华。

荆轲刺秦王在中国历史上是家喻户晓的，其影响之大，甚至塑造了我们民族性格的某些侧面。荆轲是卫国人，后来迁居燕国，燕人都给他叫荆卿。荆轲其人好读书、击剑，曾经上书卫君谈论治国之术，也曾经遨游过许多国家，并经常与人论剑斗剑，但一直未遇知己。荆轲来到燕国，与一位叫高渐离的人结为知己，高渐离是一位杀狗之徒，善于敲击一种叫筑的乐器。两个人经常在市肆之中饮酒，饮酒之时，高渐离击筑，荆轲高歌，歌罢又相对而哭，旁若无人。荆轲虽然游于酒徒市肆之中，但其人深沉好书，所结交者，都是贤能豪迈之辈。当时的人对他们都不理解，等他到了燕国，燕国的处士田光是个极有眼光的人，他待荆轲非常好，因为田光知道荆轲是一位胸有远大抱负的人。

秦始皇

不久，燕太子丹从秦国逃回燕国。原来，秦王政生于赵国，与太子丹十分友好，后来赵政回到秦国，太子丹便到秦国去做人质，以表示秦、赵两国交好。但赵政被立为秦王后，却对太子丹很不好，太子丹十分气愤，伺机逃回了燕国。接着，秦国又攻下了燕国西部邻国的许多城池，直接威胁到燕国。太子丹想报仇，但国小势弱，无能为力。

这时，秦国的大将樊於期在秦国获罪，逃到了燕国，秦王政就杀了他一家老小，并发了悬赏文书，追捕樊於期。太子丹收留并善待樊於期，太傅鞠武认为很危险，因为秦国早就想攻打燕国而找不到借口，一旦得知樊於期在燕，立刻就会加兵于燕。于是，鞠武建议把樊於期送到匈奴去。但太子丹认为樊於期困窘来投，决不能让他毙命，坚持把他留在燕国，使得樊於期十分感动。鞠武见太子丹不肯赶走樊於期，就对太子丹说："燕国有一位处士，叫做田光，十分深沉多智，何不让他想想办法呢?"太子丹就要鞠武把田光介绍给他。

太子丹以晚辈和学生的礼节接待了田光。田光听完太子丹介绍的情况，说："您只听说了我壮年时候的声名，却不知我现在已经老迈无用了。不过，我还是可以想想办法，把您的事托付给荆卿。"太子丹在送田光出门时小声说："我告诉您的事，您给我谈的话，都是国家机密，还望先生不要泄露，"田光听了笑一笑，俯身答道："好吧!"田光见了荆轲，对他说了太子丹的事，并希望他能去拜望太子丹。然后又对荆轲说："我听说，长者做事，不应使人怀疑，现在太子丹说'还望先生不要泄露'，那是怀疑我了。做事使人怀疑，非节侠也。"说完，他想以自杀来激荆轲，说："希望你能马上去拜访太子丹，说我已经死了，好让他知道我不会泄露秘密了。"说完自刎而死。

荆轲马上晋见太子丹，说了田光死的情形，太子丹大哭。两人商议来商议去，觉得燕国根本不可能阻挡秦国的进攻，而现在秦国的大将王翦正在邻国攻城略地，当今之计，似乎唯有刺杀秦王方可保住燕国，于是，荆轲答应了太子丹，愿往刺杀秦王。

太子丹给荆轲以优厚的待遇。太子每天都到荆轲那里拜望，并不断送以金钱美女给他，但过了一段，还不见荆轲有动身的意思，就问荆轲说："现在秦将王翦马上就要渡过易水了，那时就是我想长期侍奉您，也做不到了。"荆轲说："就是您不说，我也正想找您呢。我这样空手而去，秦王必不相信，如果能带着樊於期的人头和燕国最肥沃的督亢之地的地图献给秦王，他必定相信，我就可以趁机刺杀秦王了。"太子丹认为杀樊於期不义，不愿照办。

荆轲就私自来见樊於期说："秦王杀了您的全家，并悬以千金和万户侯的赏格悬赏您的头颅。我有一计，可为你报仇，就是借您的人头一用，骗取秦王的信任，然后趁机刺杀他。"樊於期听后，就自刎而死。

太子丹闻讯，驰往大哭，但樊於期已死，也只好把他的头颅用匣子封好，又准备好了督亢之地的地图，交给荆轲。

于是，荆轲就让太子丹访求天下最为锋利的匕首，用百金买到了赵人徐夫人的匕首，让工匠在匕首上淬上毒药，用之试人，只要见血，人就立刻倒毙。荆轲又让秦舞阳当副手，秦舞阳是燕国的勇士，13 岁就杀过人，燕人都不敢正视。这样，一切准备齐全，可以出发了。

荆轲想同一个人一起赴秦，但那人住得很远，一时未能赶到，故误了行期。太子丹以为荆轲变了主意，就对他说："日子不多了，荆卿还有意入秦吗？请让我先把秦舞阳派去吧！"荆轲大怒道："你催什么！往而不返者，竖子也，且提一匕首入不测之强秦，我所以停留几天的缘故，是想等一个人一同赴秦。今太子以为我走得太迟了，那马上就辞别吧！"于是出发。

太子以及宾客凡是知道此事的人，都穿上白衣服，来到易水边送行。祭祀送行完毕，取道上路，高渐离击筑，荆轲和而歌，为高亢悲壮之音，送行的士人尽皆流泪。荆轲又上前高歌道："风萧萧兮易水寒，壮士一去兮不复还！"歌罢，高渐离击筑又为羽声，声调慷慨。

于是，荆轲上路，不再回头。

荆轲来到秦国，把匕首卷在地图之中，进入宫中。他因献上了樊於期的头而得到了秦王的信任，荆轲就借秦王展看地图之机从地图中取出匕首，抓住秦王的袖子，欲刺秦王。秦王起身而逃，绕柱而走，最终拔出剑来，砍断了荆轲的腿。荆轲见追不上秦王，便以匕首投掷，匕首撞在铜柱上，掉在地下。荆轲的身上被砍了八剑，自知不能成事了，便倚着柱子笑道："我所以没能刺杀秦王，是因为我想劫持秦王，想拿到秦王的契约以还报太子丹的缘故！"

荆轲刺秦王的行动本身是失败了，在今天看来这一行动也不一定具有进步的意义，但在当时却被认为是正义的行动，尤其是荆轲危急时刻，勇于献身的精神，更为后人称赞不已。

做人做事要有始有终

做任何事都要有始有终，不能够半途而废，否则，前面的努力可就等于白费了。经得起风吹雨打的人，才是最后的胜利者。因此，我们做什么事情不到最后的关头，决不轻言放弃，以求得最后的胜利。

四十几年前，华特·迪斯尼连维持自己的一日三餐都成问题，全世界的人几乎都深爱他所创造出来的卡通人物，就连北极圈附近的爱斯基摩人也成了米老鼠迷。阿拉斯加州的芝诺曾上映米老鼠的电影，引起观众强烈的反响，随后即设立了“米老鼠俱乐部”，每次的集会都在被冰雪覆盖的茅屋中举行，由此可见当地人们对米老鼠的喜爱程度。

这位从前经常身无分文，如今却已成为大资产家、大企业家的迪斯尼，将所赚到的金钱又全部投注在事业上。他表示：“与其每年继续赚上数百万，不如制作更好的电影回馈给观众。”这种执著的精神委实令人钦佩。迪斯尼原本是住在堪萨斯州的堪萨斯城，最初的心愿只是想当一名画家。某日，他到堪萨斯城的明星报社想找一份差事，他把自己的作品呈示给主编看，主编瞧了几眼便说：“不行，你一点也没有绘画的才能嘛!”迪斯尼听毕，只好垂头丧气地离开。

不久，他终于找到一份工作，工作内容是装饰教会的绘画。但是，由于他的薪资过于微薄，根本无法租一个像样的工作室，所以，他只好将父亲的车库改装成自己的工作室。虽然那时的日子过得非常艰辛，但当迪斯尼日后回忆起那段日子时，更深深地体悟到，正是因为当初在那弥漫着汽油味和机油味的车库中工作，才激发了他的创作潜能，使他创造出风靡全世界的米老鼠。

有关米老鼠产生的过程，有一段极为有趣的故事：某日，一只老鼠在迪斯尼的工作室中跑来跑去，他于是放下手上的工作，一直盯着老鼠看，并拿些面包屑丢给老鼠吃。

日子一天天过去，逐渐地，那只老鼠竟与迪斯尼熟悉起来，终于爬上画板。后来，迪斯尼到好莱坞去谋求发展，他制作了一连串的卡通电影，例如“奥斯华幸运兔”等，却全部失败。由于工作毫无进展，他变得身无分文。但他并没有灰心，没有放弃。有一天，当他正在寄宿的房间中思索自己的未来时，脑海中突然浮现出一个影像，那就是堪萨斯城车库内的那只老鼠。于是，迪斯尼立刻动手画出那只老鼠可爱的模样——这就是米老鼠诞生的由来。时至今日，相信那只老鼠早已化为尘土，但它却可以说是米老鼠肇始的老祖宗。

目前，在好莱坞拥有最多影迷、收到最多信件的明星便是米老鼠，它已成为全世界家喻户晓的明星。

此后迪斯尼每周必会到动物园去，以便研究各种动物的动作及叫声。米老鼠影片中米老鼠的声音即由他自己担任发音，其他动物也多数由他亲自担任幕后配音。

某次，他想起儿时母亲曾讲过一个“三只小猪与大野狼”的故事，他觉得很有趣，遂决定制作成彩色电影。然而，合作伙伴对此构想均持反对意见，虽经迪斯尼一再提出计划，合作伙伴们仍然反对，不得已只好暂停计划。

后来，经过迪斯尼再三地要求，终于与伙伴们达成共识，决定试试看。尽管如此，他们谁也不敢对这部电影抱有太大的期望。

同时，他们觉得制作一部米老鼠的影片需要 90 个工作日，如果“三只小猪与大野狼”也得花费同样的时间，未免太浪费，所以大家决定以 60 个工作日来完成这部电影。

结果，这部电影刚一推出就马上赢得全美观众的热烈赞赏，并且创下了重映七次的纪录，这在卡通电影史上可以说是史无前例、绝无仅有的。

“一切成功的秘诀即在于热爱自己的工作”——人生如果仅是为了追求财富，那么便失去其真正意义了。迪斯尼的成功，正是由于他对工作的执著所促成。

在第二次世界大战后功成身退，生活立刻由绚烂归于平静的丘吉尔，有一回应邀在剑桥大学毕业典礼上致辞。只见他坐在首席上，打扮一如平常，头戴一顶高帽，手持雪茄，一副怡然自得的样子。

经过隆重但稍嫌冗长的介绍词之后，丘吉尔走上讲台，只见他两手抓住讲台的两角，注视观众后大约沉默了两分钟，然后他就用那种他独特的风范开口说："永远，永远不放弃!"接着又是长长的沉默。然后他又一次强调："永远，永远不要放弃!"最后在他再度注意观众片刻后蓦然回座。

无疑地，这是历史上最短的一次演讲，也是丘吉尔最脍炙人口的一次演讲。

但这些都不是重点，真正的重点是你愿意听取丘吉尔的忠告吗？时常听见有些人哀叹自己时运不济，无论做任何事都不能如愿。事实上，真正失败的原因在于他做任何一件事时，只要一遇挫折就半途而废。可是继续做他那份工作的人，却因自己不断的努力，反而获得圆满的成功。

尧曰篇第二十

【原文】

尧[①]曰："咨[②]！尔舜！天之历数在尔躬，允执其中。四海困穷，天禄永终。"舜亦以命禹。曰："予小子履[③]，敢用玄牡[④]，敢昭告于皇皇后帝：有罪不敢赦。帝臣不蔽，简在帝心。朕躬有罪，无以万方；万方有罪，罪在朕躬。"周有大赉[⑤]，善人是富。"虽有周亲，不如仁人。百姓有过，在予一人。"谨权量[⑥]，审法度[⑦]，修废官，四方之政行焉。兴灭国，继绝世，举逸民，天下之民归心焉。所重：民、食、丧、祭。宽则得众，信则民任焉。敏则有功，公则说。

【注释】

①尧：氏族时期部落联盟首领，后尊称为"圣君"。②咨：即"啧"，感叹词，表示赞誉。③履：这是商汤的名字。④玄牡：玄，黑色谓玄。牡，公牛。⑤赉：音 lài，赏赐。下面几句是说周武王。⑥权量：权，秤锤。指量轻重的标准。量，斗斛。指量容积的标准。⑦法度：指量长度的标准。

【译文】

尧对舜说："啧啧！你这位舜！依上天的安排，帝位就要由你继承，你要真诚地坚持正确的治国方略。假如天下百姓都陷于困苦和贫穷，上天赐给你的禄位也就会永远终止。"舜也这样告诫过禹。（商汤在向天祈祷时）说："我小子履谨用黑色的公牛来祭祀，向伟大的天帝祷告：对于有罪的人我不敢擅自赦免，天帝的臣仆的罪过我也不敢隐瞒掩蔽，一切您心里都明白。如果我本人有罪，请不要牵连天下万方；天下万方若有罪，罪责就归我一个人承担。"周朝恩赐天下，善人因此都富贵起来。（周武王）说："即使有至亲近戚，也不如有仁德之人。如果百姓有过错，责任都在我一人身上。"孔子说，认真慎重检查度量衡器，审查法度，重修官制，全国的政令就会通行了。恢复被灭亡了的国家，接续已经断绝了家族，启用隐居的贤士，天下百姓就会真心归服了。当权者所要重视的四件事：人民、粮食、丧礼、祭祀。宽厚就能得到众人的拥护，诚信就能得到别人的任用，勤敏就能取得成功，公平就会使百姓高兴。

【原文】

子张问孔子曰："何如斯可以从政矣？"子曰："尊五美，屏[①]四恶，斯可以从政矣。"子张曰："何谓五美？"子曰："君子惠而不费，劳而不怨，欲而不贪，泰而不骄，威而不猛。"子张曰："何谓惠而不费？"子曰："因民之所利而利之，斯不亦惠而不费乎？择可劳而劳之，又谁怨？欲仁而得仁，又焉贪？君子无众寡，无大小，无敢慢，斯不亦泰而不骄乎？君子正其衣冠，尊其瞻视，俨然人望而畏之，斯不亦威而不猛乎？"子张曰："何谓四恶？"子曰："不教而杀谓之虐；不戒视成谓之暴；慢令致期谓之贼；犹之与人也，出纳之吝谓之有司[②]。"

【注释】

①屏：通"摒"。除去，排除。②有司：本为官吏的统称，这里指善于算计的小吏。

【译文】

子张问孔子说："怎样才可以治理政事呢？"孔子说："要尊重五种美德，排除四种恶政，这样就可以治理政事了。"子张问："五种美德是什么？"孔子说："君子要使百姓得到好处，自己却无所耗费；使百姓劳作而不使他们怨恨；有欲求但不贪婪；安舒矜持而又不骄傲放肆；威严而不凶猛。"子张说："怎样才能使百姓得到好处而自己却无所耗费呢？"孔子说："让百姓们去做对他们有利的事，这不就是对百姓有利而自己则无所消耗嘛！选择可以让百姓劳作的时间和事情让百姓去做，这又有谁会怨恨呢？追求仁德的便得到了仁，又还有什么可贪的呢？君子对人，无论对方人多人少，势力大或者小，都不怠慢他们，这不就是庄重而不傲慢吗？君子衣冠整齐，目光郑重严肃，使人产生敬畏，这不也是庄重威严而不凶猛了吗？"

子张又问："什么叫四种恶政呢？"孔子说："事先不进行教育而滥用叫

做虐；事先不告诫便要求成功叫做暴；很晚才下达命令，却要求限期完成，叫做贼，同样是应该给予别人，却出手很吝啬，这叫做小气。”

【原文】

孔子曰：“不知命，无以为君子也；不知礼，无以立也；不知言，无以知人也。”

【译文】

孔子说：“不懂得命运，就不能做君子；不知道礼仪，就不能立身处世；不懂得分辨别人的言论，就不能了解人。”

【故事】

宽则得君，信则民任

历史证明，凡是能够以宽厚的态度对待人民的统治者，就能够受到人民的拥护；诚信的人就能得到别人的任用。

东汉王朝的建立者，汉光武帝刘秀，从小为人谨慎宽厚，勤于稼穑，似乎没有多大抱负，而其兄则性格刚毅，好行侠养士，素有大志。

王莽末年，各地连闹蝗灾，盗贼蜂起，天下大乱。当时社会上流行“图谶”的宗教迷信，宛城一个叫李守的人对其儿子李通说：“刘氏即将再次兴盛起来，李氏必将为其辅佐。”他们认为这“刘氏”将应验在刘秀兄弟身上，于是极力鼓动刘氏兄弟起兵反莽。

刘秀起初不敢答应，但想到哥哥一向结交无业游民，必将发动起义，况且王莽政权败亡征兆已十分明显，于是与李通等人定下大计，暗中购置兵刃弩箭，准备起兵。公元 22 年十月，刘秀与李通等人正式起兵，提出“复高祖之业”的口号。这时，刘秀仅 28 岁。

刘秀在称帝的道路上并不是一帆风顺的。地皇四年，起义军各路将领为了扩大队伍，增加号召力，认为应立一刘氏宗室作皇帝，他们看中了生性懦弱、又无兵权、便于控制的刘玄，让他即皇帝位，建立“更始”政权。在攻克宛城和昆阳之战中，刘秀兄弟起了决定性的作用，在起义军中声威大震。刘玄因此怀恨在心，借机杀害了刘秀的兄长。

当时消息传到刘秀的耳中时，尽管他内心悲愤异常，但表面上却显得异常镇定。他清楚地知道，此时自己只要稍有闪失，就会招致杀身之祸。于是，他立即前去朝见更始帝，向他连连谢罪。而对于自己在昆阳所立的战功，却从来不向别人提起。他也不为兄长服丧，吃喝谈笑一如往常，好像压根儿就没有发生杀兄之事一样。

汉光武帝刘秀

刘秀的泰然神情，终于使更始帝等人解除了猜忌，还使得更始帝也觉得对不起刘氏兄弟，便拜刘秀为破虏大将军、武信侯，刘秀终于避免了杀身之祸。三个月后，刘秀以破虏大将军的身份到了河北，镇抚州郡，罗致人才，招兵买马，开始了统一中国的大业。

刘秀曾说：“我治理天下，也想行以柔术。”他对臣属很少以刑杀立威。刘秀领兵攻下邯郸，杀死守将王郎以后，缴获了不少文件，其中有几千封刘秀部下给王郎的书信。这些人怕刘秀为此惩罚他们，因此惶惶不可终日。

但出乎意料的是，刘秀没有那样做。他把所有的军官集合在一起，命令把这些书信统统当众烧毁。他说：“过去敌人强大，你们当中有人办了糊涂事，我不怪你们。现在你们都可以放心了吧！”刘秀的做法确实气度不凡，让那些曾有二心的人打消了顾虑，对他感激不尽。至于部属的一些小过失，刘秀就更能持宽容态度，不予计较。即使对有深仇大恨的人，仇家一旦幡然悔悟，将功折罪，刘秀也能既往不咎。

更始帝大司马朱鲔坚守洛阳时，刘秀曾派人劝降。朱鲔说：“大司徒被害时，我参与了害他的计谋，又劝说更始帝不要派萧王（刘秀）北伐，我确实知道自己有很大的罪过。”刘秀派人对他说：“建大事者，不计小怨，朱鲔今若投降，官爵可保，怎么会诛罚他呢？我面对黄河起誓，决不食言。”朱鲔投降后，官拜平狄大将军，封扶沟侯，“后为少府，传封累代”，刘秀始终没有对他进行报复。

如此宽广的胸襟，在古代帝王中最极少见，这使刘秀得以从其他营垒中接纳了一大批有经世之才和办事能力的文职官员，以及马援、冯异、寇恂、吴汉等名将，大大壮大了自己的实力。天下平定以后，刘秀不仅没有像汉高祖刘邦那样杀戮功臣，还非常注意教育群臣遵守法令，有意识地保护功臣。

汉光武帝刘秀

在现实生活中，许多领导却没有刘秀那样的气量。他们常把下属过去的例子作为可以追究事理方面原因的资料。领导这样做，除了会引起下属不愉快的回忆外，于事无补。这不仅会令下属寒心，旁人一定也不舒服。

俗话说：“大度集亲朋。”自己是人，别人也是人，人都有自己的特点和优点，不足之处也是难免的、正常的，人只要能够接受和容忍自己，就应该能够接受和容忍别人。吹毛求疵，责备求全，怕是连自己一家人都没法相处，更何况掌权！这是一切成大事者深知力行的，然而也有的领导者觉得他是圣人完人，非常善于挑剔责备下属，他们是自己把自己及其事业送上绝路。

宽谅人才，是用才者有事业心的表现，也是用才者有力量的表现。对那些曾经反对过自己的人，只要他有才干，也应该不记私仇，不念旧恶。这样做不仅能表现出用人者以德报怨的大度胸襟，而且常常能化敌为友，壮大自己的人才队伍。

安然处世，不骄不忍

人生原本多灾多难，我们要尽量克服这些苦难，绝对不可以抱着失败主义思想。不过，世上的事物往往是对立而存在的，悲往往是从乐中而来，衰常常自盛中而生，这就是“乐极生悲”，“盛极则衰”，因此才有“苦是乐的种子，乐是苦的根苗”等说法。可见，一个人如果不及时彻底铲除苦恼的根苗，那得意之时一过，失意的悲哀就会立刻接踵而至。禅祖达摩大师认为，人生中所产生的种种烦恼，都是由妄念而来的，是因为“我”的出现造成的。因为烦恼之所以会产生，就是过于执著。大师曾说道：“为己者，横生计较，即会感到生老病死、忧悲苦恼、寒热风雨等一切不如意之事，这都是妄想之所现。圣人，逢苦不忧，遇乐不喜，这是因为他们不见自己的缘故。不觉苦乐的人，是因为灭己之故。”

达摩大师的舌锋极为锐利，他说明了“忘己”的重要性，并道出了圣人不觉苦乐的真谛。在凡人而言，人生不可能一帆风顺，苦乐难免，为什么有人经常愁眉不展，而另外的人则经常笑口常开，快快乐乐？关键在于自己，在于自己的人生观，在于自己看待事物的方法，在于自己是否深谙糊涂之道。

大丈夫不论得不得志，皆能恬然处之。孟子说：“穷不失义，达不离道。穷不失义，故士得己焉；达不离道，故民不失望焉。古之人，得志，泽加于民；不得志，修身观于世。穷则独善其身，达则兼善天下。”在不得志的时候也不忘记义理，在得志的时候更不违背正道。孟子还认为君子是不受外界动摇的，只要不做欠缺仁德、违反礼义的事，则纵使有什么突然降临的祸患，也能够坦然以对，不以为祸患了。

孟子本人不仅坐而言，而且能够起而行，达到那种境界了。有一次，公孙丑问他：“倘若夫子做到齐国的卿相，得以推行王道政治，则齐国为霸诸侯、称王天下，也就不算什么稀奇事了。可是当您实际担负这项重职时，也能够做到毫不动心的境界吗？”

孟子回答：“是的，我四十岁以后就不动心了。”那么，如何才能达到这个境界呢？孟子列举了两个方法，即“吾知言”与“吾善养吾浩然之气”。

首先，所谓“知言”，是指能够理解别人所说的话，同时也能明确地判断。《孟子》中讲，“听到不妥当的话，就知道对方是被私念所蒙蔽；听到放荡的话，就知道对方心里有邪念；听到邪僻的话，就知道对方行事有违反正道的地方；听到闪烁不定的话，就知道对方已经窒碍难行了。”换言之，拥有这种明确的判断力，就不会被那些无关痛痒的小事所愚弄，更不会因而动摇自己的心意了。

第二，“浩然之气”。公孙丑问孟子，何谓浩然之气？孟子说：“难言也。其为气也，至大至刚；以直养而无害，则塞于天地之间。其为气也，配义与道，无是馁也。是集义所生者，非义袭而取之也。行有不慊于心，则馁矣。”这段话的大意是，这种气极其广大、刚健，若能对自己所行的正道抱着相当的自信，以这种方法来培养它，就能充塞于天地之间。但它只是配合着道与义而存在的，若缺乏道与义，则浩然之气也就荡然无存了。只有在反复实行道与义时，才能够自然而然地获得，如果仅是偶一为之，就不可能获得。总之，首先要对自己所从事的合乎正道之事抱着坚定的信念，然后才能产生“浩然之气”。在《论语》中有“孔子绝食于陈”的故事。孔子带着弟子们周游列国时，在陈卷入政治纠纷中，连吃的东西都没有，连续几天动弹不得。最后，子路忍不住大叫：“君子也会遇到这种悲惨的境遇吗？”孔子对于子路的不满视而不见，只是淡淡地回答：“人的一生都会有好与坏的境遇，最重要的是处在逆境时如何去排遣它。”

荀子根据这段故事指出：“遇不遇者时也。”任何人的一生总会有不遇的时期，无论从事什么工作，都会有和预期相反的结果。长此以往，任何人都不免产生悲观情绪。然而，人生并不仅仅这种不遇的时候，当云散日出时，前途自然光明无量。所以，凡事必须耐心地等待时机的来临，不必惊慌失措。相反，在境遇顺利的时候，无论做什么事都会成功；可是总有一天，不遇的时刻会悄然来临，因此，即使在春风得意之时也不要得意忘形，应该谨慎小心地活着。

身处顺境而不骄矜；身处逆境而不颓废，这才是聪明人所应采取的生活态度。

立身处世，崇尚礼仪

礼义的基本精神，是调节一件事物，中和一件事物，但是有一定的限度，超过了这个限度，又要重新把它调整。孔子十分重视礼仪，他认为如果不懂得礼仪，就没有了安身立命的根本。

一次，孔子在陈国碰到一位大夫。这位大夫向孔子行过礼后，一本正经地问道："贵国国君昭公懂得礼节吗?"

荀子

孔子平静地回答说："知礼!"答完后，孔子就走了。这位陈国大夫只好找到跟孔子随行的学生巫马期，向他拱手行礼，然后进一步靠近巫马期身边，轻轻地说："据我所知，一个真正了不起的君子，他的内心是没有偏私的。否则，还算一个君子吗？别人都说你的老师孔子是一个了不起的君子，可是他也免不了私心呀！依照周礼，同姓之间是互不通婚的。鲁国与吴国都是周公之后，可是，鲁昭公却娶了吴国的一位女子吴孟子。这还算懂礼吗？如果鲁昭公还算懂礼的话，那么，还有哪一个不知礼？可是，刚才我向你的老师请教这个问题时，他却回答说鲁昭公懂礼。可见，你的老师还是有偏私啊!"

听完陈国大夫这番批评自己老师的话，巫马期不知如何是好。随后，他只好把这件事向孔子叙述了。

孔子听了，马上召集所有随行的弟子，然后坦诚地说："我真是幸运呀！只要有一点过失，别人就会指出来。我真是幸运啊!"

孔子宁可自己犯点小错，也不违背礼节去非议自己的国君。陈国大夫并不能设身处地理解孔子这一点，只是表面地认为孔子有私心。对此，孔子并不介意恼怒，这就是君子“人不知而不愠”的态度！纵使孔子错了，他对自己错误的态度又是多么坦诚呀！哪里像小人那样巧言令色、文过饰非呢！

后记

《新解新悟大国学》系列丛书，从立项开始，到搜集、整理资料，编写，审校，至最后成稿，历时将近三年时间。整个编撰过程细致而繁琐，有很多人员参与其中——北京大学中文系杨广生对部分书稿做了全面审校；黑龙江省图书馆杨晓丽提供诸多资料；吉林省委宣传部副部长、吉林大学教授弓克先生悉心审阅全部文稿，提出许多宝贵意见；沈阳市周易研究会副秘书长张国明为我们惠寄多幅图片。还有诸多学者朋友为编写工作提供帮助，在这里不一一列举，一并表示感谢之忱。另外，要特别感谢中央编译出版社冯章老师和李媛媛老师为此套丛书付出的辛勤劳动。

本系列丛书在编写过程中参考大量权威版本著作、文献以及各种文字图片资料，有些作品时期久远，无法联系作者，特此表示感谢。